U0115523

文史哲學集成

沈謙著

文心雕龍與現代修辭學

文史哲出版社印行

國立中央圖書館出版品預行編目資料

文心雕龍與現代修辭學 / 沈謙著. -- 初版. --
台北市 : 文史哲, 民81
面 ; 公分. -- (文史哲學集成 ; 240)
參考書目:面
ISBN 957-547-126-1(平裝)

1. 文心雕龍 - 批評, 解釋等

820　　81002171

㉔⓪ 文史哲學集成

文心雕龍與現代修辭學

著者：沈謙
出版者：文史哲出版社
登記證字號：行政院新聞局局版臺業字五三三七號
發行人：彭正雄
發行所：文史哲出版社
臺北市羅斯福路一段七十二巷四號
郵政劃撥帳戶一六一八〇一七五號
電話：八八六一二一三五一一〇二八
印刷者：文史哲出版社

實價新台幣五四〇元

中華民國八十六年七月初版二刷

ISBN 957-547-126-1

「文心雕龍與現代修辭學」自序

文心雕龍是一部奇書，不只是中國文學史上最偉大的文論巨著，體大思精，光耀古今；同時更是中國文壇上最可愛的「批評文藝」，可親可近，有情有趣。書中的精言雋語，時時映現，令人精神振奮。且看：

若稟經以制式，酌雅以富言，是即山而鑄銅，煮海而爲鹽也。（宗經篇）

自然會妙，譬卉木之耀英華；潤色取美，譬繒帛之染朱綠。（隱秀篇）

平理若衡，照辭如鏡。（知音篇）

振葉以尋根，觀瀾而索源。（序志篇）

修辭學是探究文辭之美的一門學問。中國語文特具聲色之美、意象之美、情韻之美。無論古典的比興、夸飾、隱秀，乃至現代的譬喻、象徵、夸飾、曲折、微辭、吞吐、含蓄，乃至於映襯、示現、層遞、頂真……各種修辭方法，琳琅滿目，美不勝收！誠如劉勰所云：

詩人比興，觸物圓覽。物雖胡越，合則肝膽。擬容取心，斷辭必敢。（比興篇）

夫隱之爲體，義生文外；秘響旁通，伏采潛發。（隱秀篇）

又亞里斯多德的名言：

只有天才能善用譬喻！

文學批評是最令人心嚮神往的，靈魂在傑作中尋幽訪勝。「平理若衡」，揭示創作的方向；照辭如鏡，享受多重的美感經驗。一則賦古典以新貌，遨遊三千年的時光燧道，八千里路雲和月；一則關顧當代文壇，採擷最新的文藝花果。

從文心雕龍到修辭學乃至文學批評，三者的結合，當那交會時互放的光亮，不但可以激盪出嶄新的成果，更適足以陶冶性情，變化氣質，照亮民族的心靈。

「文心雕龍修辭方法探究」的撰述，旨在探究文心雕龍之修辭理論與方法，擷取其精華，爲中國現代修辭學奠定若干理論基礎。研討各種修辭方法，分別列舉辭例，予以闡釋分析，探究其在實際批評之效用，且以文學批評開拓修辭學的研究視野。二者相輔相成，鋒發韻流，彬彬炳蔚！

本書凡五章，都三十萬言，茲依次撮述其大要：

首章論文心雕龍與修辭學，內分三節：第一節檢討文心雕龍研究方向。第二節針對修辭學之發展，作鳥瞰式的回顧。第三節探討文心雕龍與修辭學之關係，從整體學術架構中闡明本書之研究目標與旨趣。

第二章論比興，內分四節：第一節探討比興之界義，第二節闡明比之修辭方式，分從明喻、隱喻、略喻、借喻、博喻、諷喻，以及比在篇章修辭之運用，詳究比之奧妙。第三節闡明興之修辭方法，從曖昧的糾纏中，理出頭緒，釐清普遍的象徵與特定的象徵，及其在修辭方法中之定位。第四節論比興之原則，分從1.比顯興隱，環譬託諷。2.擬容取心，切至爲貴。3.隨時起情，依微擬議。闡明比興之異同，及其運用之原則。

第三章論夸飾，內分四節：第一節論夸飾之產生，由來已久，其來有自。第二節論夸飾之得失，濫用之固流弊叢生，善用之則頗見奇效。第三節分從夸飾之題材對象——空間、時間、物象、人情、數量，夸飾之表達方法——放大與縮小，論夸飾之分類。第四節夸飾之原則，從主觀感覺與客觀真實，辨明夸飾與修辭立其誠相輔相成，並不相悖；從夸過其理與飾而不誣，闡明夸飾運用之準則。

第四章隱秀，內分四節：第一節論隱秀之界義。第二節分從曲折、微辭、吞吐、含蓄，闡明隱之修辭方法。第三節分從映襯、示現、層遞、頂真，闡明秀之修辭方法。第四節論隱秀之原則，從自然會美與晦塞爲深，闡明隱之用，必須掌握三點：1.宜於含蓄而不宜晦澀。2.宜於蘊藉而不宜淺露。3.宜於委婉而不宜直陳。從動心驚耳與雕削取巧，闡明秀之奧妙：1.畫龍點睛，絕妙好辭。2.秀句傑出，鋒發韵流。3.警策絕倫，提振全文。

第五章結論，內分三節：第一節從古典理論到現代辭格，澄清文心雕龍的若干疑義，爲現代修辭學理論建設初步的規模。第二節從字句修辭到篇章修辭，綜論修辭方法的辨析與篇章修辭之運用。第三節現代修辭學研究之展望，從專精深入的專題研究，到綜合比較的整體研究，乃至於修辭學與文學批評之結合，歸結出本書的研究成果及今後之研究方向。

筆者與文心雕龍之結緣，由於民國五十六年在師大國文系得汪中老師啓蒙，後又幸蒙李曰剛老師的教誨，復在周何老師、李辰冬老師、王夢鷗老師的指導下，先後撰成「文心雕龍批評論發微」（聯經）、「文心雕龍之文學理論與批評」（華正）。與修辭學結緣，由於民國五十八年黃永武先生贈送「字句鍛鍊法」，民國六十三年又經黃慶萱先生推薦在師大國文系講授修辭學的課程。至於文學批評，則爲蘊蓄甚久之素志。前已出版「書評與文評」、「期待批評時代之來臨」、「案頭山水之勝境——古文評析」、「神話・愛情・詩——古典詩比較評析」諸書，而致力於「文心雕龍修辭方法探究」，歷時八年，克底於成。得師友指導激勵之處甚多。又空中大學同仁許應華、高慧英、徐筱梅、劉慧平、鄭素雯、王元仲、吳茉朱、王妙㵝與學棣蔡璧名、魏德珠諸君，協助謄稿、校對。在此一併誌謝！

文心雕龍與現代修辭學

目錄

第一章　文心雕龍與修辭學

為學首須識大體，知門徑。易言之，即必須有理想之目標，穩健之步驟與方法，按部就班，經年累月，鍥而不舍，然後才能期盼在既有的成果上，再略盡棉薄之力。所謂「繼往開來，承先啓後」，所謂「薪盡火傳」。博學、審問、愼思、明辨而後知所著力。

關於「文心雕龍修辭方法探究」此一研究題目，醞釀已久，眞正致力於此者，大概有十年工夫。在此首先要確立研究之旨趣與目標，也就是文心雕龍與修辭學的研究之間的關聯。茲分三節予以闡明。

第一節　文心雕龍研究方向

中國初無「文學評論」一詞，有的是品鑑、文論、詩文評等。隋書經籍志曾將摯虞文章流別論、李充翰林論、劉勰文心雕龍等文論之書附列於總集之後，是爲文學理論與批評書籍編目之始，清紀昀等編四庫全書，別立詩文評類，敍云①：

> 文章莫盛於兩漢，渾渾灝灝，文成法立，無格律之可拘。建安黃初，體裁漸備，故論文之說出焉，典論其首也。其勒爲一書傳於今者，則斷自劉勰、鍾嶸。勰究文體之源流而評其工拙，嶸第作者之甲乙而溯厥師承，爲例各殊。至皎然詩式，備陳法律；孟棨本事詩，旁採故實；劉攽中山詩話、歐陽脩六一詩話，又體兼說部。後所著論，不出此五例中矣。宋明兩代，均好爲議論，所撰尤繁。雖宋人務求深解，多穿鑿之詞；明人喜作高談，多虛憍之論。然汰除糟粕，採擷菁英，亦足以考證舊聞，觸發新意。隋志附總集之內，唐書以下，則並於集部之末。別立此門，豈非以其討論瑕瑜，別裁眞僞，博參廣考，亦有助於文章歟？

四庫全書設置詩文評類，是爲中國古書編目專立文學評論類之肇始。此段提要，一則闡明別立此門之旨趣，一則闡明詩文評類之五種體制。同時更指明劉勰文心雕龍是中國最早之文學理論與批評之專著。

劉勰文心雕龍是中國第一本文學評論專著，其光采閃耀，籠罩千古，歷代論文之士，乃至今日研究中國文學者，必以此爲津逮，視爲必讀之經典要籍。蓋文心雕龍一書，體大思精，探幽索微；根柢槃深，枝葉峻茂；平理若衡，照辭如鏡；花果蔚蓄，高華絕世。堪爲中國文學史上最偉大之文論專著，殆無疑矣。本師王夢鷗先生嘗綜評其書，列舉五大優點②：

> 第一是本書提出的問題很新穎，因爲在此以前還沒人費去如許筆墨討論寫「文章」之事。第二是它討論的問題很專門，因爲前人只講文章的功用，以及一些分類的意見；即使說到文章的寫作，亦很簡略。第三是它觀察的細密，能由作品而進窺作者的用心，而且還歸納成若干定理。第四是它言之有物，不特對各體文章作全面的檢討，抑且在檢討上觸到一些更微妙的問題，亦能列舉事例。第五是它用俳偶的文體發表專門的論述，不特要立意完善，還兼有修辭美好的企圖。以上五點，一是獨創，二是專精，三是豐贍，四是深入；這都是在討論問題方面所得到的讚揚；而第五則是屬於寫作此書在辭章方面的評價。

劉勰文心雕龍雖取鎔經義，亦自鑄偉辭；氣往轢古，辭來切今。其於文學理論與批評，實乃集前人之大成，而復戛戛獨造。非惟當時洵屬空前，迄今仍無出其右者。其主要成就與價值，大概有七點③：

第一，文心雕龍體大思精，自全書結構至每篇布局，均嚴密緊湊，敷陳詳覈。劉勰彌綸羣言，而成一家之著；總括大凡，闡論精微，籠罩千古，信有徵也。

第二，文心雕龍論文學原理，由文學之本原—自然之道、文學之立場—文質並重、文學之演進—通古變今諸端，糾正浮濫，以明體要，爲文學原理樹立不偏不倚之準則。

第三，文心雕龍論創作理論，由神思、養氣之準備功夫，謀篇、裁章、鍛句、鍊字之文章組織，乃至比興、夸飾、用典、隱秀、聲律、對偶之修辭方法，均有極精微之闡析。此總結創作之經驗與方法，涵蓋廣遠。

第四，文心雕龍論文學類型，既爲吾國駢散兼宗派文體分類之開山祖，又詳究文學風格之產生與類別，且闡明各種文體之不同風格。

第五，文心雕龍揭舉批評理論，由批評之素養，破除蔽障，確立應有之態度，以六觀衡鑑作品，乃至於各種批評方法之運用，雖未盡致，已初步奠定吾國批評理論與方法之基礎。

第六，文心雕龍評騭作家作品，或披文入情，直探本心；或究其旨歸，切中肯要；或力排衆議，斟酌至當。雖限於篇幅，或有未周，實乃吾國實際批評之古典範例。

第七，文心雕龍以駢儷文字從事專門論述，具馳騁之勢，含飛動之采，華而不汩其眞，練而不虧其氣，誠曠世之宏材，軼羣之偉構，實「批評文藝」之典範。

近代以來，研究文心雕龍風氣鼎盛，已蔚爲顯學。根據牟世金「台灣文心雕龍研究鳥瞰」④所稱，截至民國七十一年爲止，大陸地區共發表論文六百餘篇，專著二十部，台灣地區則有論文二百餘篇，專著三十部。王國艮「劉勰文心雕龍研究論著目錄」⑤收錄一九〇九年——一九八七年六月有關劉勰及文心雕龍研究之論著近千種。包括中、英、日、韓四種文字，可謂漪歟盛哉。至於在實際的研究範疇與內容方面，可以列舉兩家意見：

(一)牟世金「台灣文心雕龍研究鳥瞰」⑥：

平心而論：台灣龍著雖量多而質低。固不必說大陸所有尚為台灣所無者甚多，台灣的主要論著取資于大陸者，亦不可勝數。具體內容，本書已講到很多了。總的看來，他們在校注譯論各方面都有一定的成就，但其深入獨到之處是有限的。

(二)王更生「台灣『文心雕龍學』的研究與展望」⑦：

台灣學者大多循兩個方向發展：一、是劉勰本身的史傳。二、是「文心雕龍」全書。此外在資料的彙整方面，台灣學者也作了不少努力。至於對某種單一性的主題類似神思、風格、風骨、定勢等作深入化的探索，雖然也有人從事，但限於地狹人少，從未引起過熾烈的討論。

牟書完成於民國七十四年七月，王文發表於民國七十八年三月，其所論大致具有相當的代表性。

依筆者的看法，研究文心雕龍步驟有三：

第一是「洞明章句，尋味義蘊，以印證作品」——針對文心雕龍本文的校注與釋義，破除文字障與理論障，精確地掌握意義，並以劉勰之理論與其所評論的作品相印證。

第二是「上探淵源，下究影響，以貫串源流」——也就是將文心雕龍放在文學史上，探討其淵源與對後世的影響。

第二是「通變古今，斟酌中西，以鎔鑄新說」——也就是在「承先啓後，繼往開來」的目標下，擷取其精華，發揚其義蘊，以爲現代文學理論與批評之明鏡。

然而衡諸目前的實況，文心雕龍之研究，多致力於章句之疏證，罕關評見之論析。在校注釋義方面，固然成果斐然，在通論與專論方面，也是洋洋大觀。然專精深入之探討，尚有所不足⑧。尤其是有關劉勰修辭理論與方法方面的探討。在千種專著與單篇論文中，寥寥可數。

第二節 修辭學研究之鳥瞰

中國的言辭與文辭，豐盈美妙，多采多姿，再加上文學傳統博大精深，源遠流長。因此，中國語文的修辭非常發達，成果輝煌，但是有關修辭學的研究，並不十分發達。從先秦至晚清，言及修辭的書，爲數甚夥，但多爲零散的吉光片羽，對於修辭理論及方法作全面的研究闡述，而稱得上系統的專著的，則是民國以後的事⑨。如果用劉勰「文心雕龍」「序志篇」的話來說，就是「各照隅隙，鮮觀衢路。」

民國初年，中國修辭學的研究，曾引起一股熱潮，著作如林，大體上可分作新舊兩派：

舊派如鄭奠的「中國修辭學研究法」、楊樹達的「漢文文言修辭學」、張文治的「古書修辭例」……等，多半爲中國修辭古例、古說的集錄，雖然也做了些演繹功夫，嚴格說來，只能算是提供了本學的參考資料，離「著作」之境，尚有一段距離。

比較見成效的是新派的修辭學研究，主張參酌歐西研究修辭的科學方法，來探討中國的修辭現象。這類著作，最早的當推唐鉞的「修辭格」，此書於民國十二年出版，雖然份量不多，只涉及了一部份辭格，但是書中辭例還豐富，闡理也得當，是科學的修辭論的先聲。

繼此而起的，有王易的「修辭學」、董魯安的「修辭學講義」、張弓的「中國修辭學」、薛祥綏的「修辭學」、金兆梓的「實用修辭學」……等。這許多書，有的掛漏不全，有的全舉古文例證，有的販運西洋辭格，並未曾針對中國的修辭現象，作精細深入的歸納，只扮演了開路先鋒的角色。直到民國廿一年，陳望道的「修辭學發凡」出世，才徹底將中國修辭學加以革新，歸納各種修辭現象，寫成一部兼顧文言白話文的修辭專書。劉大白在替他作序時說：「一九三二年，將要合一八九八年同成爲中國文學史上最可紀念的一年了，因爲一八九八年是中國第一本文法書（馬氏文通）出版的一年，而一九三二年是中國第一部修辭學書出版的一年。」雖然是敬重的話，卻也可見陳著備受推崇之一斑。

陳著出版之後，風行數十年，多被採用爲各大學的教本。其間陸續有不少修辭學的著作問世，如宋文翰「國語文修辭法」、陳介白「修辭學講話」、譚正璧「修辭新例」、傅隸樸「中文修辭學」、黃永武「字句鍛鍊法」、徐芹庭「修辭學發微」、張嚴「修辭論說與方法」、黃慶萱「修辭學」、黃維樑「清通與多姿—中文語法修辭論集」、董季棠「修辭析論」、路燈照、成九田「古詩文修辭例話」等。筆者曾選取其中的十三種，作提要式的簡介[10]。以爲其中最具價值的是黃慶萱[11]、黃永武[12]、黃維樑三家之作。

至於民國三十八年以後大陸地區的修辭論著，根據黃民裕「辭格滙編」（民國七十三年）[13]與黎運漢．張維耿「現代漢語修辭學」（民國七十五年）[14]所列修辭學參考書目，約有五十種之多。至於其中的代表作，則黎張二氏在其書第三章「漢語修辭學的建立和發展」云：

一九五一年，呂叔湘．朱德熙的「語法修辭講話」，漢語修辭的研究進入一個新階段。在「語法修辭講話」的影響下，一直到六十年代中期，出版了不少專著。較有代表性的是一九五三年出版的張瓌一的「修辭概要」[15]，一九五六年出版的倪寶元的「修辭學習」和周振甫的「通俗修辭講話」，一九五七年出版的張劍聲的「漢語積極修辭」，一九五八年出版的呂景先的「修詞學習」，一九六〇年出版的周遲明的「漢語修辭」，一九六一年出版的張弓的「現代漢語修辭學」等。

黎氏等又指明六十年代的修辭學研究成果，以張瓌一、張弓二家成就最大。由於文革動亂，大陸的修辭學研究陷於停頓。直到民國六十五年以後，有關修辭學的專著與論文才陸續出版和發表，再加上中國修辭學會於六十九年成立，召開年會，出版「修辭學論文集」，大陸修辭學界空前活躍。黎氏又列舉其研究成果云：

鄭遠漢的「現代漢語修辭知識」，倪寶元的「修辭」、「詞語的錘鍊」，吳士文的「修辭講話」，鄭頤壽的「比較修辭」，張志公主編的「現代漢語」下冊（修辭），鄭遠漢的「辭格辨異」，濮侃的「辭格比較」，譚永祥的「修辭新格」，林興仁的「句式的選擇和運用」，趙克勤的「古漢語修辭簡論」，王希杰的「漢語修辭學」，程希嵐的「修辭學新編」，以及中國修辭學會華東分會的「修辭學研究」，復旦大學語言教研室的「修辭學發凡與中國修辭學會的「修辭學論文集」第一、二集等，都是新成果的代表作。

黎氏又指明其中鄭遠漢、吳士文、鄭頤壽等數家之作以及修辭學會的論文集，對於修辭學新領域的開拓，現代修辭學的發展，都頗具貢獻。黎氏未曾言及者另有鄭奠·譚全基編「古漢語修辭學資料滙編」，蒐集傳統修辭學資料，頗爲豐富⑯。

又孫傳釗「台灣修辭研究概述」⑰：

從「中國語文通訊」一九七八年所刊的台灣香港自一九六〇年以來印行的中國語文著作、論文選目來看，台灣的修辭學論文所占的比重很小（與漢語研究的其他分支，如音韵、訓詁、語法等相比），台灣的漢語修辭學研究的學者，大多是從事古典文學研究的，因此，在台灣還未形成一支研究修辭學的專門隊伍；關於修辭學的宏觀理論的研究也很薄弱。這些方面與近幾年來大陸上的修辭學研究相比，自然有較大的差距。

大體而言，黎、張二氏「漢語修辭學」中所評述，堪稱中肯之見，孫傳釗「台灣修辭研究概述」則難辭偏頗之咎。縱觀海峽兩岸的學者有關修辭學的研究成果，以數量而言，大陸學者較多；以質而言，則黃永武之「字句鍛鍊法」與黃慶萱之「修辭學」，與大陸學者的著作相比，毫不遜色。另旅居新加坡的學者鄭子瑜著「中國修辭學史稿」，則誠如郭紹虞先生所云：「鄭子瑜教授是至今爲止第一個研究修辭學的歷史的學者，這書是第一本的中國修辭學史。」⑱內容豐富，雖然謙稱「史稿」，却是相當紮實的著作。比起大陸學者許多簡論、概論之類的膚淺之作，不可同日而語。

第三節 文心雕龍與修辭學

本章前兩節，針對文心雕龍之研究方向與修辭學研究之鳥瞰，已有簡要之探討。回顧檢討現有的研究成果，固然琳瑯滿目，美不勝收，但仍然有未盡理想與有所欠缺之處；前瞻展望未來的研究方向，仍有若干範疇屬有待墾拓之園地，正可以致力於此。茲分三點予以闡明：

壹、文心雕龍之研究展望

文心雕龍之研究，「通疑之功雖著，致遠之績未彰」，無數學者的努力，已從整理國故上肇建了鎔鑄發揚的基礎，「洞明章句，尋味義蘊，以印證作品」，做得相當成功。但是「通變古今，斟酌中西，以鎔鑄新說」，尚未盡理想，誠如牟世金「台灣文心雕龍研究鳥瞰」所稱「在校注譯論各方面都有一定的成就，但其深入獨到之處却是有限的。」王更生所稱「對某種單一性的主題，類似神思、風格、風骨、定勢等作深入化的探索，從未引起過熾熱的討論。」

其中的一項就是文心雕龍有關修辭理論與方法的部分，過去已有少數學者涉及，如王忠林先生的「文心雕龍所述辭格析論」[19]，詹鍈先生的「文心雕龍的修辭學」[20]，沈謙「比興、夸飾、用典、隱秀──文心雕龍論修辭方法」㉑……等，也有在研究文心雕龍創作理論時涉及修辭部分者。但往往限於篇幅與體例，淺嘗輒止，雖然各有其貢獻，專心致志周密深入探討文心雕龍修辭理論方法的專著，尚未問世。

貳、修辭學之研究展望

修辭學之研究，固然成果斐然，尤其是積極修辭的辭格分類及辭例選擇，頗有長足的進步，民國五十四年鄭子瑜在「中國修辭學的變遷」㉒書中曾慨嘆地說：

陳氏的修辭學發凡，在中國，是大家公認的獨一無二的權威鉅著，自此以後，只有陳介白的「修辭學講話」在修辭理論方面稍具規模，但所舉辭格的例證，也只是偏於古話文而已。一九五三年，一連出版了兩本修辭學的新著作：其一是譚正璧的「修辭新例」，其一是張瓌一的「修辭概要」。二氏修辭學所作的貢獻，是從最新的著作中──最近的語言中──尋章摘句，以作爲原有各種辭格的例證(陳望道的「修辭學發凡」所舉的白話文都是早期的)。但是相反的，根據這些新的修辭現象，探討出新的修辭學說，則似乎至今還沒有人肯動手去做。

鄭氏現在讀到黃永武「字句鍛鍊法」、黃慶萱「修辭學」、郭紹虞「漢語語法修辭新探」、黎維運．張維耿「現代漢語修辭學」等新著，當不致感嘆「至今還沒有人肯動手去做！」然而，修辭學的研究，雖然大有斬獲，令人精神振奮，但是仍有不足之處。例如修辭方法在篇章之運用，修辭學與文學批評之結合，辭格之分類與深入探討，乃至於中西修辭之比較……等，仍有若干範疇，有待墾拓。致力於修辭學的探討，可以發揮的空間相當廣闊。

參、文心雕龍與修辭學

透過以上的探討，鳥瞰學術研究之趨勢，有關文心雕龍與修辭學之研究，尚有待墾拓之處仍多。因此不揣淺陋，矢志從事「文心雕龍修辭方法探究」之述作。至於撰本書之具體緣由，則大概約有以下五端：

第一、文心雕龍為中國最重要的文論巨著，其有關修辭理論與方法，不僅為劉勰創作論中重要之一環，且承先啓後，影響廣遠。目前有關文心雕龍之研究成果，固然豐碩，然欠缺針對其修辭論作專精深入探討之作。

第二、修辭學之研究，為文學創作與批評之重要環節，目前中國修辭學之研究，固然蓬勃，然於修辭理論之建設，仍未臻理想之境。劉勰所論比興、夸飾、隱秀等，雖未籠罩各種修辭方法，但為其中最重要之核心，適足以為現代修辭學理論奠定基礎。

第三、目前修辭學之研究，多致力於字句之修辭，鮮關篇章修辭之探討，多專注於創作技巧，罕見運用於批評欣賞。本書之述作，特致力於篇章修辭與實際批評之運用，期盼能為現代修辭學開拓更廣的領域。

第四、目前學術資料豐碩，在遍覽台、港、大陸、乃至於日本有關文心雕龍、修辭學之研究成果，參酌若干西洋理論之餘，深感「珍裘以衆腋成溫，廣厦以羣材合構」。正可以徵求異說，採摭羣言，殫精竭慮，博參廣考，思辨而後有所著力。

第五、就個人的研究領域與學術背景而言，前已有碩士論文「文心雕龍批評論發微」、博士論文「文心雕龍之文學理論與批評」，批評論文集「書評與文評」、「期待批評時代的來臨」，實際批評文集「案頭山水勝境—古文評析」、「神話、愛情、詩—古典詩比較評析」，又嘗在各種學術會議發表文學批評、文心雕龍、修辭學論文多篇。長久在各報刋撰寫相關專欄，又自民國六十三年起先後在師大、中興、中央、高師、東吳等校中文系所講授修辭學、文心雕龍、文學批評、文學理論專題研究等課程。是以本書之撰作，實際動筆時間雖僅三年，實則致力於斯，近二十載矣！

由以上五點可知，「文心雕龍修辭方法探究」之述作，誠如劉勰所稱「志思蓄憤，為情而造文也」。期望能食桑吐絲，採花釀蜜，詮證古今，溝通文心雕龍與修辭學，印證理論與作品。呼之而出，適其時矣！

附註

① 見四庫全書總目卷一百九十五。（藝文印書館）

② 見王夢鷗「文心雕龍質疑」。（故宮圖書季刊一卷一期）後收入王著「古典文學論探索」。（正中書局）

③ 參考拙著「文心雕龍之文學理論與批評」第八章「結論」。（華正書局）

④ 見牟世金「台灣文心雕龍研究鳥瞰」七「贅語」。（山東大學出版社）

⑤ 王國艮「劉勰文心雕龍研究論著目錄」。（書目季刊第廿一卷三期）

⑥ 同註④。

⑦ 見王更生「台灣『文心雕龍學』的研究與展望」三、「文心雕龍研究的具體成就」。（孔孟學報第五十七期）

⑧ 詳見中國古典文學研究會主辦「文心雕龍研究的檢討與展望」座談會紀錄。載「文心雕龍綜論——中國文學批評研討會論文集」。（學生書局出版）

⑨ 有關歷代修辭研究的成果，詳見鄭子瑜「中國修辭學史稿」。（上海教育出版社）

⑩ 詳見拙作「修辭學的十三種書」，原刊書評書目，後收入黃章明・王志成編「國學方法論叢——書目篇」。（學生文教出版社）

⑪ 詳見拙作「爲漢語修辭奠立新基——黃慶萱修辭學評介」，原刊幼獅月刊第二六九期，後收入黃慶萱「修辭學」附錄。（三民書局）

⑫詳見拙作「讀字句鍛鍊法」，原刊師大青年，後收入黃永武「字句鍛鍊法─增訂本」附錄。（洪範書局）

⑬見黃民裕「辭格滙編」。（湖南人民出版社）

⑭見黎運漢·張維耿「現代漢語修辭學」。（商務印書館香港分館）

⑮張環一「修辭概要」，民國四十二年，中國青年出版社，後來於民國七十一年改訂，由上海教育出版社重印，改名張志公「修辭概要」。

⑯鄭奠·譚全基「古漢語修辭學資料滙編」。（民國六十九年商務印書館）在台由明文書局出版。

⑰孫傳釗「我國台灣修辭學研究概述」，載「修辭學習」（南昌），民國七十四年。文中資料及論見，多引用拙作「爲漢語修辭奠立新基」一「中國修辭學研究鳥瞰」、四「特殊貢獻」部份。

⑱見鄭子瑜「中國修辭學史稿」書首的郭序。（上海教育出版社）

⑲王忠林「文心雕龍所述辭格析論」，原刊南洋大學學報第四期，後收入王更生編「文心雕龍研究論文選粹」。（育民出版社）

⑳詹鍈「文心雕龍的修辭學」，載「劉勰與文心雕龍」書中。（北京中華書局）

㉑沈謙「比興、夸飾、用典、隱秀─文心雕龍論修辭方法」，刊幼獅學誌第十六卷二期，收入「文心雕龍之文學理論與批評」。（華正書局）

㉒見鄭子瑜「中國修辭學的變遷」九「現代修辭學」。（日本早稻田大學語學教育研究所）

第二章　比興

比興之修辭之方法，緣於聯想，奠基在人類心理之類化作用，以舊經驗引發新經驗，以易知說明難知，以具體形容抽象。因物興感，由外界的景象激發內在的情感。比興之名稱，起源甚早，「周禮」「春官、大師」云：「大師掌六律六同，以合陰陽之聲。……敎六詩：曰風，曰賦，曰比，曰興，曰雅，曰頌。以六德爲之本，以六律爲之音。」「詩大序」：「詩有六義焉：一曰風，二曰賦，三曰比，四曰興，五曰雅，六曰頌。」一般公認爲詩有六義，風、雅、頌是指體裁，賦、比、興是指作法。

賦比興的意義，說法紛紜，令人困惑也頗饒情味。最簡截了當的是葉嘉瑩「從形象與情意之關係看賦比興之說」①：

從「賦」、「比」、「興」三個字的最簡單最基本的意義來加以解釋的話，則所謂「賦」者，有鋪陳之意，是把所欲敍寫的事物加以直接敍述的一種表達方法；所謂「比」者，有擬喻之意，是把所欲敍寫之事物借比爲另一事物來加以敍述的一種表達方法；而所謂「興」者，有感發起興之意，是因某一事物之觸發而引出所欲敍寫之事物的一種表達方法。

如果從修辭學的角度來看比、興的表達方法。則「比」相等於「譬喻」，「興」相當於「象徵」。劉勰在「文心雕龍」「比興篇」對於比、興的表現手法，闡論精微。本章即以劉勰的理論為基礎，分四節予以闡析申論。

第一節　比興之界義

比興的表達方法，基本上均屬託物寓情，表達情意，趨向隱微婉轉，界義也不夠明確，往往造成解釋上的歧義與曖昧。「文心雕龍」「比興篇」云：

> 詩文弘奧，包韞六義，毛公述傳，獨標興體，豈不以風通而賦同，比顯而興隱哉！故比者，附也；興者，起也。附理者，切類以指事；起情者，依微以擬議。起情故興體以立，附理故比例以生。比則蓄憤以斥言，興則環譬以託諷。蓋隨時之義不一，故詩人之志有二也。

此開宗明義，闡明比興之名義，「比者，附也。附理者，切類以指事。」比，即比附，借外物譬喻事理，運用貼切的類似點以指明事理。「興者，起也。起情者，依微以擬議。」興，即興起，假外物以抒內情，依附細微的外物以表達蓄積的情志。「比顯而興隱」，借甲比方乙的譬喻——比，與直述所感的——賦，語意明確，不容易有疑義。唯獨「依微以擬議，環譬以託諷」的表達方式——興，較直述與譬喻，含義要深奧。王夢鷗先生「文學概論」②云：

> 「比」是用類似的東西來說明原來的東西，更精確地說：應該是用其他事物的類似點來代表原事物的特點，而這特點乃是作者的意象所在。至於「興」，則為原意象引發的繼起意

象之傳達，但所傳達的繼起意象與原意象之間可類似亦可不類似，甚至相反的，無不可據以表述。這也是文學的作品大不同於其他著述的特質。例如人們對著「流水」卻想到「日子過得很快」，或對「豪門盛宴」而想到「餓死的叫化子」一樣，原有的與繼起的，似乎了不相關。

比較而論，比則借擬他類，譬喻此理，其文辭顯明易見；興則假託外景，興發內感，其寓意深晦難明。比等於「譬喻」，與相當於「象徵」。以下再進一步分別釋比與興。

壹、釋「比」

「比」，即譬喻，此種表達方式由來已久。有關「比」的理論，先秦時即已屢見不鮮③：

子曰：「夫仁者，己欲立而立人，己欲達而達人。能近取譬，可謂仁之方也矣。」（論語：雍也篇）

辟（譬）也者，舉也（他）物以明之也。（墨子：小取篇）

談說之術，矜莊以蒞之，端誠以處之，堅彊以持之，分別以喻之，譬稱以明之。（荀子：非相篇）

孔子教弟子求仁之道在推己及人，所謂「能近取譬」，能夠就近以己身為譬，設想他人。這是有關譬喻最早的言論。朱熹「四書集註」：「譬，喻也。近取諸身以己所欲譬之他人，知其所欲亦猶是也。」墨子在總結論辨的方法時，揭示譬喻的意義是用他一事物來比方說明此一事物。他又在「貴義篇」云：「以其言非吾言者，是猶以卵投石也。盡天下之卵，其石猶是也，不可毀也。」「耕柱篇」云：「傷矣哉！言則稱于湯文，行則譬于狗豨，傷矣哉！」墨子用「以卵擊石」來比方自己學說的牢不可破，不但善用譬喻，而且反對不當的譬喻，指出「用豬狗的爭鬥來比方武士的爭鬥」，大爲不妥。荀子則在闡明談說之術時，强調「譬稱以明之」，以爲譬喻不可或缺。

先秦諸子馳騁辯說，爲了加强說服力，對於譬喻，十分重視。劉向「說苑」「善說篇」有一則著名的故事：

客謂梁王曰：「惠子之言事也善譬，王使無譬，則不能言矣。」王曰：「諾。」明日見，謂惠子曰：「願先生言事則直言耳，無譬也。」惠子曰：「今有人於此，而不知彈者，曰：『彈之狀若何？』應曰：『彈之狀如彈。』則諭乎？」王曰：「未諭也。」「於是更應曰：『彈之狀如弓，而以竹爲弦。』則知乎？」王曰：「可知矣。」惠子曰：「夫說者，固以其所知諭其所不知，而使人知之。今王曰『無譬』，則不可矣。」王曰：「善！」

譬喻的作用，是以易知說明難知，「彈之狀若彈」，是以未知喻未知，說了等於沒說。「彈之狀如弓，而以竹爲弦」，則以已知喻未知，對方自然明白。惠施在此提出「固以其所知喻其所不知，而使人知之。」在譬喻的理論上已經較孔子、墨子、荀子更加深入。

兩漢有關譬喻的理論也往往可見：

「假象取耦，以相譬喻，斷短爲節，以應小節，所以曲説攻論，應感而不匱者也。……假譬取象，異類殊形，以領理人之意。」「言天地四時而不引譬援類，則不知精微；從大略而不知譬喻，則無以推明事。」（劉安：淮南子．要略）

水則混混溸溸，晝夜不竭，既似力者；盈科而行，既似持平者；循微赴下，不遺小間，既似察者；循溪谷不迷，或奏萬里而必至，既似知者。是以君子取譬也。（董仲舒：春秋繁露、山川頌）

夫比不應事，未可謂喻也；文不稱實，未可謂是也。（王充：論衡．物勢）

夫譬喻也者，生于直告之不明，故假物之然否以彰之。（王符：潛夫論．釋難）

淮南子強調譬喻之重要，所謂「假譬取象，異類殊形，以領理人之意。」「不知譬喻，則無以推明事。」分別從正反兩面指陳譬喻之功能。董仲舒以爲，各種山水之形狀可用作不同的譬喻，並指陳「是以君子取譬也。」比荀子更有意識地闡明如何用譬喻。東漢王充則提出選用譬喻的原則——「應事」、「稱實」。他主張要針對客觀的實際事物，因事設比，切中肯要，否則即非譬喻之正軌。王符則與惠施所言相近，明確指明譬喻之原因「直告之不明」，必須借另一事物比方說明。

此外，「禮記」「學記」所謂「不學博依，不能安詩。」鄭玄注：「博依，廣譬喻也。」因爲詩中往往用譬喻微婉達情，不學好譬喻，不但不能寫詩，且不能掌握詩意。王逸「楚辭章句」：「離騷之文，依詩取興，引類譬喻，故善鳥香草以配忠貞，惡禽臭物以比讒佞，靈修美人以媲于君，宓妃佚女以譬賢臣，虬龍鸞鳳以托君子，飄風雲霓以爲小人。」則以屈原作品爲例，說明喻體與喻依之間，本質上雖然不同類，必有其類似點。故以善鳥喻善人，以惡禽譬讒佞。

凡此均可見，「比——譬喻」在中國古代的文化傳統中，淵源甚久，其來有自。

至於劉勰「文心雕龍」則對於「比」首先提出有系統的闡論。「比興篇」對於比之釋義、比之種類、比之取材，均有相當精要之論列：

一、比之名義

有關「比」之名義，「比興篇」云：

比者，附也。……附理者，切類以指事。……附理故比例以生。

且何謂爲比？蓋寫物以附理，颺言以切事者也。

劉勰認爲，「比」即譬喻，選用事物打比方。所謂「比附」，以近似者相比，切取類似點以指明事實。所謂「寫物以附理，颺言以切事」，藉描敍外在的事物以譬喻內在的事理。

二、比之分類

有關「比」之分類，「比興篇」云：

故金錫以喻明德，珪璋以譬秀民，螟蛉以類教誨，蜩螗以寫號呼，澣衣以擬心憂，卷席以方志固。凡斯切象，皆比義也。

至如麻衣如雪，兩驂若舞，若斯之類，皆比類者也。

據此可見，劉勰將「比」分作兩類：

㈠比義，以事義相比附，即以具體的事物譬喻抽象的義理。他舉了六個例證：

1.金錫以喻明德：語出詩經衛風淇奧：「瞻彼淇奧，綠竹如簀。有匪君子，如金如錫，如圭如璧。」以金錫的具體特徵，比喻君子抽象的光明品德。

2.珪璋以譬秀民：語出詩經大雅卷阿：「顒顒卬卬，如圭如璋。令望令聞，豈弟君子，四方爲綱。」以最精粹的玉石，譬況優秀傑出的人才。

3.螟蛉以類教誨：語出詩經小雅小宛：「螟蛉有子，蜾蠃負之。教誨爾子，式穀似之。」以蒲盧（蜾蠃）養取桑蟲（螟蛉）之子以爲己子，似有德者教取王民以爲己民。

4.蜩螗以寫號呼：語出詩經大雅蕩：「文王曰咨！咨女殷商，如蜩如螗，如沸如羹。」以蟬（蜩螗）之鳴噪，喻時人悲嘆之聲，以湯之沸羹之熱喻憂亂之心。

5.澣衣以擬心憂：語出詩經邶風柏舟：「心之憂矣，如匪澣衣。靜言思之，不能奮飛。」以未洗之汚衣在身，形容內心的煩憂。

6.卷席以方志固：語出詩經邶風柏舟：「我心匪石，不可轉也；我心匪席，不可卷也。」石雖重尚可轉動，而我心不可轉。席可捲，而我心不可卷。以不轉不卷形容其心志堅定不移。

以上六個具體的辭例，出自詩經，都是以具體的事物來比方說明抽象的情理。

㈡比類，以事類相比附，即以具體的事物譬喻具體的形貌。他舉了兩個例證：

1.麻衣如雪：語出詩經曹風蜉蝣：「蜉蝣掘閱，麻衣如雪。」麻衣（朝服）如雪般的潔白光鮮。

2.兩驂如舞：語出詩經鄭風大叔于田：「大叔于田，乘乘馬，執轡如組，兩驂如舞。」言大叔田獵，乘四馬之車，駕駛技術高明，在外的兩匹驂馬，與在中間的兩匹服馬，行列整齊，步調和諧，像合節拍的舞步一般。

以上兩個辭例，也出自詩經，以具體的事物來比方說明具體的形貌。

三、比之取材

有關比之取材，「比興篇」云：

夫比之為義，取類不常：或喻於聲，或方於貌，或擬於心，或譬於事。

此言比之取材，並無固定之範疇。大體有四項：㈠喻於聲音，㈡方於形貌，㈢擬於心理，㈣譬於事物。此四者之中，喻聲與方貌，乃以具體的事物譬喻具體的形貌，屬「比類」。擬心與譬事，乃以具體的事物譬喻抽象的義理，屬「比義」。劉勰又從辭賦中擷取辭例爲證：

1.宋玉「高唐」云：「纖條悲鳴，聲似竽籟。」此比聲之類也。——謂「風鳴細枝，其聲悲切，有似笙簫之吹奏。」此爲聽覺上的以聲音相比之類。

2.枚乘「菟園」云：「焱焱紛紛，若塵埃之間白雲。」此比貌之類也。——謂「晚霞映水，光采紛披，宛若飛揚之塵埃錯雜於白雲之中。」此爲視覺上的以狀貌相比之類。

3.賈誼「鵩鳥」云：「禍之與福，何異糾纏。」此以物比理者也。——謂「災禍幸福互爲表裡，無異於兩股糾成之繩索，相倚相伏。」此爲以具體之物象比抽象之義理。

4.王褒「洞簫」云：「并包吐含，如慈父之蓄子也。」此以聲比心者也。——謂「洞簫之大音，并包衆聲，吐含和樂，正如慈父以仁義教養子弟。」此爲以聲音比心情。

5.馬融「長笛」云：「繁縟絡繹，范、蔡之說也。」此以響比辯者也。——謂「長笛之聲，多采多姿，絡繹不絕，正如范雎、蔡澤兩辯士的高談闊論。」此爲以聲響比辯才。

6.張衡「南都」云：「起鄭舞，璽曳緒。」此以物比容者也。——謂「跳鄭國之舞蹈，步伐細緻整齊，像蠶繭抽絲那樣層層相連。」此爲以物態比舞容。

如此「比」的分類與比的題材，交遞爲用，衍生無窮，極態盡妍，蔚爲洋洋大觀。

貳、釋「興」

「興」，即興起，由外在的景象引發出內心的情感，相當於「象徵」。「興」的表達方式，由來已久，在南朝以前，有關「興」的說法即已屢見不鮮：

子曰：興於詩，立於禮，成於樂。（論語．泰伯篇）

子曰：小子何莫學乎詩？詩可以興，可以觀，可以羣，可以怨。邇之事父，遠之事君，多識於鳥獸草木之名。（論語．陽貨篇）

詩有六義焉：一曰風，二曰賦，三曰比，四曰興，五曰雅，六曰頌。（詩大序）

孔子教弟子讀詩，旨在修身養性。所謂「興於詩」，因爲詩感人最深，可以鼓舞意志，激發人心向善。何晏「集解」引包咸云：「興，起也；言修身當先學詩。」朱熹「集註」云：「興，起也。所以興起其好善惡惡之心而不能自已者，必於此得之。」所謂「詩可以興」，也是說可以感發志氣，使人興起好善、惡惡的良知。朱熹「集註」云：「感發志意。」此係就學詩之益用而言。只提出興是詩的作用之一，並未說明興義。張健「孔子的詩論：興、觀、羣、怨」④，闡論孔子提出興的原因：1.引起上進心。2.引發生命美感。3.引發詩意。4.引起興味。5.引發悲天憫人、民胞物與的情懷。並指出：「至少『引發興味』是指引激發人對於某一題材的興趣，與賦比興之興的一般解釋大致相當。」

詩大序對於「興」義也沒有明說。再加上表達方式隱微婉轉，使得「興」的解釋歧異，令人困惑。朱自清「詩言志辨」⑤云：

論詩，從唐以來，「比興」一直是最重要的觀念之一。後世所謂「比興」雖與毛、鄭不盡同，可是論詩的人所重的不是「比」、「興」本身，而是詩的作用……論詩尊「比興」，所尊的並不全在「比」、「興」本身的價值，而是在「詩以言志」，詩以明道的作用上了。

「毛傳」「興也」的「興」有兩個意義，一是發端，一是譬喻；這兩個意義合在一塊兒才是「興」。……前人沒有注意興的兩重義，因此纏夾不已。

如果要想對「興」得到比較明確的認識，則屈萬里「詩經釋義」⑥不啻從亂軍中理出一條頭緒：

毛傳於賦、比兩體都不注明，而獨標興體。但是，毛傳鄭箋，實際上都把興體講成了比體。那就是興體詩開頭的一二句，多半和詩人要詠的本事無關，而毛傳鄭箋，卻一定要把這開頭的話和本事扯上關係，於是穿鑿附會，不一而足。鄭樵六經奧論說：「凡興者，所見在此，所得在彼，不可以事類推，不可以義理求也。」朱子詩集傳也說：「興者，先言他物，以引起所詠之詞也。」這都是明達之論。

此與王夢鷗所稱「『興』則為原意象引發的繼起意象之傳達」，葉嘉瑩所稱「『興』者，有感發起興之意，是因某一事物之觸發而引出所欲敍寫之事物的一種表達。」三者並觀，則「興」之意義大概可有明確之概念。

劉勰文心雕龍對於興的解釋，則「比興篇」分論興之名義與興之例證。

一、興之名義

有關「興」之名義，「比興篇」云：

興者，起也。……起情者，依微以擬議。……起情故興體以生。

劉勰認爲，「興」即興起、激發之意，藉外在的景物引發內心的情感。所謂「依微以擬議」，依託細微的外物，以擬構內在蘊積的情理。如果抛開傳統「興」以釋詩的種種糾纏，則「興」相當於現代修辭學上的「象徵」。

二、興之運用

有關「興」之運用，「比興篇」云：

觀夫「興」之託諭，婉而成章，稱名也小，取類也大。關雎有別，故后妃方德。尸鳩貞一，故夫人象義。義取其貞，無疑於夷禽，德貴有別，不嫌於鷙鳥。明而未融，故發注而後見也。

此言「興」之寄託諷諭，運用婉約深曲的文辭，創作內蘊豐富的篇章。其所稱述之外在名物，雖然細微渺小，但所取象的意義，卻十分重大深遠。劉勰在此從詩經中舉了兩個實例，予以印證：

㈠關雎有別，故后妃方德：出自詩經周南關雎：「關關雎鳩，在河之洲；窈窕淑女，君子好逑。」詩序：「關雎，后妃之德也。風之始也。」毛傳：「后妃說樂君子之德，無不和諧，又不淫其色，慎固幽深，若關雎之有別焉。……言后妃有關雎之德，是幽閒貞專之善女，宜爲君子之好匹。」由外在的物象——關雎和鳴，引發出內心之情感——夫婦和諧。

㈡尸鳩貞一，故夫人象義：出自詩經召南鵲巢：「維鵲有巢，維鳩居之；之子于歸，百兩御之。」詩序：「鵲巢，夫人之德也。國君積行累功以致爵位，夫人起家居而有之，德如鳲，乃可以配焉。」毛傳：「起家而居有之，謂嫁於諸侯也。夫人有均壹之德如鳲鳩然，而後可配國君。」由外在的物象——鳲鳩居鵲巢，而能均養其子，引發出內心的聯想——夫人來嫁諸侯，具堅貞專一的意義。

如此以外在具體的景象，興起內在抽象的情思。其象徵意義，頗爲深長。「義取其貞，無疑於夷禽；德貴有別，不嫌於鷙鳥。」言配義取其堅貞專一，而無所疑忌於鳲鳩之夷禽；淑德貴其幽閒自別，而未嘗嫌惡於雎鳩之鷙鳥。其象徵之意義，至爲深遠，往往須借助傳箋注釋，才能充分領略。故曰：「明而未融，故發注而後見也。」

參、比興之異同

「比」、「興」迴異於賦，爲間接之表達方式。無論以物「比」物或以物「興」情，主要都是通過具體的物象來表達抽象的情思。所以「比興篇」贊云：「擬容取心」。「容」謂事物的外貌形象，「心」謂事物的實質情理。此爲比興共同的特質，且爲文學創作之所以巧妙的關鍵。陸侃如、牟世金「劉勰和文心雕龍」論比興⑦云：

> 比興兩法的共同要求，就是詩歌要用形象說話。詩中所寫事物的「心」，不是赤裸裸地直接說出，而是通過「容」來表現。……正因爲劉勰初步意識到詩歌要用形象來說話的特點，所以，他一方面要求「觸物圓覽」，對所寫事物作全面觀察，一方面注意到「比興」和「神思」的關係。神思篇講到作者在「物以貌求，心以理應」的過程中，就會「萌芽比興」，這是不錯的。

「比興」託物寓情，同爲「擬容取心」之間接表達方式。與直接敍述的「賦」，大相逕庭。故鍾嶸「詩品序」云：「若專用比興，患在意深，意深則詞躓；若但用賦體，患在意浮，意浮則文散。」意隱者境深，意顯者境淺。以「比、興」與「賦」相較，則比興皆隱而深。但是以「比」與「興」相較，則「興」深隱而「比」淺顯。故劉勰在「比興篇」篇首即揭示「比顯而興隱」，此爲比、興迴異之關鍵處。劉永濟「文心雕龍校釋」對此頗有闡發⑧：

比興之義，論者紛如。……舍人此篇以比顯興隱立說，義界最精。蓋二者同以事物況譬，特有隱顯之別，而無美惡之分。「比」者，作者先有此情，亟思傾洩，或嫌於逕直，乃索物比方言之。「興」者，作者雖先有此情，但蘊而未發，偶觸於事物，與本情相符，因而興起本情。前者屬有意，後者出無心；有意者比附分明故顯，無心者無端流露故隱。困學紀聞載李仲蒙釋賦比興義，語可參證。李曰：「敍物以言情謂之賦，情盡物也；索物以託情謂之比，情附物也；觸物以起情謂之興，物動情也。」曰索，曰託，事出有意；曰觸，曰動，理本無心。隱顯之異，分明可見。毛公傳詩，以興體難明，故特標出。舍人此篇，題稱比興，而文多明比法。蓋興出無端，難以法定，一也；賦家之文，鮮用興體，二也。用意不同，其歸一也。

劉氏不但申論比顯興隱之異，且進而探討所以異之緣由。「比」係有意的比附，借物以喻事；「興」係無心的流露，感物以起情。兩者固同爲間接之表達方式，然本同而末異。故朱熹毛詩集傳云：「比者，以彼物比此物也；興者，先言他物以引起所詠之詞也。」朱子全書又云：「比是以一物比一物，而所指之事，常在言外；興是借彼一物以引起此事，而其事常在下句。但比意雖切而卻淺，興義雖闊而味長。」

比興之區別，除基本上「比顯興隱」之外，王理卿「文心雕龍通解」⑨以劉勰論辭賦所云「日用乎比，月忘乎興，習小而棄大」爲基礎，以爲以大小區比興，高下顯然，其故有三。茲撮述於後：

一比切附而興依微：如有女同車「顏如舜華。」槿爲美花，以比美貌。小戎「言念君子，溫其如玉。」玉有溫然之德，以比君子溫然之性。美與溫皆兩相切附之事。如凱風「凱風自南，吹彼棘心。」箋云「興者，以凱風喻寬仁之母；棘，猶七子也。」風母而棘子，事非切附，如以雨露之長養花草，亦可以興母子。第如毛傳所云：「樂夏之長養，棘難長養者。」乃取南風煦養之恩厚，棘心長養之艱辛，則其微義所在，故依之以起興。……此比切興微相異之義，及其例證也。

二比意直而興意婉：如蜉蝣「麻衣如雪。」大叔于田「兩驂如舞。」以彼事物比此事物，皆所習見，其理不勞深求，故比意直。如鳲鳩「鳲鳩在桑，其子七兮。」汲取平均如一之義，以興君子之「其儀一兮」。然必依「鳲鳩養子，朝從上下，暮從下上，平均如一」之性，始能婉轉達意，其事義非可逕得，故興意曲。此比直興婉相異之義，及其例證也。

三比義狹而興義廣：如淇奧「如金如錫，如圭如璧。」傳云「金錫練而精，圭璧性有質。」卷阿「如圭如璋。」皆以金玉比質性，無其他闊遠之義，故比之義狹而變少。如邶風柏舟「汎彼柏舟，亦汎其流。」箋云「興者，喻仁人之不見用，而與羣小並列，亦猶是也。」鄘風柏舟「汎彼柏舟，在彼中河。」箋云「舟在河中，猶婦人之在夫家，是其常處。」唐風有杕之杜「有杕之杜，生於道左。」箋云「今人不休息者，以特生陰寡也。喻武公初兼其宗族，不求賢者與之在位，君子不歸，似若特生之杕然。」小雅杕杜，「有杕之杜，有睆其實。」傳云「杕杜猶得其時蕃滋，役夫勞苦，不得盡其天性。」同一柏舟，一由與衆物汎流之動象，興仁人不見用之歎；一由止泊於河之靜象，興婦人居有常處之感。同一杕杜，一由特生之象，取陰寡憔悴之義，正興武公孤立之慮；一由特生而實之象，取蕃榮得時之義，反興役夫失性之悲；旣有動靜榮悴之異，又可反可正，可彼可此，相去甚遠。故興之義廣而變多，此比狹興廣相異之義，及其例證也。

王氏論比興之異，揭舉「比切附而興依微」，「比意直而興意婉」，「比義狹而興義廣」三端，頗能切中肯要，且舉詩經中實例印證，申論頗爲精闢透徹。又陳啓源「毛詩稽古編」亦嘗論列比興之異「興隱而比顯，興婉而比直，興廣而比狹。」與王氏所標三端相符。如其云：「興比皆喩而體不同，興者興會所至，非即非離，言在此，意在彼，其詞微，其旨遠。比者，一正一喩，兩相譬況，其詞決，其旨顯。」可見英雄所見略同，觀乎此，可以明辨比、興之異同。

第二節　比（譬喻）之修辭方法

譬喻，又稱比喻，也就是俗謂的「打比方」，是一種最常見的修辭方法。簡言之，就是「借彼喻此」。通常是以易知說明難知，以具體形容抽象，以警策彰顯平淡，無論日常說話作文，宣傳說教，乃至於法庭辯論，外交辭令，如能善用譬喻，往往事半功倍，不但能充分表達傳達自己的意見，使對方心悅誠服，而且妙趣橫生，賓主盡歡。

兩千多年前的希臘大師亞里斯多德（Aristotle）在「修辭學」中揭示修辭的三大原則：用比喻，用對比，要生動。譬喻既被亞氏視爲三大原則之一，自非可等閒視之，他有關譬喻的名言，傳誦千古，中外皆知：

詩與文之中，比喻之用大矣哉⑪！

世間唯比喻大師最不易得；諸事皆可學，獨作比喻之事不可學，蓋此乃天才之標誌也⑫。

二十世紀的中國修辭學家秦牧在「譬喻之花」中，也有一段膾炙人口的妙喻⑬：

精采的譬喻，像是童話中的魔術棒，碰到哪兒，哪兒就產生奇特的變化，它也像是一種什麼化學藥劑，把它投進濁水裡面，傾刻之間，一切雜質都沈澱了，水也澄清了。

如果在文學作品中完全停止採用譬喻，文學必將大大失去光彩。假使把一只雄孔雀的尾羽拔去一半，還像個什麼樣子呢？雖然它仍舊可以被人叫做孔雀。譬喻是語言藝術中的藝術，它一出現，往往使人精神爲之一振。它具有一種奇特的力量，可以使事物突然清晰起來，複雜的道理突然簡潔明瞭起來，而且形象生動，耐人尋味。

亞里士多德對譬喻的解說相當簡略，頗有中國古人「高手過招，點到爲止」的風味，相形之下，劉勰在論及「比」的時候，著筆就比較深入。

文心雕龍比興篇，對於比（譬喻）的名義、種類、取材、闡論精微，並舉實例爲證。然而，文學理論與修辭方法，日新月異，代有精進。後世研究修辭的學者，在劉勰的理論基礎上，發揚光大，尤其是譬喻的方式，已經蔚爲洋洋大觀，茲先檢討兩家代表性的意見：

一、宋陳騤「文則」

宋陳騤「文則」，被視爲中國第一部專談修辭而又比較有系統的著作。「文則」內第一條論譬喻云⑭：「『易』之有象，以盡其意，『詩』之有比，以達其情。文之作也，可無喻乎？博采經傳，約而論之，取喩之法，大概有十。」他將譬喻的方式分爲十類：

㈠直喻：或言猶，或言若，或言如，或言似，灼然可見。孟子曰：「猶緣木而求魚也。」書曰：「若朽索之馭六馬。」論語曰：「譬如北辰。」莊子曰：「淒然似秋。」此類是也。

㈡隱喻：其文雖晦，義則可尋，禮記曰：「諸侯不下漁色。」（國君內取國中，象捕魚然，中網取之，是無所擇。）國語曰：「平公軍無秕政。」（秕，穀之不成者，以喻政。）又曰：「雖蝎譖，焉避之。」（蝎，木蟲。譖從中起，如蝎食木，木不能避也。）左氏傳曰：「是豢吳也夫。」（若人養犧牲）公羊傳曰：「其諸爲雙雙而俱至者與？」（言齊高固及子叔姬來，其雙行匹至似獸。山海經有獸名雙雙。）此類是也。

(三)類喻：取其一類，以次喻之。書曰：「王省惟歲，卿士惟月，師尹惟日。」歲、月、日，一類也。賈誼新書曰：「天子如堂，羣臣如陛，衆庶如地。」堂、陛、地，一類也。此類是也。

(四)詰喻：雖爲喻文，似成詰難。論語曰：「虎兕出於柙，龜玉毀於櫝中，是誰之過歟？」左氏傳曰：「人之有牆，以蔽惡也，牆之隙壞，誰之咎也？」此類是也。

(五)對喻：先比後證，上下相符。莊子曰：「魚相忘乎江湖，人相忘乎道術。」荀子曰：「流丸止於甌臾，流言止於智者。」此類是也。

(六)博喻：取以爲喻，不一而足。書曰：「若金，用汝作礪；若濟巨川，用汝作舟楫；若歲大旱，用汝作霖雨。」荀子曰：「猶以指測河也，猶以戈舂黍也，猶以錐飡壺也。」此類是也。

(七)簡喻：其文雖略，其意甚明。左氏傳曰：「名，德之輿也。」揚子曰：「仁，宅也。」此類是也。

(八)詳喻：須假多辭，然後義顯。荀子曰：「夫耀蟬者，務在乎明其火，振其樹而已。火不明，雖振其樹，無益也；今人主有能明其德，則天下歸之，若蟬之歸明火也。」此類是也。

㈨引喻：援取前言，以證其事。左氏傳曰：「諺所謂庇焉而縱尋斧焉者也。」禮記曰：「蛾子時術之，其此之謂乎？」此類是也。

㈩虛喻：既不指物，亦不指事。論語曰：「其言似不足者。」老子曰：「飂兮似無所止。」此類是也。

陳氏針對經傳中的譬喻手法，歸納爲十類，每類並總結規律，舉例說明，相當難得。如果以他的分類與現代修辭學的分類比較，其中的直喻、詳喻、類喻大約相當於現代的明喻，其中的簡喻相當於現代的隱喻，其中的對喻相當於現代的略喻，其中的隱喻則相當於現代的借喩。博喻即爲現代的博喻，至於詰喻則相當於現代的譬喻兼反問，引喻則相當於現代的譬喻兼引用。至若虛喻則徒有喻詞，貌似明喻其實並非譬喻。

二、民國黃民裕「辭格匯編」

黃民裕「辭格匯編」列舉修辭方法，種類繁多，計有七十二種，其中「比喻」的方式有十二類⑮：

㈠明喻：明喻是本體和喻體同時出現，它們之間在形式上是相類的關係，說甲（本體）像（喻詞）乙（喻體）。常用：像、好像、比如、宛如、彷彿、好比、比方說、像……一樣、如……一般、彷彿……似的、……一樣、……似的等喻詞來聯系。例如：

「飲食店的職工們當然不知女經理的這番挫折，只見她第二天早晨起來眼睛腫得和水蜜桃一樣，看什麼人都不順眼，看見饅頭、花卷、包子、麵條都有氣。」（古華：芙蓉鎮）

㈡暗喻（隱喻）：暗喻是本體和喻體同時出現，它們在形式上是相合的關係，說甲（本體）是（喻詞）乙（喻體）。喻詞常由：是、就是、成了、成爲、變成等表判斷的詞語來充當。暗喻又叫隱喻。例如：

「她是夜明珠，暗夜裡，放射出燦爛的光芒。」（楊沫：青春之歌）

㈢借喻：借喻是以喻體來代替本體，本體和喻詞都不出現，直接把甲（本體）說成乙（喻體）。例如：

「看吧，狂風緊緊抱起一層層巨浪，惡狠狠地將它們甩到懸崖上，把這些大塊的翡翠摔成尖霧和碎末。」（高爾基：海燕）

案：翡翠借喻海浪。

㈣博喻：用幾個喻體從不同角度反複設喻去說明一個本體，叫博喻，又叫連比。選用博喻能加强語意，增添氣勢。例如：

「『砰』一聲，那平的一記重扣，激起了全場經久不息的歡呼聲和鼓掌聲，像海濤擊岸，像山洪爆發，像飛瀑傾瀉。觀衆們蜂湧到場子裡，將一束束散發著馨香的鮮花，獻給教練、領隊和姑娘們。」（魯光：中國姑娘）

案：以海濤擊岸、山洪爆發、飛瀑傾瀉三個意象來譬喻形容「歡呼聲和鼓掌聲」一個本體。

㈤倒喻：一般比喻是本體在前，喻體在後，倒喻是本體和喻體次序顚倒的一種比喻。這種比喻有的是明喻，但更多的是暗喻。因爲是喻體在前，本體在後，所以叫做倒喻。例如：

「自然，生得又高又胖並不就是偉大，做得多而且繁也決不就是名著，而況還有『剪貼』。」（魯迅：魯迅全集第五卷）

㈥反喻：從所要說的事物的相反或相對的方面設喻，指出事物不具備某種性質，這種用否定形式構成的比喻叫做反喻。例如：

「這個整天同鋼鐵打交道的技術員，他的心倒不像鋼鐵那樣。」（巴金：懷念蕭珊）

㈦縮喻：縮喻就是省略喻詞，本體和喻詞直接合成爲有修飾或限制作用的詞組。這樣結構緊湊，語言簡鍊，使要表現的事物更爲生動、形象。例如：

「這那裡是信，這是從一個女兒心底滲出的愛之泉水呵！」（高纓：達吉和她的父親）

㈧擴喻：本體和喻體都是短句，它們常常組成平行句式，有的本體在前，有的本體在後，不用喻詞，但其比喻的含義却很明朗。例如：

「人有悲歡離合，月有陰晴圓缺，此事古難全」（蘇軾：水調歌頭）

案：其實此應屬略喻。

㈨較喻：較喻就是比喻兼比較，即在某一相似之點上，本體超過了（或不及）喻體。這樣可以使本體的性質、情狀顯得更加鮮明，更爲眞切。例如：

「我們四川還有人用牛糞作燃料，至於那些又長又臭的文章，恐怕連牛糞也不如。」（郭沫若：關於文風問題答新觀察記者問）

㈩回喻：回喻就是先提出喻體，緊接著又對喻體加以否定，最後引出本體。這種迂回設喻的方法，表面上否定了喻體，其實是更巧妙地把喻體同本體聯系起來，使本體顯得更加生動形象。例如：

「荒野裡偶爾能看見一種樹，樹枝上密密麻麻掛滿果實，那不是果實，都是鳥巢。這種鳥非洲人叫做黑頭織鳥，織的巢像口袋一樣，掛在樹枝上。」（楊朔：生命泉）

㈩一互喻：設兩個比喻句，第一個比喻句先用喻體比喻本體，第二個比喻句再用本體比喻喻體，這種互相設喻的比喻形式叫做互喻。其格式爲：甲像乙，乙像甲。例如：

「遠遠的街燈明了，
好像閃著無數的明星。
天上的明星現了，
好像點著無數的街燈。」（郭沫若：天上的街市）

㈩二曲喻：從喻體的某一方面，轉移、聯想到另一方面去，通過這種轉移、聯想使喻體和本體產生比喻關係；這種轉一個彎子來設喻的形式叫曲喻。例如：

「記得綠羅裙，處處憐芳草。」——（牛希濟：生查子）

「誰知道阿Q採用怒目主義之後，本莊的閒人們便愈喜歡玩笑他。一見面，他們便假作吃驚的說：

『嘿，亮起來了！』

阿Q照例的發了怒，他怒目而視了。

『原來有保險燈在這裡！』他們並不怕。」——（魯迅：阿Q正傳）

案：第一個辭例，從草的綠聯想起羅裙的綠，從綠羅裙聯想到穿綠羅裙的佳人，于是看到綠草就聯想到佳人，因爲愛佳人而也愛綠草。第二個辭例，用亮和保險燈比喻「癩瘡疤」，因爲疤是光滑的，由光滑的光轉爲光亮的光，再由光亮的光轉爲發光的保險燈。

黃氏「辭格匯編」，將譬喻分作三個部分：1.本體（被比的事物或情境）。2.喻體（作比的事物或情境）。3.喻詞（標明比喻關係的詞）。依三個部分的異同與隱現，其基本類型有：明喻、暗喻、借喻三種。除此之外，依比喻的三個部分的結合情況，其變化形式有：博喻、倒喻、反喻、縮喻、擴喻、較喻、回喻、互喻、曲喻等九種。可見譬喻在現代修辭學中，可謂洋洋大觀。

盱衡各家的意見，仍以黃慶萱「修辭學」對於譬喻的闡論最爲中肯。黃氏將譬喻的成分分作三部分：

㈠喻體——所要說明的事物主體。
㈡喻依——用來比方說明此一主體的另一事物。
㈢喻詞——聯接喻體和喻依的語詞。

又譬喻的種類，由於喻體、喻詞之省略或改變，可以分作明喻、隱喻、略喻、借喻、假喻五種。

本節據黃氏的意見，將假喻（其實不是譬喻）刪除，另增博喻、諷喻，總計分作六類。

壹、明喻

「明喻」的基本構成方式是甲（喻體）像（喻詞）乙（喻依）。譬喻的組成成分——喻體、喻詞、喻依，三者具全，且譬喻的意味十分明顯，一望即知，喻詞除了像之外，也包括：好像、就像、竟像、眞像、如、有如、就如、恍如、眞如、似、一似、好似、恰似、若、有若、有類、有同、彷佛、好比、猶、猶之……等。且看：

㈠書本就像降落傘，打開來才能發生作用。
㈡煙酒之於人生，猶如標點之於文字。
㈢問君能有幾多愁？恰似一江春水向東流。（李煜：虞美人）

在第一個辭例中，藉「降落傘」（喻依）來形容「書本」（喻體），兩者之間用「就像」（喻詞）聯接。書本與降落傘原本是迥然不同的二樣東西，其間並無任何關聯，但是卻有一點微妙的溝通，那就是「打開來才能發生作用」。如此喻體與喻依之間的相似點，黎運漢．張維耿「現代漢語修辭學」稱爲「喻解」。正因爲捕捉了這一點維妙維肖的類似，所以創造了一個精采的譬喻辭例。這樣的說法，比起書中自有顏如玉、書中自有黃金屋、書中自有千鍾粟、貧者因書而富、富者因書而貴……等老生常談，要顯得鮮活、生動、別緻而容易入耳。降落傘若是沒有打開來的後果眞是可怕，令人怵目驚心。書本沒有打開來，問題當然沒有那麼嚴重，不過仔細想想，其間的道理卻無二致。

第二個辭例，是當年台灣省菸酒公賣局的一則廣告。煙酒人生（喻體）與標點文字（喻依）在本質上完全不同，但是想一想，文章如果沒有標點符號，讀起來多麼沈悶，而人生如果沒有煙酒調劑，那又該是多麼乏味！創造這段廣告詞的人，腦筋眞聰明，虧他想得出來！不過，調劑人生的不是僅僅只有煙酒，還有音樂、美術、文藝、運動、遊戲……等。這樣的說法，儘管理不直氣不壯，在廣告效果上卻是神來之筆！

第三個辭例，是李後主虞美人詞中的千古名句，以具體的「一江春水向東流」（喻依）來形容抽象的「愁」（喻體），眞是狀溢目前，也是典型的譬喻辭例。

像這樣「喻體——想要說明的事物主體、喻詞——聯接喻體與喻依的語詞、喻依——藉以比方說明喻體的另一事物，三者齊備，形式完整的譬喻」，是譬喻形式中的第一類「明喻」。

明喻的寫作技巧，在我國古籍中出現甚早，例如：

㈠手如柔荑，膚如凝脂，領如蝤蠐，齒如瓠犀，螓首蛾眉；巧笑倩兮，美目盼兮。（詩經、衛風、碩人）

此形容衛莊公夫人莊姜的美麗可愛，運用四個明喻：1.手細嫩柔美得像茅草的嫩芽。2.皮膚潔白潤澤得像凝脂。3.頸子像蝤蠐般白而長。4.牙齒像瓠瓜種子般整齊潔白。如此描述之下，一幅栩栩如生的古典美人圖就展現在讀者眼前。

㈡不義而富且貴，於我如浮雲。（論語、里仁篇）

㈢君子之交淡若水，小人之交甘若醴。（莊子、山木篇）

㈣人之有學也，猶木之有枝葉也。木有枝葉猶庇蔭人，而況君子乎？（國語、晉語）

在古典詩詞中，明喻的辭例也屢見不鮮：

㈠迴樂烽前沙似雪，受降城外月如霜。（李益：夜上受降城聞笛）

迴樂烽（寧夏靈武縣西）前，一片廣袤無垠的平沙，像雪地；受降城（綏遠杭錦後旗）外，夜間氣溫驟降，月光皎潔，像白霜。生長在鶯飛草長的江南人士，對於塞外沙漠的景象，是陌生而難以想像的。如此運用大家所熟知的雪、霜來比方形容，頓覺景象歷歷，如在目前。

㈡芙蓉如面柳如眉。（白居易：長恨歌）

㈢離恨恰如春草，更行更遠還生。（李煜：清平樂詞）

㈣深花枝，淺花枝，深淺花知相並時，花枝難似伊！玉如肌，柳如眉，愛著鵝黃金縷衣，啼粧更爲誰？（歐陽脩：長相思）

㈤人生到處知何似？應似飛鴻踏雪泥？（蘇軾：和子由澠池懷舊）

㈥糠和米本是相依倚，卻遭簸揚作兩處飛。一賤與一貴，好似奴家與夫婿，終無見期。（高明：琵琶記、糟糠自厭）

現代文學中明喻的妙例非常多，信手拈來，隨時可見：

㈠一個人的缺點，正像猴子的尾巴，蹲在地上的時候，尾巴是看不見的，直到他向樹上爬，就把後部給大家看了。可是這紅臀長尾巴本來就有，並非地位爬高了的新標誌。（錢鍾書：圍城）

㈡喜歡中國話裡夾雜無謂的英文字。他並無中文難達的新意，需要借英文來講。所以他說話裡嵌的英文字，還比不得嘴裡嵌的金牙，因爲金牙不僅裝點，尚可使用。只好比牙縫裡嵌的肉屑，表示飯菜吃得好，此外全無用處。（同上）

就小說而言，錢鍾書的「圍城」並非成功傑作，但是在許多零星片段裡，卻充分顯示了作者的機智與幽默，悲涼憤鬱之中，辛辣的文字，像一支支利箭，射透了人性深處。以上二例，均是採明喻的方式，描述高級知識分子的心理，洞察秋毫，無情的諷刺，揶揄，眞是入木三分。用牙縫裡的肉屑形容說話裡嵌的英文字，用猴子的尾巴形容一個人的缺點，具體而深刻。

㈢等於用言語當成一把梳子，在這個長官心頭上癢處一一梳去，使他無話可說。（沈從文：長河）

㈣秘密像夏天櫥窗中的美味，根本無法長久保留。（金華：箭鏃）

㈤愁，好像味精，少放一點，滋味無窮；多放了，就要倒盡胃口。（吳怡：一束稻草、愁）

㈥琦君這本詞人選集出在她十七本散文、小說集之後。讀者好似先看到樹的枝幹花葉，然後才看到樹根。（齊邦媛：潘琦君詞人之舟序）

㈦像披著如絲的長髮的少女，
椰子樹嬌羞的站在寂寞的窗口。
默默地凝視著她，凝視著，
因爲，我今天異常的需要溫柔。（楊喚：椰子樹）

㈧說著說著
我們就到了落馬洲

霧正升起，我們在茫然中勒馬四顧
手掌開始生汗
望遠鏡中擴大數十倍的鄉愁
亂如風中的散髮
當距離調整到令人心跳的程度
一座遠山迎面飛來
把我撞成了
嚴重的內傷（洛夫：邊界望鄉）

明喻的形式，往往是喻體在前，喻依在後，但也有例外。楊喚以「披著如絲的長髮的少女」（喻依）形容「椰子樹」（喻體）。其組成方式與多半的明喻不同。但孰爲喻體，要視其爲作者所描繪的主體而定。由此例可見一斑。

洛夫以「亂如風中的散髮」（喻依），譬況「鄉愁」（喻體），使得原本抽象的鄉愁具象化而狀溢目前，再加上接下來的「遠山迎面飛來，把我撞成了嚴重的內傷。」山當然不會飛來，而是作者的思鄉情切，近鄉情怯，所以內心激動，不能自已。這眞是反常合道的「無理而妙」。作者在詩末有一段後記，可作印證：「一九七九年三月中旬應邀訪港，十六日上午余光中兄親自開車陪我參觀落馬洲之邊界，當時輕霧氤氳，望遠鏡中的故國山河隱約可見，而耳邊正響起數十年未聞的鷓鴣啼叫，聲聲扣人心弦，所謂『近鄉情怯』，大概就是我當時的心境吧。」

在現代詩中，甚至有整首詩都是用明喻的方式來表現的，如：

㈠如一張寫滿了信箋
躺在一隻牛皮紙的信封裏
人們把他釘入一具薄皮棺材

復如一封信的投入郵筒
人們把他塞進火葬場的爐門

總之，像一封信
貼了郵票
蓋了郵戳
寄到很遠很遠的國度去了（紀弦：火葬）

㈡一盃濃茶豈只那點旨意
茶葉是飽經風霜的長者
我們對之呑雲吐霧

豈能品嘗它的苦澀
一盃濃茶下肚是否使你成熟
成熟的歲月
也不過像泡浸在開水中的茶葉
由捲縮而擴大
然後是慢慢的沈落
落入將被丟棄的屍骨（華笙：一盃濃茶）

紀弦的「火葬」、華笙的「一盃濃茶」，都是寫人生，前者整首詩用明喻的表達方式，寫人生的結束。後者是用明喻寫成熟的歲月像「泡浸在開水中的茶葉」，最後仍不免「落入將被丟棄的屍骨」。至於「茶葉是飽經風霜的長者」則屬譬喻的第二種——隱喻。

再看兩首童詩：

㈠年輕時的媽媽，
像一瓶酒；
爸爸嘗了一口，
就醉了。（何麗美：酒）

㈡夢像一條魚，

在水裏游來游去
想捉他，
他已經跑了。

夢像一滴雨，
從天上掉下來，
想去捧他，
他已經著地了。

夢像一陣風，
從遠方吹過來，
想捉他，
他已經離開了。（張金美：夢）

這兩首童詩都是從林煥彰編的「海寶的秘密」書中選出來的。把媽媽比作酒，使爸爸沈醉其中，眞是妙絕！夢是虛幻的；當時迷迷糊糊，醒後要想回味，已成幻境。張金美用了三個明喻，把夢比作小魚、雨滴、風，充分顯現了夢的虛幻和難以捉摸。

在一般文章或日常談話中，也有許多巧妙的明喻辭例：

㈠滿座的會場中，第一排正中的若干座位反而空下來，像是一個人掉了門牙，很不好看。這是我們這個禮儀之邦諸君子謙讓的結果。（何凡：名位之爭）

㈡如果把婚姻比喻為一道大菜，那麼夫妻間的爭吵就像是婚姻中的調味料，少了他便炒不出婚姻這道菜的酸甜苦辣和色香味。（葉月心：愛的戰火）

㈢幸福如接吻，必須與人共享。

㈣生活像磨石。究竟它能把你磨亮？或是把你磨碎？要看你的質料而定。

㈤美式婚姻像吃口香糖，越嚼越乏味，最後吐了；中式婚姻像吃長生果，越嚼越香，最後嚥了。（祝振華：西線有戰事）

㈥買稿紙就像買土地，叫人湧起「拓荒」的豪情。

明喻的絕妙好辭例，古今中外，俯拾皆是，不勝枚舉：

美國總統林肯說：「生命有如文章，在乎內容，不在乎長短！」

德國大文豪歌德說：「生命有如一塊粗石，經過雕刻和琢磨，才能成功一個人物。」

著名的電影「七對夫妻」中霍華基爾說：「愛情像出痲疹，你一生只會出一次，年齡越大，出得越頑劣！」

中央日報副刊（七十二年二月十二日）曾刊載了聖林的一篇短文「書生論戰」：

去年五月，英國不計八千英哩長的補給線，經過二十幾天的戰爭，終於又從阿根廷手中奪回荒涼多石的福克蘭島，重振了昔日大英帝國的民族自尊。

但是在一位八十三歲的阿根廷作家的眼中：「這場戰爭就好像是兩個禿子搶一把梳子！」

明喻表面上簡單明確，但是運用得當，却能生動傳神，不著一字，盡得風流，且含蘊著智慧的結晶，耐人尋味，啓示無窮，足以煥發出人類內心深處的靈光！

貳、隱喻

「隱喻」的基本構成方式是甲「喻體」是「喻詞」乙（喻依），譬喻的組成成分——喻體、喻詞、喻依，三者齊備，不過喻詞由繫詞「是」等代替「像」，喻詞除了「是」之外，也用就是、等於、成爲、變成……等。

「隱喻」與「明喻」相比較，同樣是喻體、喻詞、喻依三者齊備，不過其間仍有著顯著的不同：

㈠明喻在形式上只是相類的關係——甲如同乙，隱喻在形式上却是結合的關係——甲就是乙。陳望道「修辭學發凡」⑱指出：「隱喻是比明喻更進一層的譬喻，正文和譬喻的關係，比之明喻更爲緊切。」陳氏以中國傳統習見的一個例證來予以說明：

如用風喻君子之德，用草喻小人之德。

明喻：君子之德如風，小人之德如草。

隱喻：君子之德，風也；小人之德，草也。草上之風必偃。（孟子滕文公上）

由此例可知，在文言文中，隱喻的喻辭，「是」「爲」也可以由「……也」取代。只要喻體與喻依在形式上是結合的關係，即屬隱喻。

(二)明喻以喻體爲主，喻依爲輔，隱喻却是喻體與喻依相等而並存。李小岑「現代英文修辭學」⑲指出：「對於一件事物的屬性，不予剖開分析，而概括地綜合起來，以直觀的認識其特質，這方法就是隱喻（METAPHOR）。」李氏先列舉對亞里士多德「詩學」論隱喻的意見：

作詩時最偉大的事在於如何巧妙地使用隱喻。這是無法學自他人。這也是天才的跡象。因爲，良好比喻乃是將一個直觀的感覺含蓄地表現在不同的事物中。

隱喻通常根據洞察（insight），其性質與重要性由此可見一斑。他又引用赫伯瑞（Herbert Read）對亞氏的理論說明：

隱喻乃等值、迅速的啓示。兩個印象或一個思想和一個印象，以相等地位對立而存在，彼此混合，具有分別的意思，互相反應，突然閃耀而使讀者驚奇者是隱喻。所發的光，在文中發生啓發和潤飾的作用。因此，我們可以將所有隱喻區別爲啓發的和潤飾的。

由此可見，從明喻到隱喻，喻體與喻依之關係越來越密切。隱喻以判斷形式出現，其實，隱喻喻詞的「是」字仍與明喻的喻詞「像」意義相同，惟更加加强喻體與喻依之間的密切契合。

以下再看隱喻的實例：

㈠幽默是人類心靈的花朵。（林語堂：論東西文化的幽默）

㈡我是天空裡的一片雲，
偶爾投影在你的波心，
你不必訝異，更無須歡喜，
在轉瞬間消滅了踪影。（徐志摩：偶然）

㈢酆舒問於賈季曰：「趙衰、趙盾孰賢？」對曰：「趙衰，冬日之日也；趙盾，夏日之日也。」（左傳文公七年）

在第一個辭例中，藉「花朵」（喻依）來譬喻形容「幽默」（喻體），兩者之間用「是」（喻詞）聯接。這個「是」字，其實是「像」的意思，但用「是」要比「像」意義更强烈深刻。「幽默」是一個抽象的概念，直接描述，不容易掌握要領，很難說明白，用具體的「花朵」打比方，頗能直探本心。這正是劉勰所謂的「比義」中的「擬於心」。「幽默」當然不是花朵，人類心靈中也不可能開放。幽默大師林語堂以如此「寫物以附理，颺言以切事」的隱喻予以形容，眞是無理而妙，探驪得珠。

如此「擬於心」的妙喻，頗不乏其例：

古典主義是低眉的菩薩，浪漫主義是怒目的金剛。（傅東華：什麼是古典主義）

古典主義與浪漫主義是文藝史上的兩種流派。二者恰恰相對，古典主義注重形式的和諧完整，浪漫主義注重情感的深刻豐富，前者尊崇理性，毋忘紀律，求靜穆莊嚴；後者掙脫束縛，追尋自由，求感發興起，這中間的界義與區別都是抽象的。傅東華用「低眉的菩薩」與「怒目的金剛」予以比方形容，不但形象躍然，而且是一語道破的神來之筆！

第二個辭例，藉「一片雲」（喻依）來譬喻形容「我」（喻體），兩者之間用「是」（喻詞）聯接。這個「是」字，其實是「像」的意思。用「是」字要比「像」字意義更強烈深刻。才情洋溢，光耀三十年代詩壇的徐志摩當然不是一片雲，只因爲雲是飄忽無定，轉瞬即逝，與徐志摩性格有微妙的契合。唯有用「雲」來譬況，才能生動地顯示他的個性特色，這眞是「神似」！

徐志摩詩中用隱喩的例子頗爲常見。在另一首「再別康橋」中，也有兩個精采的隱喩：

那河畔的金柳，
是夕陽中的新娘。
波光裡的艷影，
在我的心頭蕩漾。（第二段）
那榆蔭下的一潭，

不是清泉，是天上的虹。
揉碎在浮藻間，
沈澱著彩虹似的夢。（第四段）

以「夕陽中的新娘」譬喻「金柳」，以「天上的虹」譬喻「一潭（水）」，非常耐人尋味。黃慶萱先生「再別康橋欣賞」[20]說得好：「『金柳是新娘』，喻詞用『是』，比明喻的『像』有更深一層的認定，其中隱含玄機，而吾心即物理，物理即吾心，是故『波光裡的艷影』，亦能『在我的心頭蕩漾』，形成心物交融，內外混同的境界。『那榆蔭下的一潭，不是清泉，是天上的虹。』也是隱喻。先來一個『不是』，再來一個『是』，搖曳生姿，錯綜成趣。」如此的闡析，眞是淋漓盡致，足見隱喻之效用。

第三個辭例中，有兩個隱喻：第一個隱喻以「冬日之日」（喻依）來比方「趙衰」（喻體）。第二個隱喻以「夏日之日」（喻依）來比方「趙盾」（喻體）。喻詞用「……也」。隱喻的喻詞通常用「是」、「爲」等，但在文言文中也有「……也」，能否視爲隱喻，端視喻體與喻依之間的結合關係而定。趙衰、趙盾這一對父子，是春秋時晉國的名卿。趙衰曾隨晉公子重耳在外流浪十九年，後重耳回國即位爲晉文公，趙衰佐政，居功厥偉。趙盾爲趙衰之子，在襄公時主國政，又嘗立靈公、成公，兩人位高權重，但個性作風不同。用冬天的太陽與夏天的太陽來分別比方，適足以顯示前者的溫煦可親，與後者的剛猛可畏。

其實，本辭例與前面所言及的傅東華的妙喻，都各有兩個隱喻，又形成强烈的對比，兼用對襯㉑的修辭方法，因此文句更加警策有力。

隱喻在古典詩文中，雖然不像明喻那樣普遍，但是也往往可見：

㈠坐須臾，沛公起如廁，因招樊噲出。沛公已出，項王使都尉陳平召沛公。沛公曰：「今者出，未辭也，爲之奈何？」樊噲曰：「大行不顧細謹，大禮不辭小讓。如今人方爲刀俎，我爲魚肉，何辭爲？」於是遂去。（司馬遷：史記．項羽本紀）

這是「鴻門之宴」中的一段重要情節。劉邦應項羽之召赴鴻門會宴。其間項羽的部將項莊假借舞劍之名，想乘機刺殺劉邦。在情勢十分危險的狀況下，劉邦藉口如廁，與樊噲逃出鴻門宴。臨行之時，劉邦猶瞻前顧後，擔心不辭而行會失禮，樊噲却當機立斷地指陳：「大行不顧細謹，大禮大辭小讓。如今人爲刀俎，我爲魚肉，何辭爲？」劉邦得以倖免於難。

其中「人爲刀俎，我爲魚肉。」以「刀俎」譬喻對方，以待宰的「魚肉」譬喻己方。又兼用映襯中的「對襯」，對比顯明，如此形象具體而生動，將劉邦的處境充分顯示出來，一語道破當時的險惡情況。非用如此譬喻，不足以逼使劉邦當機立斷！

㈡令弟草中來，蒼然請論事，
詔書引上殿，奮舌動天意。
兵法五十家，爾腹爲篋笥。

應對如轉丸，疏通略文字。（杜甫：送從弟亞赴河西判官）

杜甫送從弟杜亞赴河西節度府任判官，對杜亞十分推崇，讚美他擅長兵法，又辯才無礙。以「篋笥」（喻依）比方「爾腹」（喻體），中間以「爲」（喻詞）聯接。「爾腹爲篋笥」堪稱典型的隱喻。如此則杜亞飽讀兵書的專長，充分顯現。杜甫此語可能出自「世說新語」「排調篇」：「郝隆七月七日，出日中仰臥。人問其故，答曰：『我曬書。』」又「應對如轉丸」係「明喻」。

㈢水是眼波橫，山是眉峯聚。欲問行人去那邊？眉眼盈盈處。　才始送春歸，又送君歸去。若到江南趕上春，千萬和春住。（王觀：卜算子）

此爲北宋詞人王觀的名作，原題「送鮑浩然之浙東」。全詞借景寓情，想像豐富，匠心獨運。最大的特色是一開始用了兩個隱喻——水是眼波橫，山是眉峯聚，此處有兩點値得闡論：

第一，傳統詩人往往將美人的眼比成水波，美人的眉比成山峯，所以說「眼波」、「眉峯」。不過王觀在本闋詞中所指並非美人，而是他的朋友鮑浩然。

第二，在譬喻中，通常喻體在前，喻依在後。「水是眼波橫，山是眉峯聚」。以「水」、「山」（喻依）形容「眼波」、「眉峯」（喻體）。喻體在後，喻依在前，在譬喻形式的組合上，次序有所變化，也就是黃民裕「辭格滙編」所謂的「倒喻」㉒。

第三，譬喻的形象頗爲生動而富於聯想，原本「眼波」、「眉峯」即已用水波形容目光流盼，用山峯形容雙眉攢聚。此處再以「水」比方別時的眼神，以「山」比方聚鎖的愁眉。則離情別緒的流露，就更加貼切了。

㈣我却是蒸不爛煮不熟搥不扁炒不爆響噹噹一粒銅豌豆，恁子弟誰敎他鑽入鋤不斷砍不下解不開頓不脫慢騰騰千層錦套頭。（關漢卿：不服老．黃鐘尾）

這是元曲大師關漢卿的名作，在隱喩的形式上，以「一粒銅豌豆」（喩依）比方「我」（喩體）老而硬朗，中間以「是」（喩詞）相聯結，是最簡單明顯的隱喩，却由於加上「蒸不爛、煮不熟、搥不扁、炒不爆、響噹噹」等連續的襯字形容，別饒情味。由此也可見元曲跳脫傳神的風格特色。如此跳脫傳神的隱喩，不只是在元曲中才有，清代蒲松齡雙手捧著「聊齋」手稿，無限憐惜地說：「這是我的兒子，我的氣血相凝，心肝所繫的兒子！」也同樣鮮活生動！

㈤公辨其聲，而目不可開，乃奮臂以指撥眥，目光如炬，怒曰：「庸奴！此何地？而汝來前！國家之事，糜爛至此。老夫已矣！汝復輕身而昧大義，天下事誰可支拄者！不速去，無俟奸人構陷，吾今即撲殺汝！因摸地上刑械，作投擊勢。史噤不敢發聲，趨而出。後嘗流涕述其事，以語人。曰：「吾師肺肝，皆鐵石所鑄造也！」（方苞：左忠毅公軼事）

此爲「左忠毅公軼事」中最精采的一段，敍史可法到獄中探望左光斗之情景。左光斗之動作、言語眞是剛腸赤心，字字如火，形象卓立紙上。其末尾從史可法口中道出：「吾師肺肝，皆鐵石所鑄造也！」左光斗的肺肝當然不是鐵石，但是非如此形容，不足以表現出左公之貞烈德行與鐵石硬漢作風。這個隱喻用在整段文字的末尾，尤其具有意想不到的奇效。

現代文學中隱喻的妙喻頗爲常見，尤其是有關「人」的隱喻，更是不乏佳例：

㈠母親啊！你是荷葉，我是紅蓮。心中的雨點來了，除了你，誰是我在無遮攔天空下的蔭蔽？（冰心：往事㈦）

㈡曾老太太在時，非常喜愛她，這個剛强的老婦人死後，愫方又成了她姨父曾皓的枴杖，他走到那裡！她必須隨到那裡。（曹禺：北京人）

㈢女人的力量，我確是常常領略到的。女人就是磁鐵，我就是一塊軟鐵。（朱自清：女人）

㈣最暴露在外面的一張臉，從「魚尾」起皺紋撒出一面網，縱橫輻輳，疏而不漏，把臉逐漸織成一幅鐵路線最發達的地圖。臉上的皺紋，已經不是熨斗所能燙得平的，同時也不知怎麼在皺紋之外還常常加上那麼多的蒼蠅屎。（梁實秋：中年）

㈤人窮則往往自然的有一種抵抗力出現，是名曰：酸。……別看我囊中羞澀，我有所不取；別看我落魄無聊，我有所不爲。這樣一想，一股浩然之氣火辣辣的從丹田升起，腰板自然挺直，胸膛自然凸出。……在別人的眼裡，他是一塊茅廁磚——臭而且硬。（梁實秋：窮）

㈥一個愛說話的女人是朵盛開的花，沒有什麼味道；一個不愛說話的女人，是朵半開的花，沒有人知道它藏著一個什麼樣的花心，最吸引人。（於梨華：變）

以上六個辭例，都是有關人物的隱喻。在前三個辭例中冰心以「荷葉」比方母親，「紅蓮」

比方自己，充分顯示了母親對女兒的呵護庇蔭。曹禺以「枴杖」比方女主角愫方，使她的被依賴性凸顯而出。朱自清以「磁鐵」譬喻女人，以「軟鐵」譬喻自己，則女人的吸引力可想而知。

後三個辭例，除了隱喻之外，多少都帶有若干諷刺性，梁實秋在「雅舍小品」中，以「一幅鐵路線最發達的地圖」（喻依），譬喻「中年女子的臉」（喻體），其實臉不可能織成地圖，只是如此形容而已。以「茅廁磚」（喻依）譬喻窮酸（喻體）——他是一塊茅廁磚，其實不是，只是如此比方而已。還有俗諺中以「風乾橘子皮」譬喻「老年人的臉」，也只是略帶消遣性質的形容語。然而，經過如此比方之後，形象才具體而又鮮明生動。至於於梨華以「盛開的花」（喻依）比方「愛說話的女人」（喻體），以「半開的花」（喻依）比方「不愛說話的女人」（喻體），前者一覽無遺，後者耐人尋味，則在傳神之中，頗帶諷刺性的微辭。李密菴「半半歌」說得好：「酒飲半酣正好，花開半時偏妍。」爲什麼不愛說話的女子最吸引人呢？因爲她含蘊不露，具有耐人尋味的神秘感，爲什麼盛開的花不好呢？因爲沒有餘韵，而且就快要凋謝了。在此聯想起英國作家王爾德的一段名言：

第一個用花比女子的是天才，

第二個用花比女子的是庸才，

第三個用花比女子的是蠢才。

王爾德的言下之意，譬喻要求新穎，有創造性，不宜流於陳陳相因的陳腔濫調。用花來譬喻形容女子，由天才，庸才，到蠢才，這話當然說得不錯，但是也不必全然。像於梨華的妙喻，誰能說她是庸才！在此再列舉一段趣事，以爲佐證：

有一回高信譚與郭良蕙應邀到某婦女團體演講。聽衆多爲四十多歲的媽媽級會員。

郭良蕙：「女人四十一枝花，五十是玫瑰花，六十是喇叭花，越老越發！」

高信譚：「對於郭女士的意見，本人不敢苟同，男人四十才是一枝花——女人嘛，女人四十剛發芽，至於在座還有一些二三十歲的小妹妹們，妳們啊，妳們還沒有發芽，妳們是快樂的小豆豆！」

這當然是說著玩的，「妳們是快樂的小豆豆」，除了隱喩之外，當然還兼帶「夸飾」！

再看現代文學的若干實例：

㈠在纏繞中已頓悟中國是個情結，那結子裡包藏著永不休止的愛與關懷。（張智人：繩結藝術）

㈡紅樓夢裡有許多瑣碎的敍述，眞虧曹雪芹記得的——他一定是和利瑪竇一樣的人物，整個人就是一架照相機，看過的東西都留下一張底片在腦子裡。（思果：細節）

㈢只取少數幾行詩，作爲莎士比亞偉大之證據，則不啻一個老古董，爲了出售一幢房屋，口袋裡裝著一塊磚頭，作爲樣品。（顏元叔：文學的玄思）

㈣「家」，眞的是一副「枷」，把女人的一生緊緊套牢，一個家庭主婦是不斷地失落，先是

失落青春，然後失落丈夫，最後失落孩子。（林貴眞：兩岸）

㈤這個世界已成了畢加索的畫，天翻地覆，一場糊塗。（陳之藩：科學與詩）

㈥我願變一隻蝸牛，慢呑呑無憂無愁，只要我不停地走，總有天爬上枝頭。（趙寧：趙寧詩畫展）

由以上六個辭例，可見「隱喻」的喻詞除了「是」、「就是」、「眞的是」之外，也有用「不啻」、「成了」、「變」等。

再看現代詩中的「隱喻」：

㈠詩，是不凋的花朵，
　但，必須植根於生活的土壤裡；
　詩，是一隻能言鳥，
　要能唱出永遠活在人們心裡的聲音。（楊喚：詩）

古今中外，爲詩下定義的不知凡幾。楊喚在此用了兩個隱喻，以「不凋的花朵」與「能言鳥」（喻依）譬喻形容「詩」（喻體），別致而耐人尋味，比直接爲詩作界義要豐富而有情韵，類似的隱喻，如梵樂希的名言：

詩是跳舞，
散文是走路。

詩當然不是跳舞，散文也不是走路，但經此比方說明，則詩之意象豐富，輕盈靈動，多彩多姿等特色，就具體呈現，感覺狀溢目前了。

㈡讓我長成爲一株 靜默的樹
就是在如水的月夜裡
也能堅持著不發一言（席慕蓉：誓言）

㈢火車是女的，
汽車是男的；
汽車看見火車，
總是讓火車先過去。（張誘燕：火車和汽車）

㈣牽牛花，牽牛花，
我看你只是吹牛花，
媽媽才是牽牛花，
只有她才能在每天清晨，
將我們家那幾頭懶牛從床上牽起來。

三四兩個辭例，是國小學童寫的兒童詩，純眞之中頗帶童趣。火車、汽車，與男的、女的，媽媽與牽牛花，本質上迴然不同，眞是風馬牛不相及，但是却捕捉了喻體與喻依之間那一點微妙的關係，所以奇思異想天開，妙趣令人讚賞。

在日常行文與談話中，隱喻也往往可見。

㈠社會是一座大的舞台。在這龐大的演出中，每個人都安排了不同的位置，或在幕前，或在幕後，或當主角，或當配角，或做一個獲得萬人喝采的牡丹花，或僅是一片烘托那牡丹的綠葉。（孟瑤：自知與自信）

㈡家庭問題是盒不安全火柴，不要隨便去擦。（三毛：撒哈拉的故事）

㈢如果說：「公園綠地是都市的肺。」那麼行道樹就是「氣管和支氣管」。大家不只是要重視它，而且要協助議會製定適當的保護和管理辦法。（高明瑞：行道樹是支氣管）

㈣愛美是女孩子的天性。讀師專時，女同學都拼命減肥，希望有一副模特兒般的好身材。林教授對我們說：「除了要把自己變成衣架子外，更重要的是要使自己也能成爲書架子，才能內外兼美。」（蔡美珍：衣架子）

㈤國宅問題是口香糖，嚼得多了，就沒有味道。然而却老嚼著不肯吐掉。（也行：國宅等等）

㈥一個湖是風景中最美，最有表情的景色；它是大地的眼睛，望著他的人可以測量出自己天性的深淺。（梭羅：湖濱散記）

公園是都市的肺，湖是大地的眼睛，還有圖書館是大學的心臟，歷史是明鏡……隱喻除了造就許多絕妙好辭外，其中含蘊的智慧與啓示，尤耐人尋思，曹玉林「蘇醒的原野」說得好：

錢是猴子，沒有猴子，就不能玩戲法。

錢是鑰匙，沒有鑰匙，就不能開鐵鎖。

同樣的道理，我們也可以說：

譬喻是猴子，沒有妙喻，就不能玩語言的戲法。

譬喻是鑰匙，沒有妙喻，就不能開啓靈智之門。

參、略喻

「略喻」的基本構成方式是甲（喻體）——乙（喻依）。譬喻的組成成分——喻體、喻詞、喻依三者之中，省略了喻詞，不過，喻體與喻依在形式上仍如明喻同樣屬相類似的關係，而非隱喻的結合關係。如：

㈠忠言逆耳利於行，良藥苦口利於病。（司馬遷：史記留侯世家）

㈡舊恨春江流不盡，新恨雲山千疊。（辛棄疾：念奴嬌）

㈢每一棵樹都不免有蟲子

每一個社會都不免有缺點；

病了的樹需要啄木鳥，
病了的社會需要直言的人。（瘂弦：啄木鳥專欄）

在第一個辭例中，以「良藥」（喻依），形容「忠言」（喻體）。喻詞省略。而喻體喻依之間却有極微妙的關聯，「苦口利於病」與「逆耳利於行」眞是維妙維肖。

第二個辭例，有兩個略喻，以「春江流不盡」喻「舊恨」，「雲山千疊」喻「新恨」。新恨、舊恨之沒完沒了，接踵而來，永無窮盡的意象湧現，狀溢目前。

第三個辭例，則以「樹有蟲子」（喻依）形容「社會有缺點」（喻體），以「病了的樹需要啄木鳥」（喻依）形容「病了的社會需要直言的人」（喻體）。也是以具體譬喻抽象，使所要表達的主體充分彰顯出來，頗能化解被批評者的排拒感。前二例喻體在前，喻依在後，第三例則喻體在後，喻依在前，次序對調，但效用却無異。

在古代的經子史籍中，略喻的妙例，處處可見：

㈠魚，我所欲也；熊掌亦我所欲也；二者不可得兼，舍魚而取熊掌也。生，亦我所欲也；義，亦我所欲也，二者不可得兼，舍生而取義也。（孟子：告子上）

㈡富潤屋，德潤身。（大學）

㈢玉不琢，不成器；人不學，不知道。（禮記：學記）

㈣流丸止於甌臾，流言止於智者。（荀子：大略）

㈤故立尺材於高山之上，下臨千仞之谿，材非長也，位高也；桀爲天子，能制天下，非賢也，勢重也。（韓非子．功名）

㈥商君曰：「始秦戎翟之教，父子無別，同室而居。今我更制其教，而爲其男女之別，大築冀闕，營如魯衞矣。子觀我治秦也，孰與五羖大夫賢？」

趙良曰：「千羊之皮，不如一狐之掖；千人之諾諾，不如一士之諤諤。武王諤諤以昌，殷紂墨墨以亡。君若不非武王乎，則僕請終日正言而無誅，可乎？」（司馬遷．史記．商君傳）

以上六個辭例，均屬經子史書中之精言名句。其喻體均在喻依之後，可見略喻中往往先列舉喻依，然後才揭示喻體。其中最馳名的是第一個辭例，以「舍魚而取熊掌」（喻體）比方「舍生而取義」（喻體），理直氣壯，顯豁響亮，頗具說服力。一則妙喻，使舍生取義的形象凸現，成爲千古不朽的成語故事。又第六例中的「千羊之皮，不如一狐之掖；千人之諾諾，不如一士之諤諤。」以狐之掖（最珍貴的皮毛）譬喻士之諤諤（直言貌）㉓，可謂探驪得珠之筆。

略喻在古典詩文中運用成功，往往可以影響整篇的文章，例如：

㈠神龜雖壽，猶有竟時；騰蛇乘霧，終爲土灰。
老驥伏櫪，志在千里；烈士暮年，壯心不已。
盈縮之期，不但在天；養怡之福，可得永年。
幸甚至哉，歌以詠志。（曹操．步出夏門行．龜雖壽）

曹操的詩，最著名的代表作是「短歌行」：「對酒當歌，人生幾何，譬如朝露，去日苦多。」開端即用明喻的筆法，膾炙人口。但是曹操最具代表性名句却是「步出夏門行」四解「龜雖壽」的中段四句：

老驥伏櫪，志在千里；
烈士暮年，壯心不已。

此處以「老驥伏櫪」（喻依）譬喻形容「烈士暮年」（喻依）。意謂：千里馬雖然老了，却不甘雌伏在馬棚之下，仍想馳騁千里，一展所長；英雄烈士即使到了晚年，仍然雄心勃勃，很想有所作爲。曹操之詩，沈雄古直爲千古之冠。「老驥伏櫪」四句，英雄烈士的雄心壯志，豪氣干雲，陽剛之中夾雜著蒼莽悲涼之情。英雄豪傑雖明知生命有限，却不相信夭壽成敗的命運，認爲憑藉著個人的奮發努力仍然大有可爲。此不但抒發了曹操自己的胸懷與感慨，同時透露了古今豪傑的襟懷，令人精神振奮。「世說新語」「豪爽篇」記載，晉朝大將軍王敦常在酒後吟詠「老驥伏櫪」四句，用玉如意敲唾壺打拍子，壺口缺痕纍纍，眞是良有以也㉔。

㈡鬱鬱澗底松，離離山上苗。
以彼徑寸莖，蔭此百尺條。
世胄躡高位，英俊沈下僚。
地勢使之然，由來非一朝。

金張藉舊業，七葉珥漢貂。
馮公豈不偉，白首不見召。（左思：詠史八首之二）

這首五言古詩，揭露了魏晉南北朝門閥制度的不合理，充分反映了寒門才士與世族庸才之間矛盾。開端即用譬喻。大意是說：山谷底下長著一株枝葉繁茂的大松樹，山頂上長著一株柔弱的小樹苗。以那樣莖幹只有一寸的小樹苗，竟然遮蓋了如此百尺高的大松樹。同樣的情況，許多平庸的世家子弟高居要津，使得若干優秀的人才只因出身寒門而屈居下屬，難以出頭。這種不公平的現象，正如同澗底松與山上苗一樣，是地勢與家世造成，由來已久。

在譬喻上，這是典型的略喻。喻體「世胄躡高位，英俊沈下僚」在後，喻依「鬱鬱澗底松，離離山上苗」在前，中間省略了喻詞。左思博學能文，只因出身寒微，貌寢口訥，在仕途上很不得志。因此題名詠史，其實在詠懷。他將才高位卑的寒士比作「澗底松」，才拙位高的世族比作「山上苗」。用具體可識的自然界景象，比方說明抽象難知的人事。以樹喻人，再加上後段的借古諷今。形象具體鮮明，不但發洩自己的牢騷，而且抒發了天下所有寒士的不遇之情[25]。

「鬱鬱澗底松」喻寒士不遇之情，對後世影響很大，葉慶炳先生的「風多飛無力」以為，梁朝吳均的「贈杜容成」詩，即受左思此篇影響[26]。至於唐代白居易「悲哉行」：「山苗與澗松，地勢隨高卑，古來無奈何，非君獨傷悲。」則脫胎自左思，望而能斷。

㈢夫鉛黛所以飾容，而盼倩生於淑姿；文采所以飾言，而辯麗本乎情性。故情者，文之經；

辭者，理之緯；經正而後緯成，理定而後辭暢：此立文之本源也。（劉勰：文心雕龍・情采）

此以具體的美容化妝來譬喻抽象的文章采飾。喻體是「文采所以飾言，而辯麗本乎情性」，喻依是「鉛黛所以飾容，而盼倩生於淑姿」，意謂：鉛粉黛墨等化妝品用來美容，而美人之所以能秋波流盼，笑靨倩媚，畢竟主要關鍵在天生麗質。同樣的道理，文華辭采用來修飾語言，而文章之所以能義理博辯，筆致綺麗，畢竟植根於內容情性。劉勰主張「爲情而造文」，文章須「依情待實」。如此譬喻的表達方式，更增强了其理論的說服力。劉勰文心雕龍比興篇首先有系統地闡論「比」。衡諸文心雕龍全書，除以上之略喻外，各種譬喻的精采辭例，不勝枚舉㉗：

明喻如：

1自然會妙，譬卉木之耀英華；潤色取美，譬繒帛之染朱綠。（隱秀篇）

2若夫絕筆斷章，譬乘舟之振楫；會詞切理，如引轡以揮鞭。克終底績，寄深寫遠。（附會篇）

隱喻如：

1若稟經以制式，酌雅以富言；是即山而鑄銅，煮海而爲鹽也。（宗經篇）

2若兩事相配，而優劣不均；是驥在左驂，駑爲右服也。（麗辭篇）

借喻如：

1視布於麻，雖云未費；杼軸獻功，煥然乃珍。（神思篇）

案：藉織布喻文章修辭之功效。

2知音其難哉！音實難知，知實難逢，逢其知音，千載其一乎！（知音篇）

案：藉音樂欣賞喻文學批評。

㈣風吹仙袂飄飄舉，猶似霓裳羽衣舞。

玉容寂寞淚闌干，梨花一枝春帶雨。（白居易：長恨歌）

白居易的「長恨歌」，對於楊貴妃的描繪，膾炙人口。此以梨花形容貴妃，喻體是「玉容寂寞淚闌干」，喻依是「梨花一枝春帶雨」，兩者之間，眞是維妙維肖：梨花的雪白，顯現了貴妃的悽情與蒼白，春帶雨，顯現了貴妃涕淚縱橫的悲傷。用「梨花一枝春帶雨」來比方傷心流淚的美女，白居易的生花妙筆，將楊貴妃孤寂的形象描繪得栩栩若生，淋漓盡致。類似的略喻，如杜牧「贈別」：

娉娉嫋嫋十三餘，
豆蔻梢頭二月初，
春風十里揚州路，
捲上珠簾總不如。

杜牧寫一個十三歲的女子，體態輕盈苗條，那初長成的嬌態，活像仲春二月剛露出新芽的豆蔻花，柔嫩清新，惹人憐愛，活色生香，狀溢目前。

白居易「長恨歌」不僅用略喻，前面的「歸來池苑皆依舊，太液芙蓉未央柳；芙蓉如面柳如眉，對此如何不淚垂？」以「芙蓉」喻面，以「柳」喻眉，則是鮮明生動的明喻。明喻、隱喻交相爲用，前後輝映，不但使貴妃的形象躍然紙上，更使得整首詩增色生輝。

各色各樣的花，顯示不同女子的千姿百態。除了用花來形容女子的體態形貌之外，也用花來代表女子的個性。蘭花常生長在深山幽谷，具有孤芳自賞的天性，因此人們常將幽靜中自有風韻的女子比作空谷幽蘭。牡丹花富麗堂皇，明艷耀目，其所代表的女性是艷麗照人，雍容華貴型的。蓮花出淤泥而不染，濯清漣而不妖，往往被用來形容出身不好而品性高潔的女子。茉莉初夏開小白花，嬌巧玲瓏，清香撲鼻，如小鳥依人般可愛。浮生六記中的芸娘即屬此類型的女子，難怪她要對沈三白說：「我笑君子愛小人。」（茉莉花被稱爲小人之香，其實並不公平！）玫瑰花美麗而多刺，其所代表的又是另一種女子了。

現代文學中的略喻也不讓古典的略喻專美於前。且看：

㈠西洋趕驢子的人，每逢驢子不肯走，鞭子沒有用，就把一串胡蘿蔔掛在驢子眼睛之前，唇吻之上。這笨驢子以爲走前一步，蘿蔔就能到嘴，於是一步再一步繼續向前，嘴愈要咬，脚愈會趕，不知不覺中又走了一站。那時候它是否能吃得到這串蘿蔔，還要看驢夫的高興。一切機關裏，上司駕馭下屬……。（錢鍾書：圍城）

㈡世間最艷羨汽車者當無過於某一些個女人。濃妝淡抹之後，風擺荷葉，搖曳生姿，而猶能昂首闊步一走二三里者，實在少見。所以古宜乘以油壁香車，今宜乘以汽車。精雕細塑的造象，自然應該襯上紅木架座。（梁實秋：汽車）

錢鍾書以「西洋人趕驢子」（喻依）譬喻「上司駕馭部屬」（喻體），梁實秋以「精雕細塑的造象，自然應該襯上紅木架座」（喻依）譬喻「濃妝淡抹的女子，宜乘以汽車」（喻體）。除了掌握喻體、喻依之間的微妙關聯，描繪別致之外，最難得的是對現實世界觀察細微，刻畫人性，入木三分，一針見血，將世俗人情表達得淋漓盡致。

㈢橋，搭築在兩岸之間；友情，聯繫於兩心之間。（張秀亞：北窗下）

㈣一朵花，我們不大覺得它香，但是從許多花朵提煉成的香精，只要一滴，我們就感到它的濃郁了。許多詩歌、戲劇、小說，所以有強烈感人之處，和作者正確把素材濃縮表現出來不是關係極大麼！（秦牧：北京花房）

張秀亞以「橋」比方「友情」，秦牧以「香精」比方「素材濃縮」，都是以具體形容抽象。這兩個略喻，不像前面錢鍾書和梁實秋的略喻那樣帶諷刺性，可是却另有一番啓示。

㈤一個女人，想單憑濃粧艷抹入時衣衫吸引男人，是辦不到的。一個雜誌，只知封面燙金、大加彩色扉頁、舉辦贈獎活動也非長久之計。主要還是要靠內容。應該說，內容比標題重要，標題比封面重要，……封面是巷弄，標題是門戶，內容是堂奧。讀書最終的目的仍然是一窺堂奧。通過假山噴泉的花園大道，最後看到一篇篇四壁蕭然言之無物的作品，心中怎能不懊悔？下次再要請人進門可就難了。(亮軒:這樣辦好嗎?)

亮軒以「女子徒具外貌」比方雜誌不該只講究表面。凱切陳詞,頗能切中時弊,令人警惕。至於引文後段的「封面是巷弄,標題是門戶,內容是堂奧」,則是運用隱喻,在同一段文章中,可以運用數種不同的譬喻,於此可見一斑。

㈥穆罕默德說:「我可以教對面那座山走過來。」弟子們瞪著大眼,都靜靜地瞧著那座大山,可是那座山一動也不動,大家都感到很失望,穆罕默德又說:「山它不走過來,我們大家走到山上去!」

聽到這裡,心中忽然靈光一閃,刹時頓悟,立即想通。如果等朋友的信,等不到,何嘗不可再寫一封信去呢?情侶間誤會了,爲什麼一定要覺得對方該先來道歉呢?……當我再學會了調整自己去配合他人,調整自己去適應客觀的情勢之後,做什麼都順利多了。(王保珍:走到山中去)

此以「走到山上去」譬喻積極主動地調整自己去配合他人,適應客觀情勢,此理一通,許多問題與困惑都迎刃而解,不失爲現代人理應具備的座右銘。

在古人的名言與通俗的諺語中,不乏略喻的佳例:

㈠良禽擇木而棲,良臣擇主而事。

㈡水清無魚,人清無徒。

㈢養兒防老，積穀防饑。
㈣佛靠一柱香，人爭一口氣。
㈤路遙知馬力，日久見人心。
㈥人善被人欺，馬善被人騎。
㈦人怕出名豬怕肥。
㈧人老懶，樹老空。
㈨好男不當兵，好鐵不打釘。
㈩人急造反，狗急跳牆。
⑪少女心，海底針。
⑫快織無好紗，快嫁無好家。
⑬眞金不怕火煉，眞人不說假話。
⑭吃得苦中苦，方爲人上人。

以上各辭例，都是日常耳熟能詳的精言諺語，以略喻的方式表達，雖然省略了喻詞，但喻體與喻依的關係密切而微妙，一想即知。且含蘊民族的集體智慧與幽默，堪稱「寓教化於詼諧」，雖不盡深奧，卻頗有可觀者。

在日常說話行文中，略喻雖不像明喻那樣普遍，但也往往可見：

㈠紀政，飛躍的羚羊。
㈡色情很難徹底禁絕，家家有廚房，到處餐廳林立。
㈢網密則水無大魚，法密則國無全民。（朱元璋語）
㈣鐵軌規範火車的行駛，道德維護社會與個人。（傅佩榮語）
㈤作者：還沒看完，怎知我的稿子不好？
　編者：壞蛋咬了一口，還要再吃嗎？

有一回，我到華視錄教學節目，遇見華視教學部主任周奉和，見他笑口常開，在電視台如此複雜的環境裡，頗得人緣，向他請教有何妙方，他笑了笑說：

做什麼事，採低姿勢總是比較安全順當，飛機低空飛行，連雷達都探測不到！

國立空中大學首任校長莊懷義博士的名言：

衣服固然會破舊，
知識也會折舊！

略喻雖然省略了喻詞，但是其中的情趣韻味，機鋒雋永，卻一點都沒有省略。

肆、借喻

「借喻」的形式是甲（喻體）被乙（喻依）所取代。喻體、喻詞省略，只剩下喻依。全然不寫正文，將譬喻來作正文的代表。黎運漢．張維耿「現代漢語修辭學」㉘云：

從明喻、隱喻到借喻，喻依與喻體的聯繫越來越密切，喻依越占主要地位，而語言形式也越簡短，因而它們的表達作用也不盡相同。大體說來，明喻的比喻關係比較明顯，使人一目了然；隱喻以判斷形式出現，帶有誇張意味；借喻精練含蓄，能啓發人們的想像力。

「借喻」因爲形式簡單，只有喻依，其所描敍的喻體在字面上隱沒不見。因此在譬喻中是最耐人尋味的。且看：

㈠子曰：「歲寒，然後知松柏之後凋也。」（論語：子罕篇）

㈡鴻鵠高飛，一擧千里；
羽翮已就，橫絕四海。
橫絕四海，當可奈何？
雖有矰繳，尚安所施！

㈢股市專家常常喜歡給人的忠告總是：「不可將你所有的雞蛋放在同一隻籃子裡！」

第一個辭例，不但是孔子的名言，更進而成爲中國社會上普遍流傳的口頭語。意謂：在天氣嚴寒，歲月將暮的冬季，當其他草木都已凋謝枯萎的時候，獨有松、柏仍然青翠如常。這才知道松、柏之可貴。孔子在此以「松柏」（喻依）比喻堅貞不屈的君子（喻體）。松柏後凋於歲寒的特性，適足以顯現君子的特質：雖處身亂世，却能堅守高尚的節操，面臨患難而不改變貞亮的志節。此處省略喻體、喻詞，只剩喻依，而孔子所要表達的意思——亂世而後知君子之守正也，不但可想而知，且以具體的意象喻抽象之君子，使得君子的形象，躍然紙上。莊子讓王篇：

天寒既至，霜雪既降，吾以是知松柏之茂也；陳蔡之隘，於丘其幸乎！

由此可以推知，孔子這段話可能是在陳蔡受困時對弟子說的。自從孔子創造這個妙喻之後，後世哲人文士受他影響，常有類似的言辭：

君子隘窮而不失，勞倦而不苟，臨患難而不忘細席之言。歲不寒，無以知松柏；事不難，無以知君子。（荀子：大略篇）

歲寒，然後知松柏之後凋；舉世汚濁，清士乃見。（司馬遷：史記．伯夷列傳）

夫大寒至，霜雪降，然後知松柏之茂也；據難履危，利害陳於前，然後知聖人之不失道也。（淮南子：俶眞訓）

勁松彰於歲寒，貞臣見於國危。（潘岳：西征賦）

> 疾風知勁草，板蕩識忠臣。（唐太宗詩）

有趣的是，除了孔子用借喻的方式之外，其餘諸家，幾乎全用略喻。以具體的自然界植物譬喻抽象的人事，已成爲中國傳統文化格物致知的特色。王熙元先生「論語通釋」㉛對此頗有闡發：

> 古人對自然界的草木，還特別欣賞竹子的堅貞有節，梅花的不畏霜雪。所以，松、竹、梅被譽爲「歲寒三友」。又蘭花生於幽谷，也品節高超，所以，梅、蘭、竹、菊又被稱爲「四君子」。從孔子以後，歷代賢哲，都不忘以自然草木爲比喻，以勉人做忠貞不移，堅毅不拔的君子；人們也常以此陶鑄自己的品格和節操。數千年來，古聖先賢們這些教化和德澤，已逐漸形成我們民族特有的精神，我國以梅花爲國花，就是象徵著這種堅貞卓絕的民族精神。

王氏之意見，頗能見微知著，言之成理。由此可見，孔子一個譬喻，逐漸蔚成民族精神中最可貴的特色—堅貞卓絕，獨立不撓。譬喻雖小道，頗有可觀者。譬喻之用大矣哉！

第二個辭例，見於史記留侯世家：

> 漢十二年，上從擊破布軍歸，疾益甚，愈欲易太子。留侯諫，不聽，因疾不視事。叔孫太傅稱說引古今，以死爭太子。上詳（佯）許之，猶欲易之。及燕（宴），置酒，太子侍，四人從太子，年皆八十有餘，鬚眉皓白，衣冠甚偉。上怪之，問曰：「彼何爲者？」四人

前對，各言名姓，曰東園公、角里先生、綺里季、夏黃公。上乃大驚曰：「吾求公數歲，公辟逃我，今公何自從吾兒游乎？」四人皆曰：「陛下輕士善罵，臣等義不受辱，故恐而亡匿。竊聞太子爲人仁孝，恭敬愛士，天下莫不延頸欲爲太子死者，故臣等來耳。」上曰：「煩公幸卒調護太子。」

四人爲壽已畢，趨去。上目送之，召戚夫人指示四人者，曰：「我欲易之，彼四人輔之，羽翼已成，難動矣。呂后眞爾主矣！」戚夫人泣。上曰：「爲我楚舞，吾爲若歌！」歌曰：「鴻鵠高飛，一舉千里，羽翮已就，橫絕四海。橫絕四海，當可奈何！雖有矰繳，尚安所施！」

歌數闋，戚夫人噓唏流涕。上起去，罷酒。竟不易太子者，留侯本招此四人之力也。

漢高祖想廢太子（劉盈，後爲孝惠帝），更立戚夫人子如意。張良設計禮聘商山四皓輔佐太子。高祖見此情況，料太子氣候已成，不宜輕言廢立，乃打消原意。此處以鴻鵠（喻依）喻太子，以羽翮（喻依）喻商山四皓。整首歌只有喻依，喻體省略，而歌中的旨意，雖在言外，卻充分流露。以上引錄留侯世家原文，足見借喻在文章中之妙用。且如果不見上下文，不明白借喻的場景與前因後果，則言外之喻體，可能不易想見。

第三個辭例，是馳名中外的妙喻。「不可將你所有的雞蛋放在同一隻籃子裡」（喻依）所顯示的喻體「不要將所有資金都拿去買同一種股票」，以免大好大壞，弄不好血本無歸！這種分散投資途徑，以分攤風險的作法，不只是買股票，包括一切經濟投資，甚至政治投資，莫不皆然！投資是抽象的，籃子裡的雞蛋是具體的，以具體喻抽象，且切合情境，故能傳誦廣遠，爲大衆所津津樂道！

在中國古代典籍中，論語中的借喩，最多而且最精采，且看：

㈠子謂仲弓曰：黎牛之子，騂且角；雖欲勿用，山川其舍諸？（論語：雍也篇）

孔子以「黎牛之子」喩仲弓。字面上意謂：毛色駁雜的耕牛，生下了小牛，卻是毛色純正，且頭角端正，正適合作祭祀之用。譬喩的意思：仲弓的父親雖然微賤，但仲弓本人卻是個「可使南面」的人才。對於像他這樣有賢德有才能的人，當政者怎麼可以因爲他父親身分微賤而舍棄不用呢？

㈡子貢曰：「有美玉於斯，韞匵而藏諸？求善賈而沽諸？」子曰：「沽之哉，沽之哉！我待賈者也。」（論語：子罕篇）

本章全用譬喩設爲問答，子貢以「美玉」（喩依）比方「有才德者」（喩體），探詢孔子出處行藏的態度。「韞匵而藏諸」比方避世退隱，「求善賈而沽」比方待機入世行道。如此借喩比方，不但用語婉轉含蓄，而且以具體的美玉形容抽象的賢才。其意旨可想而知。孔子的回答則是「隱喩」：我就是正在等待識貨買主的美玉！

㈢子曰：「苗而不秀者，有矣夫！秀而不實者，有矣夫！」（論語：子罕篇）

此以借喻的方式，藉秧苗的成長，喻爲學不宜半途而廢，勉勵人爲學須精勤不懈。所謂「苗而不秀」、「秀而不實」，以禾葉只生出莖葉卻沒有吐穗開花，或者只吐穗開花卻沒有結成穀實的具體現象，來比方人在爲學的過程中半途而廢。朱熹「論語集註」云：「蓋學而不至於成，有如此者，是以君子貴自勉也。」又宋人張栻說：

養苗者，有始有卒，然後可以成。或舍而弗耘，或揠而助長，則不秀不實矣。人有質而不學，苗而不秀者也；學而不能有諸己，秀而不實者也。

孔子用借喻，張栻則用隱喻，表達的意思卻是相通的。又劉勰「哀弔篇」贊云：「苗而不秀，自古斯慟。」則以苗而不秀喻人才中途夭折，屬「借喻」。

在古典詩文中，「借喻」的表達方式，運用普遍，效用甚佳。例如：

㈠新裂齊紈素，皎潔如霜雪，
裁爲合歡扇，團團似明月。
出入君懷袖，動搖微風發。
常恐秋節至，涼飆奪炎熱。
棄捐篋笥中，恩情中道絕。（無名氏：怨歌行）

這首詩一開端即用明喻，以「皎潔如霜雪」喻「新裂齊紈素」。但細思之下，整首詩卻是一個借喻。全部八十字均屬喻依，喻體「女子處境」盡在言外。余冠英「漢魏六朝詩選」評云：

這首詩用扇子來比喻女子。扇在被人需要的時候就「出入懷袖」，不需要的時候就「棄捐篋笥」，舊時代許多女子處於被玩弄的地位，他們的命運決定於男子的好惡，隨時可被拋棄，正和扇子差不多。（這一篇舊以爲班婕妤詩，或以爲顏延年作，都是錯誤的。今據李善「文選註」引「歌錄」作無名氏樂府古辭，屬相和歌：楚調曲）

自從此詩流傳之後，「秋扇見捐」已成爲閨怨詩中常見的譬喻。

(二)惟日月之逾邁兮，俟河清其未極。

冀王道之一平兮，假高衢而騁力。

懼匏瓜之徒懸兮，畏井渫之莫食。（王粲：登樓賦）

此爲王粲「登樓賦」末段之開端語。「懼匏瓜之徒懸兮，畏井渫之莫食」。都是有出處的：子云：「……吾豈匏瓜也哉？焉能繫而不食？」（論語：陽貨篇）

井渫不食，爲我心惻。（周易：井卦）

前者意謂：自己並非無用之人，故極願獲得行道的機會。後者意謂：井水淘乾淨了卻沒有人飲用，實可痛心。王粲在此藉「匏瓜徒懸，井渫莫食」喻自己懷才不遇，沒有機會爲社會盡力。與周易同樣用借喻的表達方式，孔子「吾豈匏瓜也哉」則是「隱喻」。

(三)將軍魚游於沸鼎之中，燕巢於飛幕之上。不亦惑乎？（丘遲：與陳伯之書）

丘遲「與陳伯之書」爲勸降成功之名作。此以「魚游於沸鼎之中，燕巢於飛幕之上」喻陳伯之處境之危急險惡，這二句也是有來歷的：

相聚偷生若魚游釜中，喘息須臾間耳。（後漢書：張綱傳）

季札曰：「夫子之在此也，猶燕之巢於幕上。」（左傳襄公廿九年）

養魚沸鼎之中，棲鳥烈火之上。（文選李善注引袁崧後漢書朱穆上疏）

由此可見，一個成功的譬喻，往往在文學傳統乃至文化傳統中被大衆所習用，使得語言的內涵與表達方式更加豐富。

㈣窮年憂黎元，歎息腸內熱。

取笑同學翁，浩歌彌激烈。

非無江海志，蕭灑送日月。

生逢堯舜君，不忍便永訣。

當今廊廟具，構廈豈云缺。

葵藿傾太陽，物性固莫奪。（杜甫：自京赴奉先詠懷五百字）

杜甫滿腔熱忱，懷抱「致君堯舜上，再使風俗淳」之理想，並且「竊比稷與契」，想要上輔國君，下拯黎民。在此用了兩個借喻。「當今廊廟具，構廈豈云缺」，以具體的「廊廟構廈」喻抽象的朝廷甚具規模，各種人才齊備。「葵藿傾太陽，物性固莫奪」，以葵藿之葉傾向太陽的物性不變，喻自己忠君愛國之本性，永遠不改初衷。此以自然界的物性喻人性，兩者均係天生具來，譬喻得非常貼切。足見杜甫之衷腸。

在杜甫詩中，借喻的佳例甚多。如：

黄雀飽野粟，羣飛動荊棘。
今君抱何恨，寂寞向時人。
老驥倦驤首，蒼鷹愁易馴。
高賢世未識，固合嬰饑貧。（贈別賀蘭銛）

「黃雀飽野粟，羣飛動荊棘」喻趨炎附勢之得志小人；「老驥倦驤首，蒼鷹愁易馴」喻懷才不遇之君子，指賀蘭銛。仇兆鰲「杜詩詳註」㉚析云：「黃雀，比趨炎附利者；驥鷹，比抱才不遇者。」

天馬長鳴待駕馭，秋鷹整翮當雲霄。（醉歌行贈公安顏少府）

此借喻才氣孤標，賢能出衆，以待時用。

當代論才子，如公復幾人。
驊騮開道路，鷹隼出風塵。
行色秋將晚，交情老更親。
天涯喜相見，披豁道吾眞。（奉簡高三十五使君）

此五律前半首贊美高適才情傑出，後半首敍二人交情深厚。「驊騮開道路，鷹隼出風塵」喻高適才高得志，爲朝廷所賞識重用。仇兆鰲「杜詩詳註」㉛析云：「驊騮致遠，鷹隼高騫，喻才人得位，可以大行其志。」

> 老驥思千里，饑鷹待一呼。
> 君能微感激，亦足慰榛蕪。（贈韋左丞丈濟）

「老驥思千里」喻杜甫年雖老而心猶壯，正曹操所謂「老驥伏櫪，志在千里；烈士暮年，壯心不已。」「饑鷹待一呼」喻杜甫雖窮困不爲時用，卻隨時待機報效君國。仇兆鰲「杜詩詳註」㉜析云：「老驥，況己之衰；饑鷹，況己之窮；曰思曰待，承上踟躕言。韋能感動激發，則己不淪於荊棘蕪草矣。」

㈤洞房昨夜停紅燭，待曉堂前拜舅姑。
妝罷低聲問夫婿，畫眉深淺入時無？（朱慶餘：近試上張籍水部）

此詩若不看題目，以爲閨情詩，從「近試上張籍水部」可知全詩係借喻「朱慶餘奉上作品請張籍法眼過正」。或以爲本詩係「句義雙關」，在此列爲「借喻」，實因本詩主旨偏重在言外之意，與雙關之「兩義並存」理應有所區別。宋尤袤「全唐詩話」㉝云：

> 慶餘遇水部郎中張籍，知音，索慶餘新舊篇，擇留二十六章，置之懷袖而推贊之。時人以籍重名，皆繕錄諷詠，遂登科。慶餘作閨意一篇以獻，曰：「洞房昨夜停紅燭，待曉堂前拜舅姑。粧罷低聲問夫婿，畫眉深淺入時無？」籍酬之曰：「越女新粧出鏡心，自知明艷

更沈吟。齊紈未足時人貴，一曲菱歌敵萬金。」由是朱之詩名流於海內矣。

其實，不只是朱慶餘的整首詩屬借喻，張籍酬詩，也是整首屬借喻。

㈥十歲裁詩走馬成，冷灰殘燭動離情。

桐花萬里丹山路，雛鳳清於老鳳聲。（李商隱：贈韓偓）

此詩原題爲「韓冬郎即席爲詩相送，一座盡驚，他日余方追吟，連宵侍坐徘徊久之，句有老成之風，因成二絕寄酬，兼呈畏之員外」。畏之，是韓瞻的字，與李商隱同年，且同爲王茂元婿，誼屬連襟。韓偓，字致光，小字冬郎，爲韓瞻之子，李商隱是他的姨丈。

「十歲裁詩走馬成，冷灰殘燭動離情。」上句讚揚韓偓英年早達，詩才敏捷。下句描敍送別的景象。殘燭冷灰，撩人愁緒，助長離情，由長輩對年輕子弟的期許，轉爲一片淒涼的離情。

「桐花萬里丹山路，雛鳳清於老鳳聲。」字面上意謂：在丹山路上，一片連綿不盡的桐樹林，其中有許多鳳凰。剛長成的雛鳳，啼聲初試，清脆響亮，要比老鳳的鳴聲，更加悅耳動聽。李商隱在此以「雛鳳清於老鳳聲」（喻依）比方「韓偓詩才勝過其父韓瞻」（喻體）。形象具體生動，清新別致，給予讀者鮮明深刻的印象。如此借喻修辭法的運用，巧妙傳神，非常貼切。

「雛鳳清於老鳳聲」，李商隱所創造的這個妙喻，由於膾炙人口，爲大衆所津津樂道，已經成爲中國文化中的一個絕佳辭例，由原先特定的專指韓偓，擴展爲泛指文壇新秀，或用來形容嶄露頭角的青年俊彥。

(七)半畝方塘一鑑開，天光雲影共徘徊；

問渠那得清如許？為有源頭活水來。（朱熹：觀書有感）

這首詩，不看題目，只讀內容，很像是一首寫景詩。可是從「觀書有感」來細味詩的題旨，整首詩無疑是一個借喻。表面上寫的是「池塘的景象」（喻依），實際上表達的卻是「觀書有感」（喻體）。「半畝方塘一鑑開」譬喻的是自己的「心」，「天光雲影共徘徊」，譬喻的是「天理」、「物慾」，正像天光、雲影一般可能同時在心中出現。「問渠那得清如許，為有源頭活水來」喻只要不斷吸取聖賢經傳的義理，就能使我心永遠清澈明亮如鏡，不致被物慾所蒙蔽，正像活水一般，不會藏汚納垢。如此以具體的池塘喻抽象的心，不但是絕佳的妙喻，更道盡了理學家終生追尋的理想目標與修持途徑。在此聯想起佛家的兩首偈：

身是菩提樹，心如明鏡臺；

時時勤拂拭，勿使惹塵埃。（神秀）

菩提本無樹，明鏡亦非臺；

本來無一物，何處惹塵埃？（慧能）

禪宗六祖慧能，天機深遠，獨得玄奧，明心見性，直了成佛，所以能取代師兄神秀承繼五祖弘忍大師的衣缽。此兩首偈，神秀尚未得「自性」，慧能卻已經「頓悟」。除了境界的高下之外，在表達方式上神秀用的是隱喻和明喻，慧能用的是借喻，借喻之妙用，可見一斑。

現代文學中借喻的辭例如：

㈠無論讀什麼書，總要多配幾副好眼鏡。（胡適：書）

讀書爲何「要多配幾副好眼鏡」呢？這話令人納悶。仔細思量之下，原來是用借喻修辭法：「眼鏡」是喻依，眞正要表達的喻體是「多掌握幾門別科的知識」。胡適當年宣揚民主與科學，提倡白話文學，曾遭受若干舊派學者攻擊，開始還講道理，最後演變爲人身攻擊，胡適雖然修養不錯，終於按捺不住，說了一句名言：

獅子與老虎向來都是獨來獨往的，只有狐狸跟狗才聯羣結黨！

把結黨攻擊他的人比作狐狸跟狗。這眞是罵人不帶髒字，兩三下就清潔溜溜了。所以能如此妙絕，顯然是借喻之功！

㈡也許在讀一些書的時候，你雖盡力誦記，末了卻是忘掉了，但是不必以爲無所獲得，「入過寶山的人，絕不會空回的。」（張秀亞：書）

張秀亞引用「入寶山而不空手歸」這句諺語，說明讀書自然有收穫。讀書的收穫，比較抽象難測，但入寶山而不空手回，卻是相當具體，而且大家都耳熟能詳。

㈢人在大病時，人生觀都要改變。……我僵臥了許多天之後，看著每個人都有人性，覺得這個世界還是可留戀的。不過在我體溫脈博都快恢復正常時，又故態復萌，眼睛裡揉不進沙子。（梁實秋：病）

㈣諺云：「樹大自直。」意思是說孩子不需管教，小時恣肆些，大了自然會好。可是彎曲的小樹，長大是否會直呢？我不敢說。（梁實秋：孩子）

借喻的形式，只有喻依，將喻體與喻詞一併省略。梁實秋在「雅舍小品」中，以「彎曲的小樹，長大是否會直呢？」借喻頑劣的小孩，長大之後是否能學好變乖，實在很難說。以「眼睛裡揉不進沙子」借喻對別人的缺點看不順眼，覺得難以忍受，不但是絕佳的借喻，同時洞察人性，刻畫入微。

㈤你曾對我說過一句話：「好馬不吃回頭草」—菊英敏感而又直覺地：「那末，你是怕吃回頭草？」（陳殘雲：深圳河畔）

現代文學中常引用諺語作借喻，由以上的「入寶山而不空手回」、「樹大自直」、「好馬不吃回頭草」等，可見一斑。

㈥美國舊金山有一名巴士司機，每天想盡了辦法叫乘客上車以後向後面走，以免擁塞通道，可是好說歹說都沒有用。後來他靈機一動，說：「請那一位好心的牧羊人把你的羊羣向後頭領一領好嗎？」果然生效。因爲這話意味深長，也夠風趣，所以大家易於接受，給予合作。（祝振華：說話的藝術）

由此辭例，可見借喻用得好，不但不會傷人，而且可以促進人際關係的和諧。意味深長，夠風趣，有說服力。

在古今中外的諺語警句中，不乏精采的借喻：

㈠蚍蜉撼大樹，可笑不自量。

㈡在山泉水清，出山泉水濁。

㈢一分耕耘，一分收穫。

㈣種瓜得瓜，種豆得豆。

㈤一人得道，雞犬升天。

㈥三天打魚，兩天曬網。

㈦不到黃河心不死，不見棺材不掉淚。

㈧大海有眞能容之量，明月以不常滿爲心。

㈨樹高千丈，落葉歸根。

㈩柿子揀軟的捏。

(十一)鍋裡有，碗裡才有！

(十二)魚游到鼎裡，要煎、要炸、要煮、要蒸，只好隨你便！

(十三)狗改不了吃屎。

(十四)老狗變不出第二套新把戲。

(十五)小廟容不下大和尚。

(十六)成熟的稻穗向下低垂！

(十七)半瓶醋響，一瓶醋不響。

(十八)歹竹出好筍。

(十九)一朝被蛇咬，三年怕井繩。

(二十)天塌下來自有個兒高的頂，地崩裂了自有大胖子塡。

再如百貨公司打折—羊毛出在羊身上。勸人家不要經常換工作，做一行怨一行—滾石不生苔。要掌握自己所能掌握的—衆鳥在林，不如一鳥在握。老師勸學生早起用功—早起的鳥兒有蟲吃，學生頑皮的回答—早起的蟲兒被鳥吃。問題是：你是蟲子，還是鳥？要克服困難——沒有礁石的阻擋，如何能激發出來美麗的浪花？不是一番寒徹骨，爭得梅花撲鼻香？

伍、博喻

譬喻的基本類型有明喻、隱喻、略喻、借喻四種。誠如劉勰比興篇所云：「且何謂爲比，蓋寫物以附理，颺言以切事者也。」因爲「颺言」，往往設辭誇張，翻空易奇，所以除以上四種基本類型的譬喻之外，又有博喻與諷喻。

「博喻」，又稱「連比」[34]，用兩個以上的喻依譬喻形容同一個喻體，如此不同角度反復設喻，頗能加强語意，增添氣勢，使文氣更盛，說服力更强。正符合劉勰所謂「颺言以切事」。其譬喻的方式，有明喻、隱喻，也有略喻、借喻。且看：

㈠（白妞）方抬起頭來，向台下一盼。那雙眼睛，如秋水，如寒星，如寶珠，如白水銀裡頭養著兩丸黑水銀。（劉鶚：老殘遊記）

劉鶚在老殘遊記中描敍王小玉的美貌，在譬喻的基本形式上屬明喻，喻體只有一個「那雙眼睛」，卻用了四個喻依：

1. 秋水，形容眼睛的清澈明亮。
2. 寒星，形容眼睛的晶瑩有神。
3. 寶珠，形容眼睛的光彩閃耀。
4. 白水銀裡頭養著兩丸黑水銀，形容眼珠的圓溜靈動，流盼生姿。

如此颺言以切事，連續用四個喻依形容王小玉的眼睛，一幅美目盼兮的美人圖，躍然紙上。不但加强語意，增添氣勢，而且極態盡姸，多采多姿。由此可見博喻之功效。

劉鶚對於王小玉的描繪，不只是寫形貌多采多姿，描寫聲音，更是令人嘆爲觀止。如：

唱了十幾句之後，漸漸的越唱越高。忽然拔了一個尖兒，像一線鋼絲，拋入天際，不禁暗暗叫絕。那知她於極高的地方，尚能迴環轉折；幾轉之後，又高一層，接連有三、四疊，節節高起。恍如由傲來峯西面攀登泰山的景象：初看傲來峯削壁千仞，以爲上與天通；及至翻到傲來峯頂，才見扇子崖更在傲來峯上；及至翻到扇子崖，又見南天門更在扇子崖上：愈翻愈險，愈險愈奇。那王小玉唱到極高的三、四疊後，陡然一落，又極力騁其千迴百折的精神，如一條飛蛇，在黃山三十六峯半中腰裡盤旋穿插，頃刻之間，周匝數遍。從此以後，愈唱愈低，愈低愈細，那聲音漸漸的就聽不見了。滿園子的人，都屏氣凝神，不敢少動。約有兩三分鐘之久，彷彿有一點聲音，從地底下發出。這一出之後，忽又揚起，像放那東洋煙火，一個彈子上天，隨化作千百道五色火光，縱橫散亂。

此形容王小玉的歌聲，用了四個喻依：1.像一線鋼絲拋入天際。2.恍如由傲來峯西面攀登泰山的景象。3.如一條飛蛇在黃山三十六峯半中腰裡盤旋穿插。4.像放那東洋煙火。這當然是用明喻方式表達的「博喻」。劉鶚以具體的視覺形象，譬喻形容抽象的聽覺，其中翻空立奇，萬化多端。同時兼用「示現」、「層遞」、「頂眞」的修辭法，其筆法之神奇莫測，令人嘆爲觀止。㉟但最基本最重要的表達方式仍屬「博喻」。

㈡三毛豈僅是一個奇女子?三毛是山，其倔强堅硬，令人肅然起敬。三毛是水，飄流過大江南北，許多國家。三毛是一幅山水畫，閒雲野鶴，悠哉遊哉。三毛當然更是一本書，只要你展讀，就能渾然忘我，憂愁煩惱一掃而空，彷彿自己也已告別「俗世」，走進了一個趣味盎然的「卡通世界」和「漫畫王國」。所以三毛自然也是一齣戲，人生中的一齣難得看到的好戲。（隱地：難得看到的好戲）

三毛是當代普受社會大衆歡迎的作家，對她的讚美恭維的話，不知凡幾。都不如隱地這一段動聽。細思之下，原來是以隱喩方式表達的「博喩」。喩體只有一個「三毛」，喩依卻有四個：1.山，2.水，3.一幅山水畫，4.一本書。三毛當然不是山、水、畫、書，只是一個人。但是不如此形容，不足以表現隱地對她的欣賞讚譽之情㊱。

㈢且夫山無林則爲土山，地無毛則爲瀉土，人無文則爲僕人。土山無麋鹿，瀉土無五穀，人無文德不爲聖賢。（王充：論衡．書解篇）

王充在此以「山無林則爲土山」、「地無毛則爲瀉土」兩個喩依形容一個喩體「人無文則爲僕人」。又以「土山無麋鹿」、「瀉土無五穀」兩個喩依形容「人無文德不爲聖賢」。中間省略了喩詞，均屬以略喩方式表達的「博喩」。王充論文章主張華實相符，强調形式和內容一致的「文彩」。如此博喩形容，使他的理論更加强了說服力。

㈣並未能振葉以尋根，觀瀾而索源。（劉勰：文心雕龍．序志篇）

劉勰在文心雕龍序志篇檢視古來文論，以爲前賢之作，不夠理想。用並未能「振葉以尋根」、「觀瀾而索源」兩個喩依來形容一個喩體「前賢文論」。表面上意謂：不能從枝葉追尋到根本，從觀察波瀾去探尋源頭。實則上借喩：並沒有整體有系統的文論專著。此屬借喩方式表達的「博喩」，用具體的觀察樹木、波瀾，譬喩抽象的文學評論。

關於博喩，在此有兩點必須予以闡明：

第一，博喻的表達方式，基本上是一個喻體，運用兩種以上的喻依予以形容，在理論上最關鍵的是一個喻體，許多喻依，而非連續使用好幾個譬喻。例如：

手如柔荑，膚如凝脂，領如蝤蠐，齒如瓠犀，螓首蛾眉；巧笑倩兮，美目盼兮。（詩經：衛風．碩人）

此形容衛莊公夫人莊姜的美貌，連用四個明喻：1.手如柔荑，2.膚如凝脂，3.領如蝤蠐，4.齒如瓠犀，有四個喻體：手、膚、領、齒，所以是連續用譬喻，而非博喻。

在過去的學者論博喻，如陳騤「文則」語焉不詳㊲，如周振甫「文章例話」論博喻㊳，則以爲博喻就是用幾個比喻來比人或事物，他將博喻分作兩種：「一是分別不同情況來作比的，一是把幾個比喻合在一起來作比的。另外還有把這兩種用法結合起來的。」雖然也能有所建樹，但是總不如以「一個喻體，許多喻依」清晰易辨。

第二，博喻在譬喻的組成結構上，可以用明喻、隱喻、略喻、借喻，其中以明喻、略喻較普遍，隱喻、借喻比較少見。以上列舉的四個辭例，可見一斑。

博喻的運用，雖然不像明喻、隱喻、略喻、借喻那樣普遍，但是在古今中外的文章與言論中，仍然是妙喻如珠，處處可見，以下且分別舉例闡明。

一、以明喻組成的博喻

㈠一會價緊呵似玉盤中萬顆珍珠落，一會價響呵似玳筵前幾簇笙歌鬧，一會價清呵似翠岩頭一派寒泉瀑，一會價猛呵似綉旗下數面征鼙操。兀的不惱殺人也麼歌，兀的不惱殺人也麼歌，則被他諸般兒雨聲相聒噪。（白樸：梧桐雨第四折叨叨令）

連用「玉盤中萬顆珍珠落」、「玳筵前幾簇笙歌鬧」、「翠岩頭一派寒泉瀑」、「綉旗下數面征鼙操」四個具體的喻依，形容雨聲，眞是跳脫傳神。難怪接下來的一支「倘秀才」要說：「這雨一陣陣打梧桐葉樹，一點點滴人心碎了！」

㈡其得於陽與剛之美者，則其文如霆，如電，如長風之出谷，如崇山峻嶺，如決大川，如奔騏驥；其光也，如杲日，如火，如金鏐鐵；其於人也，如憑高視遠，如君而朝萬衆，如鼓衆勇士而戰之。其得於陰與柔之美者，則其文如升初日，如清風，如雲，如霞，如煙，如幽林曲澗，如淪，如漾，如珠玉之輝，如鴻鵠之鳴而入寥廓；其於人也，漻乎其如嘆，邈乎其如有思，暖乎其如喜，愀乎其如悲。（姚鼐：復魯絜非書）

桐城派論文章，講究義法，姚鼐此論文章之陽剛之美與陰柔之美。有五個博喻：

1. 其得於陽與剛之美者，則其文如霆，如電，如長風之出谷，如崇山峻嶺，如決大川，如奔騏驥。

2.其光也，如杲日，如火，如金鏐鐵。

3.其於人也，如憑高視遠，如君而朝萬衆，如鼓衆勇士而戰之。

4.其得於陰與柔之美者，則其文如升初日，如清風，如雲，如霞，如煙，如幽林曲澗，如淪，如漾，如珠玉之輝，如鴻鵠之鳴而入寥廓。

5.其於人也，漻乎其如嘆，邈乎其如有思，曖乎其如喜，愀乎其如悲。

其中如第一組以「霆」、「電」、「長風之出谷」、「崇山峻嶺」、「決大川」、「奔騏驥」六個喻依連續形容得陽剛之美之文，眞可謂漪歟盛哉！

㈢我以爲藝術的女人第一是有她的溫柔的空氣，使如聽著簫管的悠揚，如嗅著玫瑰花的芬芳，如躺在天鵝絨的厚毯上。她是如水的密，如煙的輕，籠罩著我們。（朱自清：女人）

朱自清以「簫管的悠揚」、「玫瑰花的芬芳」、「躺在天鵝絨的厚毯上」、「水的密」、「煙的輕」五個喻依比方「女人」，其中包括聽覺、嗅覺、觸覺、感覺，眞是郁郁乎文哉！

㈣秋風起時，樹葉颯颯的聲音，一陣陣襲來，如潮湧，如急雨，如萬馬奔騰，如銜枚急走，……秋雨落時，初起如蠶食桑葉，悉悉嗦嗦，繼而淅淅瀝瀝，打在蕉葉上，清晰可聞。（梁實秋：雅舍小品．音樂）

梁實秋以「潮湧」、「急雨」、「萬馬奔騰」、「銜枚急走」等四個喻依形容「秋風吹葉的聲音」，又以「蠶食桑葉」形容秋雨落葉聲，再加上許多狀聲的疊字，描繪秋風秋雨。十分具體細膩，令讀者有身歷其境的感覺。

㈤兩岸都是懸崖峭壁，纍纍垂垂的石乳一直浸到江水裡去，像蓮花，像海裳葉兒，像一掛一掛的葡萄，也像仙人騎鶴，樂手吹簫……說不定你忘記自己在漓江上了呢？（楊朔：畫山繡水）

㈥一株巨大的白丁香把花開在了屋頂的灰色的瓦瓴上，如雪，如玉，如飛濺的浪花。（王蒙：春之聲）

㈦人能有願，如花之有蕊，燭之有焰，大地之有軸序，該是件極幸運的事。（張曉風：有願）

二、以隱喻組成的博喻

㈠所謂美人者，以花為貌，以鳥為聲，以月為神，以柳為態，以玉為骨，以冰雪為膚，以秋水為姿，以詩詞為心。吾無間然矣。（張潮：幽夢影）

張潮以花、鳥、月、柳、玉、冰雪、秋水、詩詞等八個喻依比方美人。則美人之內在美、外在美、視覺美、聽覺美、感覺美，術德兼備，福慧雙全，美不勝收矣。

㈡整整兩天半我們粒米未進，只在涉溪渡河時雙手捧點兒水喝。四十多年後的今天，我仍然記憶深刻，一想起來胃就火燒似的痛、痛！……早已經餓過了頭，早已經忘記飯香、菜香是什麼滋味。它是痛，開始隱隱約約，還忍得住；後來是千萬根針或釘子在往胃腸上猛扎，以後好像是兩片胃和一堆腸子糾結在一起，再後就是絞被單從兩頭往中間絞、絞！起先有人悶哼，後來轉成嚎叫，在草堆上打滾。（張拓蕪：天大的事）

張拓蕪描寫「餓」的滋味，用「是千萬根針或釘子在往胃腸上猛扎」（隱喻），好像是「兩片胃和一堆腸子糾結在一起」（明喻）、「就是絞被單從兩頭往中間絞、絞」（隱喻）三個喻依來作比方。包括兩個隱喻，一個明喻，如此博喻的方式描述「餓」，眞是深刻、生動而又細膩逼眞，景象歷歷，讓讀者感覺如在目前，簡直就是感同身受㊴。

㈢結婚以後，是杯茶，喝著喝著淡了！結婚以後，是瓶花，看著看著謝了。結婚以後，是蜜加了開水，甜雖甜怎麼味道變了？（管管：城市丈夫們的無能感）

以「茶淡了」、「花謝了」、「蜜味道變了」三個喻依比方「結婚以後的滋味」，雖然不必盡然，卻有其傳神之處。

三、以略喻組成的博喻

㈠「狡兔死，走狗烹；高鳥盡，良弓藏；敵國破，謀臣亡。天下已定，我固當烹！」（司馬遷：史記·淮陰侯列傳）

此以「狡兔死，走狗烹」、「高鳥盡，良弓藏」兩個喻依比方「敵國破，謀臣亡」，中間省略了喻詞。韓信在幫助劉邦平定天下之後，被械繫時說此語，非常切合當時情境。「淮南子」

「說林訓」：「狡兔得而獵犬烹，高鳥盡而强弩藏。」與此類同。

㈡臣聞：求木之長者，必固其根本；欲流之遠者，必浚其泉源；思國之安者，必積其德義。源不浚而望流之遠，根不固而求木之長，德不厚而思國之治，雖在下愚，知其不可，而況於明哲乎？（魏徵：諫太宗十思疏）

唐太宗與魏徵，明主賢臣，相得益彰，傳爲千古美談。魏徵在此勸唐太宗「思國之安者，必積其德義」（喻體），用「求木之長者，必固其根本」、「欲流之遠者，必浚其泉源」兩個喻依。是以具體喻抽象。此段文字的後半部則以「源不浚而望流之遠」、「根不固而求木之長」兩個喻依比方「德不厚而思國之治」，也是一組博喻。又魏徵歿後——唐太宗思之不已，謂侍臣曰：

夫以銅爲鏡，可以正衣冠；
以古爲鏡，可以知興替；
以人爲鏡，可以明得失。
朕常保此三鏡，以防己過，今魏徵殂逝，遂亡一鏡矣。

其實也是一個博喻，喻體是「以人爲鏡，可以明得失。」魏徵就是那面鏡子。

㈢山不在高，有仙則名；
水不在深，有龍則靈；

斯是陋室，唯吾德馨。（劉禹錫：陋室銘）

此爲「陋室銘」之首段，以「山不在高，有仙則名」、「水不在深，有龍則靈」兩個喻依，比方「斯是陋室，唯吾德馨」。以山、水喻陋室，以仙、龍喻自己德馨。這幾句膾炙人口，但細思之下，劉禹錫未免有自己捧自己的嫌疑。

㈣花不可以無蝶，山不可以無泉，石不可以無苔，水不可以無藻，喬木不可以無藤蘿，人不可以無癖。（張潮：幽夢影）

張潮以蝶、泉、苔、藻、藤蘿等五個喻依比方人之有「癖」。如此比方形容之下，「人不可無癖」之抽象情理，充分彰顯出來，頗稱傳神之筆。

㈤舊木好燒，老馬好騎，舊書好讀，陳酒好飲，舊朋友也最可信賴。（賴特名言）

賴特以「舊木好燒」、「老馬好騎」、「舊書好讀」、「陳酒好飲」四件事比方「舊朋友也最可信賴」，如此博喻，加強語意，增添文氣，使老友可信賴的主旨更加凸顯。

㈥空氣布施新鮮，太陽布施光熱，花朵布施芬芳，草葉布施翠綠，河流布施水，母親布施慈愛。（林貴眞：兩岸、揮汗撒播愛的種子）

「母親布施慈愛」人盡皆知，但是在空氣、太陽、花朵、草葉、河流等五個喻依的連續比方說明下，母愛的主旨更加印象深刻，銘記在讀者心目中。

以上六個辭例，係以略喻方式表達的「博喻」，且喻體均在連續運用比方的喻依後面出現，給予讀者强烈而深刻的印象。

四、以借喻組成的博喻

㈠赤驥頓長纓，非無萬里姿；

悲鳴淚至此，爲問馭者誰？

鳳凰從東來，何意復高飛。

竹花不結實，念子忍朝饑。（杜甫：述古三首之一）

此八句用「赤驥頓長纓」、「鳳凰復高飛」兩個喻依，借喻「賢才不遇」（喻體），楊倫「杜詩鏡銓」引朱鶴齡[40]曰：「題曰述古，述古事以諷今也。肅宗初立，任用李泌、房琯、張鎬諸賢，其後或罷，或斥，或歸隱，君臣之分不終，故言驥非善馭則頓纓，鳳無竹實則飛去，君臣遇合，其難如此，賢者可不明於進退之義乎？」由此可見，杜甫借「千里馬固能馳騁萬里，卻因不遇賢主人而頓纓悲鳴」，「鳳凰雖來卻因竹花不結實而又離去」爲喻，其詩旨在表達賢才不遇之情。

㈡今夫風水之相遭乎大澤之陂（太湖邊）也，紆餘逶迤，蜿蜒淪漣（狀微波），安而相推，怒而相凌，舒而如雲，蹙而如鱗，疾而如馳，徐而如徊，揖讓旋辟（回避），相顧而不前。其繁如縠（縐紗），其亂如霧、紛紜鬱擾，百里若一。汩乎（狀水急）順流，至乎滄海之濱，滂薄洶湧，號怒相軋，交橫綢繆（交結），放乎空虛，掉乎無垠，橫流逆折，濆旋（湧起回旋）傾側，宛轉膠戾（相合相背），回者如輪，縈者如帶，直者如燧，奔者如焰，跳者如鷺（浪花如鷺白）投者如鯉，殊然異態，而風水之極觀備矣。故曰「風行水上渙」，此亦天下之至文也。（蘇洵：仲兄字文甫說）

蘇洵此一段文字，整段表面上是描寫風與水之相遇，實則上卻是借喻創作之歷程。風喻作者創作的衝動，水喻作者的生活經驗與情感。風水相遇，激起種種變化，喻創作衝動與生活經驗情感相激盪而創作種種文章。周振甫「文章例話」㊶論比喻對此文闡釋頗爲精闢：

宋朝文學家蘇洵有一段描寫文學創作的話，用風水相遇來作比喻。水好比長期積累蘊蓄的生活和豐富的感情，風好比激起創作衝動的力量。風水相遇比喻作家深厚的生活碰上激起他創作衝動的力量，就創作出具有各種藝術成就的極好的作品。

作品有各種不同的風格，這裡用比喻來說明各種風格的形式。風格有委曲的，有徑直的，有雄壯的，有柔婉的，有細密的，有繁豐的。風水相遇只能用來比喻創作的形成，不能用來比喻各種風格的形成，因此採用喻中之喻。在風水相遇這個比喻裡，再用多種比喻，就是以博喻來比各種風格的形成。像比委曲的、柔婉的風格的形成，用風在大湖裡初起作比：「舒而如雲」、「徐而如廻」、「揖讓」、「旋辟」、「相顧而不前」，一共用了五個比喻。對「如雲」、「如廻」兩個比喻還用舒展徐緩來加以形容；對「揖讓」、「旋辟」、「相顧而不前」三個比喻，不加「如」字，是隱喻（案：略喻），用人的作揖謙讓，人的回旋、人的顧望不前來作比，又用了擬人化。

再像比雄壯的、剛健的風格的形成，用博喻來比，像「怒而相凌」、「疾而如馳」、「滂薄洶湧，號怒相軋」，「奔者如焰，跳者如鷺，投者如鯉」。這裡有的是明喻，像「如焰」、「如鷺」，又用奔和跳的動作來描寫；有的是隱喻（案：略喻），像「怒而相凌」「號怒相軋」，又用了發怒和號怒的擬人化；有的是描寫，像「滂薄洶湧」。

再像比徑直的、細密的、繁富的風格，也用博喻來比，如「直者如燧」，「蹙而如鱗」，「其繁如縠，其亂如霧，紛紜鬱擾」。這裡也有明喻「如燧」「如鱗」「如縠」「如霧」，再用直的、蹙的、繁密的、紛亂的來描寫，那是對比喻的描寫。有對風水的描寫的，如「紛紜鬱擾」，指波浪的紛亂；「滂薄洶湧」，指浪大而激盪；「橫流逆折」，指波浪受阻礙而轉折等，這是用各種比喻同描寫結合，寫出多種多樣風格的形成和變化。

由此可見，譬喻可以適應文章內容之需求，作各種綜合變化的運用。極態盡妍，多采多姿。以借喻方式表達的博喻，比較少見。以上兩個辭例，杜甫的詩例，比較單純；蘇洵的文例，比較複雜。尤可見譬喻之藝術手法，極為豐盈多姿，變幻無窮，誠劉勰「物色篇」所謂「寫氣圖貌，既隨物以宛轉，屬采附聲，亦與心而徘徊。」

陸、諷喻

「諷喻」，是假借故事或寓言以寄託旨意的表達方式。在本意不便明言或不易明言時，通過具體的故事，闡明抽象的事理，常帶諷諫意味。在此先列舉兩家具有代表性的意見：

㈠陳望道「修辭學發凡」論諷喻㊷：

諷喻是假造一個故事來諷刺教導意思的乙種修辭法。大都用在本意不便明說或者不容易說得明白親切的時候。但說了故事，往往仍舊把本意說了出來，而使故事只成了對象事件的形容。又故事本身往往造得極其粗略，不曾具體化到可以獨立存在的地步，有時簡直連形容也不充分，非加說明不容易知道寄託的本意在那裡。這大半由於情急境迫，沒有充分時間來構思設想的緣故。

㈡周振甫「文章例話」論諷喻㊸：

諷喻就是編造一個故事來寄託正意的一種手法，由於正意不便明說，所以說了個故事，結合故事來說明本意，就親切動人。諷喻與比喻不同，比喻本身不構成一個故事，諷喻已構成一個寓言故事，能達到借故事來喻意的作用。

陳望道又將諷喻分為兩類：

一類是情境急迫，故事只是匆促之間捏造出來，並沒有充分的獨立性的，在日常語言之間，大概叫做「比方」。如所謂「畫蛇添足」，所謂「鷸蚌相爭」，所謂「狐假虎威」，都已成爲口頭常說的成語。這類比方因爲故事造得太沒有獨立性，往往非連同描寫背景和說明本意的文辭一起看，不能明曉它到底是在那裡說什麼。

還有一種是情境比較的不急切，故事構造得比較完整，比較有獨立性的，這在我們言談之間大概叫做「寓言」。寓言有寫得很長的，如班馕的「天路歷程」；簡短的如「愚公移山」。

周振甫也以爲：用寓言故事來作比，可以達到比喻不能達到的作用。用寓言作比，富有想像，還有諷刺作用。用寓言來作比，寓言只達到比喻作用，成爲文章的一部分，用來表達要申述的用意。但寓言既構成一個故事，就可以單獨存在。寓言本身有沒有生命，決定於這個故事是不是形象鮮明，含意深刻，像「驚弓之鳥」就是具有獨立生命的寓言。

簡單地說，「諷喻」就是假借寓言故事以達成諷刺勸諫的一種表達方式。寓言的界說有廣狹兩義：

廣義的寓言，可視爲一種表達方式，用「比」，相當於修辭學中的「譬喻」㉛。

狹義的寓言，可視爲一種文學體裁，假託其他事物，透過具體的故事來闡明事理，相當於「諷喻」。

寓言中的「諷喻」，由於其表達寓意的方式不同，約可分爲藉故事以說理，藉故事以寓理兩大類：

一、藉故事以說理

藉故事以說理的「諷喻」，採取明喻或略喻的方式，敍而後議。作者先假設一個故事，在故事結束後，由說故事的人申明主旨，或先就故事本身評論，再發抒旨意。例如：

「齊人有一妻一妾（孟子：離婁下）

齊人有一妻一妾而處室者。其良人出。則必饜酒肉而後反。其妻問所與飲食者，則盡富貴也。

甚妻告其妾曰：「良人出，則必饜酒肉而後反。問其與飲食者，盡富貴也；而未嘗有顯者來。吾將瞯良人之所之也。」蚤起，施從良人之所之。徧國中無與立談者。卒之東郭墦間之祭者，乞其餘；不足，又顧而之他。此其爲饜足之道也。

其妻歸告其妾曰：「良人者，所仰望而終身也，今若此！」與其妾訕其良人，而相泣於中庭。而良人未之知也，施施從外來，驕其妻妾。

由君子觀之，則人之所以求富貴利達者，其妻妾不羞也，而不相泣者，幾希矣！

孟子「齊人章」，是中國古代寓言中最精彩的一篇，也是諷喻的典型範例。全文分作四段。

第一段是開端，介紹人物—齊人和一妻一妾，並提出問題—出門必飽食酒肉。

第二段是中間部分的鋪敍，其妻對齊人的行徑有所懷疑。由懷疑而付諸行動—跟踪的結果，是發現齊人飽食酒肉並非如他所自稱的與「富貴者」往還，而是向祭祀者乞食。一連串的戲劇化情節，至此發展到高潮。

第三段是結局，妻歸告其妾，共訕其良人，而此人卻依然得意地驕其妻妾，形成充滿諷刺意味的反高潮。以上三段爲諷喻的諷依。

第四段是故事結束後，作者發抒的議論，爲諷喻的喻體。

本篇的寓意，在末尾第四段作者的議論中，已經明白指出。主要是藉齊人在外乞食，回家驕其妻妾的醜陋作風，爲人所不齒，進而勸說世人引以爲鑑戒，切勿以不正當的手段營求富貴利達。孟子所寫齊人卑賤無恥的形象，生動傳神，故事雖然虛構，却反映了人性醜陋的一面。事實上，自古迄今，從中到外，像齊人這樣的小人，到處可見，隨時存在。「晏子之御」故事中的車夫，意氣洋洋，甚爲自得，惹人嫌惡，後來幸而能改變作風。今日富貴人家的司機門房，難道就沒有盛氣凌人的嗎？在官場上，機構中，對上司逢迎巴結，卑若奴僕，對部屬同事裝腔作勢，不可一世的小人，不是屢見不鮮嗎？孟子齊人章反映了普遍的人性的一部分，不僅使我們感覺親切，而且令人失笑，令人嗟嘆，更令人警惕！

孟子齊人章表達寓意，是藉故事以說理，敍而後議。從現代眼光看來，最後一段的議論並無必要，刪之爲宜。其意義在故事中已有充分的暗示，末尾再來上這麼一段說教，簡直是畫蛇添足。可是，我們也不能以今非古。孟子敍述這一段諷喻的寓言故事，其目的在闡明由故事引發出來的道理。先秦諸子，莫不如此。說寓言的人，惟恐故事所寓之理，不能使讀者或聽衆充分明白。或者不放心的强調其重要性，常常在故事之外，再來一段議論，以申明主旨。明瞭乎此，就不會感覺納悶了。

(二)遺弓（呂氏春秋：貴公篇）

荊人有遺弓者而不肯索，曰：「荊人遺弓，荊人得之，又何索焉？」

孔子聞之，曰：「去其荊而可矣。」

老聃聞之，曰：「去其人而可矣。」

故老聃稱至公矣。

「遺弓」的故事，當然是虛構的，敍事採取層遞的表達方式。

第一層是楚國有個人遺失一張弓，不願意找回來，說：「楚國人丢掉的弓，反正是被楚國人撿去，何必找呢？」

第二層是孔子說：「何必一定要讓楚國人撿去用呢？把『楚』字删去更好！」

第三層是老子說：「何必一定要讓人撿去用呢？把『人』字删去尤佳！」

本來那個楚國人，胸懷已經夠寬廣的了，但「楚人得之」，還有肥水不落外人田的心理。孔子氣度更恢宏，認爲不必加「楚」字。老子更進一步，認爲可以把「人」字去掉，大概是猴子也可以撿去用。如此層層逼進，顯現了大公無私的境界，頗耐人尋味。

本篇表達寓意，也是藉故事以說理，敍而後議。主旨在闡明寬廣的胸懷，恢宏的氣度，發揚大公無私的精神。光是說理，抽象而難以令人信服，藉這個具體的故事幫助說理，就顯得有力多了。俗話說：「不怕不識貨，只怕貨比貨。」眞是一山比一山高啊！類此的例子，在古代寓言中，相當普遍，如孟子公孫丑篇的「揠苗助長」、韓非子五蠹篇的「守株待兔」、外儲說篇的「買履」……等。

三刻舟求劍（呂氏春秋．察今篇）

楚人有涉江者，其劍自舟中墜于水。遽契其舟曰：「是吾劍之所從墜。」舟止，從其所契處入水求之。舟已行矣，而劍不行。

求劍若此，不亦惑乎？

以此故法爲其國，與此同。時已徙矣，而法不徙，以此爲治，豈不難哉？

「刻舟求劍」表達寓意的方式，固然與前面所列舉的「孟子齊人章」和「遺弓」同屬敍而後議。但此篇的議論，卻有兩層：

第一層是在故事結束後，先就故事本身發表評論：以此種錯誤的方式求劍，令人迷惑。

第二層是由求劍的錯誤，進而申論呆板地拘泥古法治理國家的錯誤：法律應該適應社會現況，隨時代而有所變通。

先就故事本身評論，再說到作者的本意，這是諷喻故事敍而後議中比較詳細的方式。

與「刻舟求劍」寓意相同的，還有韓非子五蠹篇的「守株待兔」：「宋人有耕者，田中有株，兔走觸株，折頸而死。因釋其耒而守其株，冀復得兔。兔不可復得，而身為宋國笑。今欲以先王之政，治當世之民，皆守株之類也。」二者如出一轍。

㈣狐假虎威（戰國策．楚策）

荊宣王問羣臣曰：「吾聞北方之畏昭奚恤也，果誠何如？」羣臣莫對。江乙對曰：「虎求百獸而食之，得狐。狐曰：『子無敢食我也，天帝使我長百獸，今子食我，是逆天帝命也。子以我為不信，吾為子先行，子隨我後，觀百獸之見我而敢不走乎！』虎以為然，故遂與之行，獸見之皆走。虎不知獸畏己而走也，以為畏狐也。今王地方五千里，帶甲百萬，而專屬之昭奚恤。故北方之畏奚恤也，其實畏王之甲兵也，猶百獸之畏虎也。」

楚王聽說北方諸國都很畏懼楚國的宰相昭奚恤，不解其故，問羣臣，也不得要領。於是江乙就藉「狐假虎威」的故事，說明其中的緣由。

此段文字，分作三段，首段說明故事的背景，末段發抒議論，中段是純粹「狐假虎威」的寓言故事。

單就中段而論，可謂一個標準的寓言故事，也是諷諭的喻依，而這個寓言故事本身的寓意，已經相當明顯，並不需要加以解釋。狐狸與老虎的形象鮮明，個性突出，頗能引起讀者會心一笑。

值得注意的，是寓意的表達方式，和前面所述及的「孟子齊人章」、「遺弓」、「刻舟求劍」又有所不同。上述諷喻是敍而後議，本則故事則是插在一件事情中間，先敍述事情的緣起—楚王的疑惑，再敍述故事—狐假虎威，於故事結束後，作者現身說法，表明主旨—北方諸侯懼怕昭奚恤，就如同羣獸畏懼身後有虎的狐狸。其實是畏懼地方五千里，擁兵百萬的楚王啊！

運用寓言故事，幫助說理，以易知說明難知，獲致極佳的效果，此爲典型的範例。類似的情況，也頗爲常見，如孟子滕文公下的「月攘一雞」等。

「狐假虎威」的寓言故事，本身也可以單獨成立，或者在其他事情中用來幫助說理。

(五)鷸蚌相爭（戰國策·燕策）

趙且伐燕。

蘇代爲燕謂惠王曰：

「今者臣來，過易水，蚌方出曝而鷸啄其肉，蚌合而拑其喙。鷸曰：『今日不雨，明日不雨，即有死蚌。』蚌亦謂鷸曰：『今日不出，明日不出，即有死鷸。』

「兩者不肯相舍，漁者得而并禽之。」

「今趙且伐燕，燕趙久相支，以弊大衆，臣恐强秦之爲漁父也，故願王之熟計之也！」

惠王曰:「善!」乃止。

趙國將要攻打燕國,蘇代替燕國作說客,對趙惠王敍述了一段鷸蚌相爭的故事,勸阻了一場戰爭。這是諷喩在現實政治中運用成功的典型例證。

此段寓言故事和前面的「狐假虎威」運用的情況相似,都是先敍述事情—趙且伐燕,再說故事—鷸蚌相爭,最後點明主旨—鷸蚌相爭,漁翁得利,如果趙燕相爭,恐怕秦國就要成爲那得利的漁翁了。

不過,在本文中又比狐假虎威更進一層,在有敍有議之後,加上末尾的事實—趙王停止出兵。同時,狐假虎威的諷刺意味比較重,鷸蚌相爭則說敎的意味比較重。

蘇代爲戰國時期著名的策士。他深知:與其呆板生硬地直陳戰爭的禍害,還不如假託寓言,通過具體的故事來勸說寓意。因此得以憑三寸不爛之舌,消弭了一場可見的戰禍。王煥鑣「先秦寓言研究」㊺嘗舉此則寓言與韓非子說林的「蝺虫」、戰國策秦策的「二虎相爭」等,並列爲寓言中有關人事之敎訓:「寓言根據經驗和認識,用簡單故事作比,說明其或成或敗的緣故,便寓有警戒敎訓的作用,因此這些寓言就成爲智慧的寶庫了。」

六依樣葫蘆(辜鴻銘筆記)

有一西人,身服之衣敝,召裁縫至,問:「汝能製西式衣否?」曰:「有樣式,即可以照做。」

西人檢舊衣付之。越數日，裁縫將新製衣送來，剪裁一切無差，惟衣背後剪去一塊，復又補綴一塊。西人駭然問故。

答曰：「我是照你的樣式做耳。」

今中國銳意圖新，事事效法西人，不求其所以然，而但行其所當然，與此西人所僱之裁縫又何以異歟？噫！

辜鴻銘爲清末民初的文壇怪傑。以上這段諷喩故事，當然是他編造出來，以「裁縫依樣畫葫蘆」（喩依），來闡明「中國效法西人不求其所以然」（喩體）。其中的諷刺意味十足，深具警惕。如此依樣畫葫蘆的糗事，目前雖然很少，但並非沒有，辜氏的諷喩，仍然發人深省。

辜鴻銘善應對，常有妙語出現，令人絕倒。流傳最廣的是「同光風雲錄」[46]中的一個略喩：

西人有問之曰：「貴國風尚，乃崇多妻，先生有說乎？」

鴻銘笑而對曰：「君知衆盃翼壺之理乎？壺一而盃衆，宜也；夫一而妻衆，亦宜也。」西人大笑而去。

辜氏的說辭，極無理而又難以駁之，聞者莫不嘆服其辯才善喩，而引以爲趣談。由此可見，譬喩固可以義正辭巧，也可以强辭奪理，端視運用者之居心。

(七)一路看山到峨嵋（李霖燦）

那年我十七歲，隨著三哥恩燦去朝峨嵋。卻不是因爲它是普賢菩薩的道場。我貼身帶著一本峨嵋劍俠傳，是想虔心修道，要鍊成身劍台一取人首級于千里之外。我們溯泯江而上。經過了道士觀、烏尤寺、樂山大佛、護國寺、黑白二水搶牛心、九老洞而到達金頂。結果，一個劍俠也沒遇到，白白錯過那許多美麗的風景，因爲一心慕道，什麼名勝風景，我一眼都不去看它。

在峨嵋絕頂，我縱目四觀，忽然想到，妄想眞可怕，幾乎誤了我這一生，還是恩燦三哥說得對：不到峨嵋不看山，並不正確，一路看山到峨嵋，才是生活的態度。

——我現在七十七歲了，還是服膺這項眞理，人間雖充滿了喜怒哀樂崎嶇坎坷，但處處都可以欣賞，不一定要到成功時光或達到某種目的之後。

李霖燦先生，曾任故宮博物院副院長，是研究國寶的專家。這段故事，選自薇薇夫人主編的「智典」，與前面六個諷喻的辭例不太一樣。因爲這是李先生自己少年時的眞實往事，而非虛構的故事，然而，諷喻效果，仍然與虛構的故事沒有兩樣。其實，現身說法，有時候比寓言諷喻，更具有說服力。

(八)仍然在賣藥（張曉風：幽默五十三號）

一個漂漂亮亮兩小無猜的畫面，頃刻間已經長成郎才女貌一對璧人，可恨的是從小到結婚，這兩位之間的媒介竟一直是一種感冒藥。唉，我眞擔心到他們白頭偕老的時候，雙手交握，四目含情凝睇要說最後一聲珍重再見之際，彼此手中握的恐怕仍是一瓶感冒藥吧！

有個英國人，在荒島上被食人族抓去，眼看就要變成別人的嘴中肉了，忽然發現土人的酋長是他劍橋大學的同學，於是趕快呼救，並且動之以理：

「我們都是受了高等教育的人，這種風俗應該改良了！」

「的確改良了。」酋長很自傲的說：「我們現在是用全副純銀的英國刀叉吃的。」

藥，其實是個倒楣的東西，不論是在廟前賣的，或者是在螢光幕上賣的，我們能不理它就不理它才好！

大家都討厭惡形惡狀的賣藥廣告，張曉風藉「食人族」予以指責，頗有「談笑間，強虜灰飛煙滅」之氣概。如此巧妙的運用諷喻，比正面的鞭撻，更有效果。

二、藉故事以寓理

藉故事以寓理的「諷喻」，採取借喻的方式，敍而不議。作者只假設一個故事，其眞正想要表達的旨意，在故事中並不點破，在故事前後也不說明，留給讀者自己體會尋味，如：

(一)索我於枯魚之肆（莊子：外物篇）

莊周家貧，故往貸粟於監河侯。監河侯曰：「諾，我將得邑金，將貸子三百金，可乎？」莊周忿然作色曰：「周昨來，有中道而呼者，周顧視車轍中，有鮒魚焉。周問之曰：『鮒魚來，子何爲者邪？』對曰：『我，東海之波臣也，君豈有斗升之水而活我哉！』周曰：『諾，我且南遊吳越之王，激西江之水而迎子，可乎？』鮒魚忿然作色曰：『吾失我常與，我無所處。吾得斗升之水然活耳，君乃言此，曾不如早索我於枯魚之肆！』」

莊子家貧，三餐不繼，去向魏文侯借糧食。魏文侯雖然慷慨地答允相助，但必須要等到徵收賦稅之後。莊子就假設了這一則寓言故事來諷刺魏文侯。魚失水於車輪輾出的凹地中，只要升斗之水救急，就可以活命。等到枯死之後，即使傾西江之水，也毫無用處。同樣的道理，莊子家貧斷炊，只要升斗之糧，即可渡過難關，如果等到魏文侯收齊賦稅，送來三百金，老早就餓死了。莊子只說了一個寓言故事（喻依），其所要表達的主旨（喻依）並沒有說出來，只是藉故事以寓理，讓讀者自行體味，屬敍而不議的典型諷喻。

第一類「藉故事以說理」的諷喻，是敍而後議，在作者說完故事後再發抒議論，本篇則是由寓言中的主角「鮒魚」說話—我只要升斗之水就可以活命，你不肯急我之難，空言無益，與其引西江之水，還不如早點到賣魚乾的店鋪來找我！

寓言故事往往是譬喻的最高形式，但三言兩語的譬喻，卻不能視作寓言故事。本篇有主角，有對話，也有簡單的情節，結局意外而耐人尋味。在修辭技巧上，兼用轉化中的「擬人格」，將人的感情、特性，投射於魚的身上。魚有了人性，也會說話，而且說出一番頗有見地的話，對現實社會中不肯雪中送炭的人，予以無情的諷刺。這條魚其實是莊子的化身，莊子不便明白指責魏文侯，只好假借鮒魚之口來痛斥他了。轉化的技巧，在寓言中運用很普遍，使得故事親切而生動。

㈡木雞（莊子：達生篇）

紀渻子爲王養雞。

十日而問：「雞已乎？」曰：「未也，方虛憍而恃氣。」

十日又問。曰：「未也，猶應嚮景。」

十日又問。曰：「未也，猶疾視而盛氣。」

十日又問。曰：「幾矣。雞雖有鳴者，已無變矣。望之似木雞矣。異雞無敢應者，反走矣。」

「木雞」的故事，也可以分作首、中、尾三部分。

開端介紹人物和場景：飼養鬥雞的高手爲國君訓練一隻鬥雞。

中間鋪敍訓練鬥鷄的過程：經過十天，國君詢問訓練的情況—驕矜而自恃意氣，差得遠哩！又十天，國君再問—聞見他雞之聲影而衝動，仍然不行！再隔十天，國君又問—看見對手還怒目疾視，意氣自負，火候尚未到家！

結局是最後國君再問，紀渻子回答：差不多了，無論對方的雞怎麼鳴叫挑戰，他都能無動於衷，毫不理睬，看起來像一隻木雕的雞。如此能內守其性，不受外蕩，已經訓練成功，所有的雞都不是對手，一看到牠，只有掉頭逃跑的份兒。

這是個形式完整的諷喻故事，有開端，有鋪敍，有結局，除了主角那隻雞之外，沈著的訓雞師和性急的楚王，也顯示了其個性。在技巧上採取層遞的方式，分為四層，由外表的驕矜恃氣，後退到似若木雞，由實質的完全沒有訓練，前進到訓練成熟，依一貫的秩序，層層遞進，效果頗佳。

「木雞」寓意的表達方式，也是藉故事以寓理，全文是寓言（喻依），文章的旨趣（喻體）見於言外。常人處世，往往自恃意氣，好與人爭。如果能夠虛心歛氣，像木雞一樣，修養功夫才算到家。俗話說「半瓶醋響」、「大勇不事小鬥」，都是同樣的道理。寓言故事，可以有人，也可以有動物、植物。本篇主角是雞，配角是紀渻子，兼具人與動物。

㈢愚公移山（列子．湯問篇）

太形、王屋二山，方七百里，高萬仞，本在冀州之南，河陽之北。北山愚公者，年且九十，面山而居。懲山之塞，出入之迂也，聚室而謀曰：「吾與汝畢力平險，指通豫南，達于漢陰，可乎？」雜然相許。

其妻獻疑曰：「以君之力，曾不能損魁父之丘，如太行、王屋何？且焉置土石？」雜曰：「投諸渤海之尾，隱土之北。」遂率子孫荷擔者三夫，叩石墾壤，箕畚運於渤海之尾。鄰人京城氏之孀妻，有遺男，始齔，跳往助之。寒暑易節，始一反焉。

河曲智叟笑而止之曰：「甚矣！汝之不慧，以殘年餘力，曾不能毀山之一毛，其如土石何？」北山愚公長息曰：「汝心之固，固不可徹，曾不若孀妻弱子。雖我之死，有子存焉；子又生孫，孫又生子，子又有子，子又有孫；子子孫孫，無窮匱也；而山不加增，何苦而不平？」河曲智叟亡以應。

操蛇之神聞之，懼其不已也，告之於帝。帝感其誠，命夸蛾氏二子負二山，一厝朔東，一厝雍南。自此，冀之南，漢之陰，無隴斷焉。

愚公移山，是家喻戶曉的諷喻故事。可以從三方面來加以說明：

首先，就其形式而言，是一個典型的寓言故事，也是標準的極短篇小說。照西方現代小說的要求，無論長篇或短篇，必須具備人物、事件、情節、結構等要素。亨利·詹姆斯（Henry James）在「小說的藝術」一文中聲言：「小說是活色生香，統一而連貫，和任何其他有機體並無分別。」「愚公移山」敍述一個首尾貫串的故事，人物、事件、結構等要素無一不備，恰能符合上述的要求。從極短篇的構成形式來看，本文第一段介紹北山愚公，並說明他立志要移山的動機，即是極短篇的開端，介紹人物、場景，並立即進入情況地提出問題。

第二段說明愚公移山的實際行動和作法。第三段由智叟的勸止，表明愚公的意志和信心，子子孫孫，傳之無窮，而山不會增高，終有被剷平的一天。這兩段是極短篇的中間鋪敍，除了主角愚公之外，還穿插著配角—愚公之妻、智叟等，藉人物個性決定事件，也藉事件闡明人物個性。

第四段敍愚公的精神感動天帝，派大力神夸蛾氏的二子，背負太行、王屋二山，移往朔東和雍南。是極短篇的收場，問題得到解決，事件結束。

如此看來，正是典型的極短篇，而其中幾個人物，個性鮮明，事件的鋪敘發展，富有戲劇化的情節。其妻獻疑、鄰人之子贊助的旁襯，智叟和愚公的對比，以及反諷技巧的運用──愚公其實大智，智叟其實頗愚，從現代小說的技巧來說，已達到成熟圓融之境。

其次，就愚公移山的寓意來說，作者純粹藉故事喻理，敍而不議，在本文中並不點破主旨，沒有剝奪讀者享受自行尋獲寶藏的喜悅之權利。而所寓之理，非常明顯，就是：人定勝天，有志竟成。同時也反映了先民和大自然奮鬥的頑强精神。愚公移山的故事是虛構的，古老的，但是他這種不畏艱難、有勇氣、夠毅力、有計劃而意志堅强的典型，卻永遠活在世人的心目中，歷久彌新。

最後，就愚公移山的題材而言，不僅是純屬虛構，而且運用神話來作結束。事實上，就此故事本身的發展而言，用神話作結束，有其相當的必要性，如果不用神話，很難設想圓滿的結局。愚公可能很快把山挖平嗎？還是寫他一直挖下去，沒完沒了。由此，我們也可以了解到，古代寓言故事，雖然主要是作者設想虛構，但也間採神話或民間傳說爲題材。神話固然荒誕無稽，但卻是民族的夢，反映先民對於自然現象的解釋和希望。神話是古代歷史的影子，使我們了解先民的生活和思想，也顯示了古代人們堅强勇敢的性格和不屈不撓的奮鬥精神。愚公移山的故事，和塡海的精衛、逐日的夸父等神話，表現了同樣的精神，這種精神雖然藉虛構的故事表現，卻建築在現實生活的基礎之上㊼。

㈣朝三暮四（列子·黃帝篇）

宋有狙公者，愛狙，養之成羣，能解狙之意，狙亦得公之心。損其家口，充狙之欲。俄而匱焉，將限其食。恐衆狙之不馴於己也。先誑之曰：「與若芧，朝三而暮四，足乎？」衆狙皆起而怒。俄而曰：「與若芧，朝四而暮三，足乎？」衆狙皆伏而喜。

「朝三暮四」的故事，最早見於莊子齊物論：

狙公賦芧，曰：「朝三而暮四。」衆狙皆怒。曰：「然則朝四暮三。」衆狙皆悅。

在此取列子所載，而不取莊子所載，是因爲莊子的記載太簡略，列子的記載稍詳，是比較完整的諷喻故事。

「朝三暮四」也可以分作首、中、尾三部分。

首部開端介紹人物和場景—宋國的狙公，養了許多猴子，減損自己家人的口糧，讓猴子塡飽肚皮。

中間鋪敍—糧食不足，要加以限制，就對猴子宣佈，每天早上配給橡子三顆，晚上配給橡子四顆。猴子們非常生氣，紛紛起而抗議。

末尾的結局是—狙公重新宣佈，改變配給方式，每天早上給橡子四顆，晚上給橡子三顆。猴子們紛紛欣然同意。

就形式上看，中間的鋪敍與末尾的結局，幾乎是合而爲一。然而，「朝三暮四」卻是一個形式完整的故事，且具備矛盾、衝突和戲劇化的情節。

在寓意方面，這個故事，頗具諷刺性。表面上寫的是猴子，實則暗指現實社會的某些人。朝三暮四與朝四暮三，在本質上是一樣的，但聞朝三而怒，聞朝四而喜，卻是人之常情。世俗之人，往往情緒隨著表面現象而起伏，不能透視眞實。或者實質不變，只在表面上玩花樣欺騙人，與狙公之養猴子同樣可笑！

「朝三暮四」在後世成爲常見的成語，可是他的意義卻往往被誤用爲「三心兩意」，原意淹沒不彰，反倒相當於「朝秦暮楚」。這種現象和前面的「木雞」相似，木雞是修養到家的代表，現在卻譏諷一個人「呆若木雞」。値得我們檢討。

㈤螳螂捕蟬（說苑：正諫篇）

吳王欲伐荊，告其左右曰：「有敢諫者死。」

舍人有少孺子者，欲諫不敢，懷彈操丸於後園，露沾其衣，如是者三旦。

吳王曰：「子來，何苦沾衣如此？」

對曰：「園中有樹，其上有蟬，蟬高居悲鳴飲露，不知螳螂在其後也；螳螂委身曲附欲取蟬，而不知黃雀在其傍也；黃雀延頸欲啄螳螂，而不知彈丸在其後之有患也。」

吳王曰：「善哉！」乃罷其兵。

劉向是個擅長說故事的人。他在「說苑」書中，列舉了許多膾炙人口的故事，本篇最爲人所津津樂道，這個諷喻故事，並沒有明說「伐荊（楚）」會有其他國家（如越國）乘虛爲患，只是說了一個「螳螂捕蟬，黃雀在後」的故事，敍而不議，藉故事以寓理。吳王是聰明人，當然一聽就明白。所以結局是「乃罷其兵」。

如此諷喻勸諫，比直陳利害，明指得失要容易入耳。而且這個諷喻故事，有趣味，有啓示，誠可謂「高手過招，點到爲止」。此與蘇代爲燕游說趙惠王的「鷸蚌相爭」故事，有異曲同工之妙，同爲諷喻故事在現實政治中運用成功的典型例證。兩個諷喻故事，化解了兩場兵戈之災。可見諷喻之功效，只要運用之妙，存乎一心，可以寓敎化於詼諧，談笑間或難題迎刃而解，或强敵自動退兵，或心結煥然冰釋。諷喻之功，奇哉偉哉㊽！

㈥汽車工廠（美國之音廣播稿）

美國政府官員應邀參觀蘇俄的國營汽車工廠，設備新穎，管理完善，產品優良。

美官員問共幹：「這工廠不錯嘛！老闆是誰？」

「工廠是屬於人民的，工人就是老闆！」

參觀結束離開工廠，門口停了一排轎車。

美官員又問：「這些汽車是誰的？」

「汽車嘛，是我們幹部坐的。」回答的聲音就微弱了許多。

不久，美國政府邀請蘇俄官員參觀福特汽車工廠，同樣是設備新穎，管理完善，產品精良。

蘇俄官員問：「這工廠也蠻不錯嘛！老闆是誰？」

「老闆是福特！」

此時大鼻子哼出：「資本家剝削勞工！」

臨出門，看到停車場有許多轎車。

俄官員又問：「這些汽車是誰的？」

「工人的，我們每個工人都擁有汽車，有人還不只一部！」

這個故事，是當年美國之音的廣播稿。以生動有趣的對話，諷喻共產社會。表面上看來，俄國的工廠屬於人民，工人就是老闆，然而，能享受汽車的只有少數幹部，眞是說得比唱得好聽！而美國的工廠屬於老闆福特，工人雖受剝削，仍能擁有汽車。透過强烈的對比，自由社會與共產社會孰優孰劣，充分呈現，不言而喻。全文在字面上對共產社會沒有一字褒貶，但所諷喻的旨意，卻洋溢在言外，眞是「不著一字，盡得風流」！

柒、比在篇章修辭之運用

本節所論「比」之修辭方式，從明喻、隱喩、略喩、借喩，乃至於博喻、諷喻，往往從古今名篇中擷取傑出片段為證，辭例雖然多采多姿，不勝枚舉，然而，修辭方法運用之奧妙，固不僅在吉光片羽之字句，其關鍵端視在整篇作品中產生之效用。茲再舉「古詩十九首」之譬喻，以及古今名人論讀書之妙喻為例，以進窺譬喻之精采與效果。

一、「古詩十九首」的譬喻藝術

「昭明文選」載「古詩十九首」，其評價可以列舉三家為代表：

㈠劉勰「文心雕龍」「明詩篇」：「觀其結體散文，直而不野，婉轉附物，怊悵切情，實五言之冠冕也。」

㈡鍾嶸「詩品」卷上：「文溫以麗，意悲而遠，驚心動魄，可謂幾乎一字千金。……人代冥滅而清音獨遠。」

㈢沈德潛「古詩源」：「十九首大率逐臣棄妻，朋友闊絕，死生新故之感。中間或寓言，或顯言，反覆低徊，抑揚不盡，使讀者悲感無端，油然善入。此國風之遺也。」

古詩十九首為中國文學史上評價最高的五言古詩，就其作者而言，出自文人的創製，作者大概是東漢末期的一羣無名作家。就其形式而言，為整齊規律的五言，最短八句，最長二十句，為最早的五言詩（成熟期）代表作。就其內容而言，全係眞率的抒情，主要是詠歎羈旅愁懷的遊子漂泊之歌，與表達哀而不怨的思婦懷人之詞㊾。就其藝術特徵而言，運用自然的語言，顯現樸質的風格，句平意遠，格高調古，令讀者感覺平易親切而詩情濃溢，耐人尋味而餘韻無窮。

古詩十九首的作者，運用最簡約精練的語言，表達了豐富深刻的內涵。乍讀之下，雖然感覺明朗單純，細加品味，卻是含蓄蘊藉，意致深婉。有關古詩十九首的研究資料，民國以前的以考證、箋注、彙解爲主，多收入隋樹森編的「古詩十九首集釋」㊿書中。民國以後的則有朱自清「古詩十九首釋」(51)、馬茂元「古詩十九首探索」、廖蔚卿「論古詩十九首的藝術技巧」(52)等，對於詩境的闡發、技巧的探究，頗具成效。本文乃專注於譬喻的角度，闡論古詩十九首的藝術技巧。

譬喻是一種最常見的修辭方法，簡言之，即「借彼喻此」，俗稱「打比方」。亞里士多德論修辭的三大原則是：用譬喻、用對比，要生動(53)。劉勰「文心雕龍」「比興篇」云：「夫比之爲義，取類不常：或喻於聲，或方於貌，或擬於心，或譬於事。……故比類雖繁，以切至爲貴，若刻鵠類鶩，則無所取焉。」宋陳騤「文則」，將譬類分爲十類：一曰直喻，二曰隱喻，三曰類喻，四曰詰喻，五曰對喻，六曰博喻，七曰簡喻，八曰詳喻，九曰引喻，十曰虛喻。西方甚至有修辭學家將譬喻予以瑣細的分類，在氣魄龐大的表格上可有二百五十種之多(54)，再歸併於兩個或三個範疇。最簡明扼要的分類，要算黃慶萱「修辭學」依譬喻的形式分爲四類：明喻、隱喻、略喻、借喻(55)。以下即以黃著作爲探討的主要依據。

一、古詩十九首中的明喻

譬喻修辭法，是由「喻體」、「喻依」、「喻詞」三者配合而成。凡「喻體—想要說明的事物主體、喻詞—聯接喻體與喻依的語詞（像、如、似、若等）、喻依—藉以比方說明喻體的另一事物，三者具備，形式完整的譬喻」，是譬喻形式中的第一類「明喻」。古詩十九首中運用明喻法的有六首。

㈠青青陵上柏第三：

青青陵上柏，磊磊澗中石。

人生天地間，忽如遠行客。

此詩從人生短促之感寫到行樂的願望。「人生天地間（喻體）、忽如（喻詞）遠行客（喻依）。」言人生在世時光短暫，猶如遠行作客，匆匆走過。前兩句「青青陵上柏，磊磊澗中石」在篇首托物起興，同時與後二句的明喻形成强烈的對比。以陵上柏樹常青青，澗中泉石常磊磊對襯人世的短暫，益增生命匆促，人不如物之感慨。

㈡今日良宴會第四：

人生寄一世，奄忽若飆塵。

此詩從聽曲感心，發抒議論，人生短暫，不必長守貧賤，枉受苦辛。作者以「飆塵」（喻依）譬喻「人生」（喻體），具有兩層意思，一層是飄風旋起旋落，非常短促；一層是捲地狂風裡的塵土，旋聚旋散，一會兒就無影無蹤。這個明喻充分顯現了人生之短暫與空虛，比前面的「忽如遠行客」用得更貼切，意義更深刻㊺。

㈢明月皎夜光第七：

不念攜手好，棄我如遺跡。

此詩爲秋夜即興之作，由悲秋引發世態炎涼，友情澆薄的怨憤。以「遺跡」（喻依）譬喻主角「我」（喻體）的被棄。如遺跡，就像行路人遺棄足跡一樣。「國語」「楚語」下：「靈王不顧於民，一國棄之，如遺跡焉。」又蘇軾「和子由澠池懷舊詩」：「人生到處知何似？應似飛鴻踏雪泥。泥上偶然留指爪，鴻飛那復計東西。」「棄我如遺跡」，顯示朋友之絕情，毫不顧念，與「棄之如敝屣」有異曲同工之妙。

㈣迢迢牽牛星第十：

終日不成章，泣涕零如雨。

此詩描繪織女望牽牛的心情，借牛郎織女的神話故事表露夫婦的離別之情。以「零如雨」（喻依）形容「泣涕」（喻體），涕淚縱橫的樣子，狀溢目前。「詩經」「邶風」「燕燕」：「瞻望弗及，泣涕如雨。」可見這個譬喻是因襲前人而來。在詩篇的章法上，前五句：「迢迢牽牛星，皎皎河漢女，纖纖擢素手，札札弄機杼。終日不成章，」客觀地描寫織女，她坐在織布機前眼望牽牛，以至於工作無成果。到第六句「泣涕零如雨」，筆鋒一轉，鏡頭的焦點趨向織女的表情：星眼雖晶瑩，可望而不可即，悲傷難以自遣，不覺淚下如雨，顯示了無限思念之情[57]。「零如雨」，一方面喻其流淚之多，一方面喻其流淚不止之狀。在漫長的時日中，一雙有情人分隔兩處，唯有無語相視，情何以堪？前五句一直是不動聲色，強自壓抑，到這裡終於忍不住滿腔的衷情，隨不盡的淚水如雨落般奪眶而出了。「泣涕如雨」這個譬喻，不但出現得正是時候，而且讓讀者透過外在形象的描繪，進窺織女的心象，緊接著開啓以下的四句：「河漢清且淺，相去復幾許？盈盈一水間，脈脈不得語。」寫出了織女的心聲。又全詩篇首連續四句以疊字開頭，篇末連續二句以疊字開頭，狀聲狀貌，頗爲傳神。

㈤東城高且長第十二：

燕趙多佳人，美者顏如玉。

此以「玉」（喻依）形容佳人之「顏」（喻體）。如玉，言膚色之潔白潤澤。「詩經」「召南」「野有死麕」：「白毛純束，有女如玉。」這個譬喻也是因襲前人而來。「謙謙君子，溫潤如玉。」以「玉」來譬喻佳人，有多層美好的意義：一謂皮膚之潔白如玉，二謂皮膚之潤澤如玉，三謂佳人之美德如玉之溫潤。「顏如玉」已成爲中國社會中普遍的成詞。

㈥驅車上東門第十三：

浩浩陰陽移，年命如朝露。

人生忽如寄，壽無金石固。

此詩敍人生如寄，壽命短暫，聖賢同歸一死，不如圖求眼前快意享受。反映了亂世的若干頹廢思想。作者用「朝露」（喻依）譬喻「年命」（喻體），以「寄」（喻依）譬喻「人生」（喻體）。前者謂人的壽命像早晨的露水一般短暫，太陽一晒就乾。這個譬喻也是常見習用的，樂府「薤露歌」：「薤上露，何易晞！露晞明朝更復落，人死一去何時歸！」秦嘉「留郡贈婦詩」：「人生譬朝露，居世多屯蹇。憂艱常早至，歡會常苦晚。」曹操「短歌行」：「對酒當歌，人生幾何？譬如朝露，去日苦多。」此句「年命如朝露」與上句「浩浩陰陽移」的四時運行，無邊無際相映襯，上言歲月無窮，下言生命短促，形成強烈的對比，使詩意更加顯明深刻。

後者謂人生在世，時光匆促，好像暫時寄居。「尸子」：「人生於天地之間，寄也。」這種生命無常的感慨，是大多數人的共同心聲。這個譬喻與前面第一例的「人生天地間，忽如遠行客」、第二例的「人生寄一世，奄忽若飆塵」如同一轍，意義類同，只不過語句稍作調整，將兩句併作一句罷了。「人生忽如寄」與下句的「壽無金石固」仍然是形成強烈的對比，以金石之歷久不變，映襯人生之短暫無常。益發令人感慨。

二、古詩十九首中的借喻

借喻的形式，是將喻體與喻詞省略，只有喻依。眞正要描述的主體，不在字面上，而是意在言外，讓讀者「因其所言，會其所未言」，由喻依想見作者所要表達的眞意。古詩十九首中的借喻，運用極為巧妙。且看下列四首：

(一)行行重行行第一：

胡馬依北風，越鳥巢南枝。
相去日已遠，衣帶日已緩。
浮雲蔽白日，遊子不顧返。

此六句言遊子在外漂泊不歸，女主角因相思而消瘦。作者有兩處用借喻法。「胡馬依北風，越鳥巢南枝。」借喻遊子（喻體）當如胡馬、越鳥（喻依）一般眷戀故土。「胡馬」，產自北地，「越鳥」生於南方，「依北風」、「巢南枝」乃自然而發的一種戀鄉情懷，本性使然。意謂：胡馬到南方後仍依戀北風，越鳥到北方仍築巢向南，禽獸尚且依戀眷顧故土，何況人乎！此二句是有所本的：

李善「文選注」引「韓詩外傳」……「詩曰：『代馬依北風，飛鳥棲故巢。』皆不忘本之謂也。」

「鹽鐵論」「未通篇」：「故代馬依北風，飛鳥翔故巢，莫不哀其生。」

「吳越春秋」：「胡馬依北風而立，越鳥望海日而熙，同類相親之義也。」

從不忘本，哀其生到同類相親，都是借「胡馬」、「越鳥」表達懷鄉思家的戀舊之情。足見

「胡馬」、「越鳥」乃習用之譬喻。就技巧而言，本詩實爲其中翹楚。朱自清「古詩十九首釋」評云：「『海日』對『北風』，自然比『故巢』工切很多。本詩引用這一套譬喻，又變用『南枝』對『北風』，卻更見工切了。」馬茂元「古詩十九首探索」評云：「這樣的一個設想，有力地帶動了下文，爲下文的思潮起伏掀起無限波瀾，成爲全詩的紐帶。」分別自辭的工切與詩篇章法著眼，讚譽「胡馬依北風，越鳥朝南枝」二句，均頗能言之成理。後世詩人，運用類此的譬喻，也屢見不鮮，如：「雲涓戀山海，禽馬懷燕越。」（張說）「老馬終望雲，南雁意在北。」（杜甫）「騏驥思北省，鷓鴣願南飛。」（孟郊）

「浮雲蔽白日，遊子不顧返。」以「浮雲蔽白日」爲喻體，喻依爲何？作者沒有明說，因此有兩種不同的說法。

一說喻「讒邪害公正」，所以「遊子不顧返」。李善「文選注」：「浮雲之蔽白日，比喻邪佞之毀忠良，故遊子之行不顧反也。『文子』曰：『日月欲明，浮雲蓋之。』陸賈『新語』曰：『邪臣之蔽賢，猶浮雲之鄣日月。』『古楊柳行』曰：『讒邪害公正，浮雲蔽白日。』」朱自清「古詩十九首釋」云：

『浮雲蔽白日』這個比喻，李善註引了三證，都只是『讒邪害公正』一個意思。本詩與所引三證時代相去不遠，該還用這個意思。不過也有兩種可能：一是那遊子也許在鄉里被『讒邪』所『害』，遠走高飛，不想回家。二是也許是鄉里中『讒邪害公正』，是非黑白不分明，所以遊子不想回家。前者是專指，後者是泛謂。我不說那遊子是『忠良』或『賢臣』；因爲樂府裡這類詩的主人，大概都是鄉里的凡民，沒有朝廷的達官的緣故。

一說喻遊子在外「另結新歡，心有所惑」，所以「遊子不顧返」。馬茂元「古詩十九首探索」則與上述朱自清看法不同：

> 朱氏認爲以『白日』比遊子，只『顧到當篇當句的文義背景』，而沒有『顧到比喻本身的背景』，只有這樣解釋，『才能得著它的確切的意旨』（「古詩十九首釋」）。其實這種看法是錯誤的：第一，引用成語，當然以原義爲基礎，但在用法上往往是有著引申和變化的。以『白日』比遊子，在用法上是以類相從，與原義並無抵觸，不過略有變化罷了。朱氏所謂沒有『顧到比喻本身的背景』，不知何指。第二，分析作品必須從作品的本身出發，這兩種說法，完全脫離了作品，顯然是主觀臆測，毫無根據的。

馬氏又舉陸雲擬本詩的「爲顧彥先贈婦」、劉鑠擬本詩的用意，均爲「另結新歡，心有所惑」的意思。

「浮雲蔽日」在中國古典詩文中，爲流行常見之譬喻。往往以白日借喻君王，意謂讒臣蔽賢。故朱自清釋「浮雲蔽白日」：「以喻邪佞之毀忠良，故遊子之行不顧反也。」馬茂元則解爲「設想他另有新歡，心有所惑。」雖然彼此各執一詩，其實就詩之多義性而言，可以兩存並取㊳。

㈡今日良宴會第四：

何不策高足，先據要路津？
無為守貧賤，轗軻長苦辛。

此四句以憤慨之語氣道出了詩人內心的不平：為什麼不趕快鑽營富貴，先占據政壇上的重要位置呢？又何必甘守貧賤，辛辛苦苦地長久失意呢？「要路津」（喻依），本意是重要的路口渡口，借喻「顯要職位」（喻體）。「轗軻」（喻依），本義是車行不利，借喻「人生之途不順不得意」（喻體）。「要路津」也是習見的借喻。「孟子」「公孫丑上」：「夫子當路於齊。」當路，猶言執政。與此要路津類同。路，就陸行而言；津，就水行而言，義同。「何不策高足，先據要路津？」與「無為守貧賤，轗軻長苦辛」形成強烈的對比，益增憤恨不平之氣。

這四句頗有憤世嫉俗，感慨自諷之意。張玉穀「古詩賞析」：「感憤自嘲，不嫌過直。」王國維「人間詞話」：「『昔為倡家女，今為蕩子婦；蕩子行不歸，空床難獨守。』『何不策高足，先據要路津？無為守貧賤，轗軻長苦辛。』可謂淫鄙之尤，然無視為淫詞鄙詞者，以其真也。」表面上是鄙詞，其實是詭譎的諷謔之詞，似勸實諷。廖蔚卿「論古詩十九首的藝術技巧」說得好：

自甘寂寞者，雖含意萬端，卻都沈默不能伸其意。而作者還要裝出莊嚴的神態去歎息人生短暫，說是應該捷足先據要路津，不要一輩子窮愁潦倒才好。從人生一轉，索性冷諷地說下去。於是，這詩就將嫉憤世俗的心在諷謔中隱示出來，那效果，就如同短劍的作用一樣，笑聲中有著刺痛。

在修辭技巧上，「何不策高足，先據要路津？」又屬「設問」中的「激問」，爲激發本意而問，答案就在問題的反面。如此的表達方式，要比敍事句引人注意，更耐人尋味。從諷謔的句意中，可以體會出作者複雜的心情，那又是另一種「正言若反」的修辭方法——「倒反」了。

㈢明月皎夜光第七：

秋蟬鳴樹間，玄鳥逝安適？
昔我同門友，高舉振六翮。
不念攜手好，棄我如遺跡。
南箕北有斗，牽牛不負軛。

此言世態炎涼，朋友不肯相助之怨憤。連續用了四組譬喻。

「秋蟬鳴樹間，玄鳥逝安適？」上句謂得志者（朋友）如秋蟬高處，下句謂失意者（我）如燕子無所依適。作者用借喻與對比的手法，顯示人世浮沈，人情疏遠之狀況，意象顯明而深刻。一說兩句均借喻作者本身。何焯「義門讀書記」：「自比如秋蟬之悲吟也。」

「昔我同門友，高舉振六翮。」借「鳥之振翅高飛」（喻依）喻「朋友之得志高昇」（喻體）。六翮，謂大鳥之翅膀。「韓詩外傳」：「夫鴻鵠一舉千里，所恃者，六翮耳。」「振六翮」用借喻、擬物的技巧，使得詩句靈動有致。

「不念攜手好，棄我如遺跡。」採明喻的方式，本文前已論及，在此不再贅言。

「南箕北有斗，牽牛不負軛。」李善「文選註」：「言有名而無實也。」借「南箕」之不能簸米（喻依），「北斗」之不能舀酒（喻依），「牽牛」之不能拉車（喻依），喻「朋友徒具朋友之名而無相助之實」（喻體）。此二句從「詩經」中脫化而出。「小雅」「大東」：「維南有箕，不可以簸揚；維北有斗，不可以挹酒漿。」「睆彼牽牛，不以服箱。」箕、斗、牽牛均為天上的星名，與人間的事物相聯繫，可是箕的形狀雖然像簸箕，卻不能用來揚米去糠；斗的形狀雖然像酒器，卻不能用來舀酒；牽牛雖有牛名，卻不能負軛拉車。此三者都是有名無實，譬喻同門友空有其名，卻不能互相援引扶持，毫無同門友之情誼。

㈣客從遠方來第十八：

客從遠方來，遺我一端綺。相去萬餘里，故人心尚爾。文采雙鴛鴦，裁為合歡被。著以長相思，緣以結不解。以膠投漆中，誰能別離此。

此詩寫女主角接到丈夫托友人帶來的禮物，以裁綺為被的細節，顯現了愛的喜悅。篇末「以膠投漆中」（喻依），借喻「兩情的牢固纏綿，難分難舍。」（喻體）猶言：我們彼此的情感好像具有強烈黏性的膠、漆，牢牢地結合在一起，再也分不開了。

自整首詩的內涵而言，男主角的禮物一端綺（半匹花綢子）的文彩是一雙鴛鴦，女主角將它做成合歡被，裝進絲綿，四邊用連環不解的結做裝飾。在在都顯示了愛情的象徵。最後二句「以膠投漆中」用借喩的方式，以具體的膠漆相黏顯示抽象的愛情，再用「誰能別離此」直訴衷腸。在一路直線上揚的激情之巔峯，戛然而止。留下了一片愛的痴迷，眞情可感。

本詩除了借喩之外，運用多種修辭技巧。「文彩雙鴛鴦」「裁爲合歡被」均象徵了夫婦相聚的願望。「緣以結不解」雙關因緣綴結不解。「著以長相思」，以「長相思」借代被子中間的絲綿。設想頗爲巧妙。

三、略喩

略喩的形式，是喩體與喩依之間，省略了喩詞，以一根無形的線，連繫了喩體與喩依，以取代明喩中的如、像之類的喩詞。古詩十九首中的略喩比較少，只有第八首「冉冉孤生竹」：

冉冉孤生竹，結根泰山阿；與君爲新婚，兎絲附女蘿。兎絲生有時，夫婦會有宜。千里遠結婚，悠悠隔山陂。思君令人老，軒車來何遲！傷彼蕙蘭花，含英揚光輝。過時而不采，將隨秋草萎。君亮執高節，賤妾亦何爲！

此詩寫女子新婚遠別的怨情，全詩以三組譬喩組織而成。

㈠「冉冉孤生竹，結根泰山阿；與君爲新婚，兎絲附女蘿。」是就夫婦之結合而言的略喩。李善「文選注」：「竹結根於山阿，喩婦人託身於君子也。」喩詞省略，喩體只有一個「與君爲新婚」，喻依卻有兩個：

「冉冉孤生竹，結根泰山阿」女主角以「孤生竹」自比，以「泰山阿」比丈夫。猶言：我好比一支柔弱的細竹，你好比泰山之曲處，彼此結合，有如孤竹托根於泰山。

「兔絲附女蘿」女主角以「兔絲」自比，以「女蘿」比丈夫。猶言，女主角與丈夫之結合，有如兔絲與女蘿互相依附而生。

作者在此以孤生竹之結根泰山阿，以及兔絲附女蘿，形容夫婦之結合，這樣的譬喻非常妥貼。同時，孤竹結根，有貞節不移之意；兔絲與女蘿皆爲蔓生植物，有纏結之意。「孤生竹」又與「泰山阿」相互對襯，形成强烈的對比。

㈡「兔絲生有時，夫婦會有宜。」也是就夫婦之結合而言的略喻。喻詞省略，以「兔絲生有時」（喻依）形容「夫婦會有宜」（喻體）。猶言，夫婦當及時相聚，有如兔絲及時而生。暗示人生有少壯衰老，猶如草木有繁盛枯萎，當珍惜青春時光。

朱自清「古詩十九首釋」：「『兔絲生有時』，爲什麼單提兔絲，不說女蘿呢？兔絲有花，女蘿沒有；花及時而開，夫婦該及時而會。『夫婦會有宜』，宜，得其所也；得其所也就是得其時。這裏的兔絲雖然就是上句的兔絲——蟬聯而下，也是接字的一格——，可是不取它的『附女蘿』爲喻，而取它的『生有時』爲喻，意旨便各別了。」兔絲是柔弱的蔓生植物，屬旋花科。莖細長，略黃。夏季開淡紅小花。女蘿，地衣類植物。全體爲無數細枝，狀如線，長數尺。

以上兩組略喻，在後世的詩文中常有類同的用法。

願託不肖軀，有如倚大山。（曹叡：種瓜篇）

君爲女蘿草，妾作兔絲花。（李白：古意）

兔絲附蓬麻，引蔓故不長。（杜甫：新婚別）

㈢「傷彼蕙蘭花，含英揚光輝。過時而不采，將隨秋草萎。」仍然是以花喻人，和以上兩組譬喻不同的有兩點：

第一，描述的對象係專就女主角而言。

第二，譬喻的形式是只有喻依的借喻。

此四句借蕙蘭自比，喻盛顏易逝。猶言：蕙蘭花煥發著鮮豔光輝與芳香，過時不采就和秋草一起枯萎了。而人的青春也正是如此，在離別相思中白白老去，眞令人感傷。馬茂元「古詩十九首探索」：「『含英揚光輝』，是花的顏色，也是人的丰采，是花的『時』，也是人的『時』。『過時而不采』指『軒車來何遲』，『將隨秋草萎』就是『思君令人老』的感覺。這套譬喻，不但形象鮮明，而且在憂愁幽思中不可遏止地發散出一種强烈的青春的生活氣息，這就豐富了詩的情感內容，使它顯得更飽滿更生動了。」又廖蔚卿「論古詩十九首的藝術技巧」：「下四句中，是悲怨之悲的低徊，傷痛老之將至，別之長久，見蕙蘭之光燦，使人對之傷感無已；感念時光將去，物色亦將變化；光陰催人，悲苦損人，秋草萎敗，與人生又有何差別？轉折至此，全詩主句才突現：『過時而不采，將隨秋草萎。』」均屬精闢之闡論。

綜觀「冉冉孤生竹」全詩，幾乎全由譬喻組織成篇。兩組略喻，一組借喻。作者借物喻人，形象具體顯明，語言鮮活生動，使女主角之怨情，洋溢紙上。

四、結語

古詩十九首的藝術技巧，以運用譬喻修辭法最爲普遍，設想巧妙，收效奇佳。從以上的考察，至少可以得到下列四項認識。

第一，就譬喻的類別與形式而言。古詩十九首中未見隱喻，略喻也只有一首，比較常見的是明喻和借喻。通常譬喻的構成形式，是用一個喻依形容一個喻體。但也有用多種喻依形容一個喻體的，如「行行重行行」詩中，以「胡馬依北風」、「越鳥巢南枝」兩個喻依借喻「遊子當眷戀故土」（喻體）。「冉冉孤生竹」詩中，以「冉冉孤生竹，結根泰山阿」、「兔絲附女蘿」兩個喻依形容「與君爲新婚」（喻體）。又如「明月皎夜光」詩中，以「南箕」、「北斗」、「牽牛不負軛」三個喻依借喻「朋友徒具朋友之名而無相助之實」（喻體），用兩個以上的喻依形容同一個喻體，有加強語氣與印象的作用，是爲「博喻」。

第二，就譬喻的技巧與效果而言，古詩十九首中運用譬喻的成果，約有四點特色。

㈠以具體的事物顯現抽象的情理，譬喻的基本原則是以易知說明難知，以具體形容抽象。古詩十九首中如「人生寄一世，奄忽若飆塵。」以飆塵之旋起旋落，旋聚旋散，形容人生的短暫與空虛。如「生命如朝露」，以早晨的露水形容人生壽命的短暫。如「先據要路津」，以先占取重要的路口渡口，借喻要趕快占據政壇上的顯要職位等，都是以具體的事物顯現抽象的情理。

譬喻又基於心理學上的類化作用，喻體與喻依在本質上迥異，但其中卻有若干維妙維肖的類似點。古詩十九首中，如「胡馬依北風，越鳥巢南枝」借禽獸之眷顧故土喻人情，「南箕北有斗，牽牛不負軛」借星辰之徒具虛名喻朋友澆薄。喻體——丈夫與喻依——胡馬、越鳥，喻體——朋友與喻依——南箕、北斗、牽牛之間，其實風馬牛不相及，卻因爲作者掌握了其間微妙的相同點——眷戀故土、徒具虛名，就創造了精采的譬喻，使得詩意婉轉，耐人尋味。

㈡以適切的意象呈現豐富的內涵。上等的譬喻，須富於聯想，切合情境，並且以少字含多意，增益文字的稠密度。古詩十九首中如「燕趙多佳人，美者顏如玉。」以玉形容美人，除了顯示美人皮膚如玉之潔白與光澤兩層具體的特色之外，還可以使人聯想到美人如玉之溫潤之抽象的美德。又如「浮雲蔽白日，遊子不顧返」以浮雲蔽日的意象，借喻的意義也有三層：1.泛指鄉里中讒邪害公正，君子道消，小人道長。2.專指遊子在鄉里被讒邪所害，遠走高飛。3.指遊子在外另結新歡，心有所惑。都是以適切的意象呈現豐富的內涵。

至如切合情境者，如「傷彼蕙蘭花，含英揚光輝。過時而不采，將隨秋草萎」，借花喻人，從蕙蘭的煥發鮮艷光輝芬芳，聯想到女主角的青春美貌丰采；從花的凋謝聯想到人的盛顏易逝，使讀者融進到作者的情境與氣氛中去，黯然神傷。

㈢從詩句的靈動到篇章的組織。古詩十九首中的譬喻，除了譬喩本身精妙，使得詩句靈動之外，往往在篇章的組織中產生效用。從整首詩來看某些詩句所用的譬喩，更有意義。如「冉冉孤生竹」整首詩由三組譬喩組織而成，構成了詩的形象的整體。從「冉冉孤生竹，結根泰山阿；與君爲新婚，兔絲附女蘿」、「兔絲生有時，夫婦會有宜」，到「傷彼蕙蘭花，含英揚光輝。過時而不采，將隨秋草萎。」前後聯絡照應，意象生動，狀溢目前，而女主角的怨情也一層層地映現到紙面上。又如「客從遠方來」，在詩意的發展脈絡上，故人從遠方帶來一端綺，從雙鴛鴦的文采，到女主角的裁成合歡被，裝進絲綿，四邊用連環結做裝飾，洋溢著一陣陣愛情的喜悅。到最後出現「以膠投漆中」這個譬喩，顯示愛情的牢固，可謂三呼而出，來得正是時候。

㈣兼用其他修辭方法。古詩十九首中的譬喩，往往同時兼用其他技巧，使藝術效果更加美妙。如「胡馬依北風，越鳥朝南枝」是借喩兼對偶，「秋蟬鳴高樹，玄鳥逝安適」是借喩兼對襯，「冉冉孤生竹，結根泰山阿；與君爲新婚，兔絲附女蘿」前兩句是略喩兼對襯，同時由「竹」的有節顯現了女子的貞節。「何不策高足，先據要路津？」是借喩兼激問……等。

第三，就文學史的傳承而言，古詩十九首中的譬喩，有許多是因襲前人者。如：

㈠「棄我如遺跡」出自「國語」：「靈王不顧於民，一國棄之，如遺跡焉。」

㈡「泣涕零如雨」出自「詩經」：「瞻望弗及，泣涕如雨。」

㈢「美者顏如玉」出自「詩經」：「白茅純束，有女如玉。」

㈣「胡馬依北風，越鳥巢南枝」出自「鹽鐵論」：「故代馬依北風，飛鳥翔故巢。」

㈤「南箕北有斗，牽牛不負軛。」出自「詩經」：「維南有箕，不可以簸揚；維北有斗，不可以挹酒漿。」「睆彼牽牛，不以服箱。」

古詩十九首中的譬喻，往往因襲前賢而又開啓後來者，一方面擷取傳統的精華，同時又爲文學傳統增添了若干財富。（後世襲用古詩十九首者，已分見上文中）

第四，就整體的藝術技巧而言，古詩十九首除了最普遍的譬喻法之外，尚運用其他多種修辭方法。例如：

㈠「行行重行行」詩中，「與君生別離」用「藏頭法」，藏去「悲莫悲兮」四字，而意在言外。「相去日已遠，衣帶日已緩」用「借代法」，以衣帶寬鬆的結果代原因——因相思而消瘦。

㈡「青青河畔草」詩中，「青青河畔草，鬱鬱園中柳，盈盈樓上女，皎皎當窗牖。」用「層進法」，描寫的鏡頭由河畔、園中、樓上，空間漸次縮小，距離由遠而近，有秩序地層層遞進，逼出人物。同時「園中柳」也是女主角的象徵。

僅以古詩十九首中的首二詩爲例，即可見一斑。

二、書與讀書妙喻琳琅滿目

沒有一艘大帆船像一卷書，
能將我們送到遙遠的異鄉；
也沒有任何駿馬像一頁奔騰跳躍的詩篇，
能載著我們馳騁向遼闊的新世界。
最貧窮的人們也能盡情遨遊，
而不會被逼索旅行費用；
這載運人類心靈的交通工具，
取費是何等低廉！

這是十九世紀美國女詩人狄瑾蓀（Emily Dickinson）的名作「書」（There is no frigate like a book），頗能道出書中天地的奧妙與遼闊。

現實人生是有限的，書中天地卻是無限的。我們所能擁有的時間與空間受到環境的侷限，無論是耳聞目見的事物，亦或是親身體驗的情理，都往往有所蔽、有所囿、有所偏。而書海無涯，許多看不見的事物，聽不見的聲音，乃至於想不出的道理，都一一出現。

書，伸長了我們的觸鬚；

書，擴大了我們活動的半徑；

書，拓展了我們的生活；

書，延續了我們的生命；

書，不僅能將我們送到遙遠的異鄉，讓我們馳騁向遼闊的新世界。

書，更是人類文化的靈魂之窗，使我們在有限的時空背景之下；享有無窮盡的知識與美感經驗。

一般勸人讀書的話，信手拈來，俯拾皆是；

書中自有顏如玉，書中自有黃金屋，書中自有千鍾粟……。

好書有如良師益友，壞書則形同洪水猛獸。

貧者因書而富，富者因書而貴。

腹有詩書氣自高華。

書本就像降落傘，要打開來才能發生作用。

無論是耳熟能詳的老生常談，或者是警策動人的精采妙喻，都有其至理存焉。

書是人類最佳的良師益友。對於如此可愛的良師益友，我們難道不應該多多親近親近嗎？且看看讀書有道的前輩們對它的描述吧！

只有天才才能善用譬喻！

江山代有才人出，各領風騷五百年！古今中外的天才風起雲湧，妙喻層出不窮，而有關書的譬喻，更是代有新作，不乏精采絕倫、膾炙人口之妙論。其中最令人難忘的，是在「修辭學」課堂上經常用作教材的一個辭例：

書本就像降落傘，要打開來才能發生作用！

一般勸人讀書用功的話，所謂：書中自有顏如玉、書中自有黃金屋、書中自有千鍾粟、貧者因書而富、富者因書而貴……等，往往流於老生常談，難以打動人心。此句以「降落傘」形容「書本」，顯得生動、鮮活、別致而容易入耳，在讀者或聽衆心目中留下深刻的印象。其實書本與降落傘原本是迥然不同的兩樣東西，很難聯想到一塊，但是卻有那麼一點微妙的共通性——打開來才能發生作用。正因爲捕捉了這維妙維肖的類似點，所以產生如此精采的譬喻。降落傘要是沒有張開，後果眞是不堪設想；書本沒有翻開，問題當然沒有那麼怵目驚心；不過仔細想想，其間的道理卻是異曲同工。

考察幾本有關讀書的書，如張潮「幽夢影」、林語堂「生活的藝術」、亮軒「書鄉細語」、聯合報編的「大書坊」等，發現其中有許多談書的譬喻，逸趣橫生，且不乏精闢之見，耐人尋味。以下且分別略論之。

一、書

書是什麼?

㈠如果說，書的成長像一棵大樹一樣，那麼從枈實的樹根到碩壯的軀幹以至美麗的枝葉，無一不是先民辛勤灌溉培育的成績。我們身爲後代子孫，如果不能更興起愛書、惜書、讀書的風尙，努力接下先民交下的棒子，豈不有忝所生呢?（吳哲夫：書的誕生）

吳哲夫任職故宮博物院多年，是版本目錄的專家。他分別從：書也有歷史、口傳的活書、繩書到文字的發明、最早的中國書、我國最早的正式圖書等各種角度，深入淺出地介紹「書的誕生」。文章末尾以「大樹」來譬喩書的成長，再以感慨作結，適足以使全文精神氣勢爲之一振。

㈡書是較好的朋友……友誼是一部老爺車，經常得送廠保養，加沙茶火鍋之機油，打海鮮火鍋之黃油，換洋酒牌之火星塞，甚至以痲將放水做大塘缸，維繫友誼好不辛苦也！書本可不一樣。書本是死的，像死了的黃鱔，任你撲上一碗滾油，給炸得嗤嗤作響，也只是嗤嗤作響；牠跳不出碗邊，向你作抗議之嚷嚷。一書在手，你就像古羅馬人蓄著一個奴妻，你要她怎樣，『牠』就怎樣——絕對百依百順。（顏元叔：書是較好的朋友）

顏元叔把書比作好朋友，比較書與友誼，以「死了的黃鱔」、「古羅馬人的奴妻」形容書，文字跳脫傳神。

㈢人對書眞的會有感情，跟男人和女人的關係有點像。字典之類的參考書是妻子，常在身邊爲宜，但是翻了一輩子未必可以爛熟。詩詞小說只當是可以迷死人的豔遇，事後追憶起來總是甜的。又長又深的學術著作是半老的女人，非打點十二分精神不足以深解；有的當然還有點風韻，最要命的是後頭還有一大串註文，不肯罷休！至於政治評論、時事雜文等集子，都是現買現賣，不外是青樓上的姑娘，親熱一下也就完了，明天再看就不是那麼回事了。倒過來說，女人看書也會有這些感情上的區分：字典、參考書是丈夫，應該可以陪一輩子；詩詞小說不是婚外關係，就是初戀心情，又緊張又迷惘；學術著作是中年男人，婆婆媽媽，過分周到，臨走還要慇懃半天，怕你說他不夠體貼；政治評論、時事雜文正是外國酒店房間裡的一場春夢，旅行完了也就完了。

（董橋：藏書家的心事）

董橋以各色各樣的男女來譬喩各類不同的書籍，從男女情感的角度描述人與書之關係，頗富諧趣！

㈣回到書中去—書是一處茂密的森林，在經歷過狂風暴雨之後，那一片葱蘢可以撫慰我受創的心。它的深邃、它的含蓄、它的包容，不祇是豐富了我的生命，尤其敎會了我懂得謙虛、懂得寬容。因此，當我受了委屈時，祇要有書在手，翻幾頁，讀幾行，馬上就可以獲得片刻的寧靜。

（朱星鶴：回到書中去）

朱星鶴以「一處茂密的森林」譬喩書，兼論讀書對於修養心性之益，藉森林之深邃、含蓄、包容，形容書中天地之遼闊，眞是入「木」三分。

以上有關書的妙喻，亦莊亦諧，領略自饒別趣。

二、讀書

如何讀書？

㈠少年讀書，如隙中窺月；

中年讀書，如庭中望月；

老年讀書，如台上玩月；

皆以閱歷之淺深，爲所得之淺深耳。（張潮：幽夢影）

張潮以「窺月」、「望月」、「玩月」譬喻少年、中年、老年不同時期讀書之情況。且由淺入深，層層遞進，誠如黃交三所謂「眞能知讀書痛癢者也」。

㈡一般人讀詩，猶如觀劇，只是在前台欣賞，並無須廁身後台，打聽優伶身世，即使刺聽得多少奇聞軼事，也只合作爲梨園掌故而已。（梁實秋：雅舍小品．詩人）

梁實秋以「觀劇」之前台後台，譬喻讀詩之本文與考證詩人身世，一語中的！

㈢十八世紀德國物理學家兼諷刺家利赫騰帛（Georg Christoph Lichtenberg, 1742—1799）說：「書是鏡子：驢子窺鏡，你不會指望耶穌的宗徒出現。」算是補充上面的話了。給他們這麼

一說，我們還敢讀書嗎？奧人稱人笨拙做「驢」，不能讀書而讀，豈不成了驢子？（思果：書和讀者）

思果引述利赫騰帛的話，以「驢子窺鏡」譬喻笨人讀書，藉便申論書的作用因人而異，正是諷刺家的筆法。

(四)借梁實秋的一段話來寫台北的舊書攤：「擠在舊書肆裡瀏覽圖書，本來應是像老牛吃嫩草，不慌不忙的，可是若有店夥眼睛緊盯著你，生怕你是一名雅賊，你也就不會怎樣的從容，還是早些離開這是非之地好些。更有些不裁毛邊，乾脆拒絕翻閱。」又可借周作人的一段更露骨的話來形容：「店裡的夥計在賬台後蹲山老虎似的雙目炯炯地睨視著，把客人一半當小偷一半當肥豬看。」絲毫沒有「禮賢」之意，這可說是現下舊書店最正常的待客程式。（老雕蟲：舊書肆）

老雕蟲回憶北平琉璃廠舊書肆的風光，兼談到台北舊書肆的情況，引述梁實秋的妙喻，以「牛吃嫩草」形容瀏覽圖書之理應不慌不忙，充滿了閒情，頗令讀者有「深獲我心」之感。

(五)你知道天下的書那能讀完，唸書人揹著一具枷鎖，替自己築一個囚牢。……你看過廟裡許願踩火的人嗎？唸書人就像那些踩火人，為著一樁心願或者是幾樁心願，不怕烈火煎熬烤煉。（朱夜：一縷書香）

朱夜以「揹著一具枷鎖」形容唸書人的負擔，以「踩火人」譬喻唸書人。其中除了任重道遠的負擔之外，也同時流露了知識分子的理想與懷抱。

以上有關讀書的妙喻，可謂多采多姿，極態盡妍。

三、買書、藏書

買書的況味如何？

㈠從前一位老朋友曾說過：「大人買書就像小孩子買玩藝兒一樣，沒有夠的。」近兩年來，我買書已經「足夠」了。不只是經濟問題，尤其是容量問題，再買就要添書架子，房間裡擺不下了，我還要留一些牆面空間掛我的「古今名人字畫」。寫到這裡，不禁想起杜工部的名作茅屋為秋風所破歌：「安得廣廈千萬間，大庇天下寒士盡歡顏。」他的胸襟志趣眞不小，我則只想再多兩間房擺書架子。（大學中隱：「四書」漫談）

大學中隱是台大中文系退休教授鄭騫的筆名，鄭先生的風範，極受後輩崇仰，他在此文暢談「買書、賣書、借書、藏書」，此之謂「四書」，年近八十，仍富童心。此以「小孩子買玩藝兒」譬喻大人買書，慾望無窮，永遠沒完沒了。難怪西方有一幅著名的漫畫畫書房—四壁是書，妻子氣沖沖地指著丈夫說：「這屋子裡有老娘就不能有文學，有文學就沒有老娘！」

㈡為學問著想，我看過的書太少；為眼睛著想，我看過的書又太多了。書的天地之大，絕不止於什麼黃金屋和顏如玉。那美麗的扉頁一開，眞有『芝麻開門』的神祕誘惑，招無數心靈進去探索。……有時新買了一部漂亮的書回來，得意摩娑之餘，不免也有一點犯罪感，好像是又娶了一個妾，不但對不起原有的滿架藏書，也有點對不起太太。書房裡那一架架的藏書，有許多本我非但不曾精讀，甚至略讀也談不上，辜負了衆英，卻又帶了一位回來，豈不是成了阿拉伯的油王？（余光中：開卷如開芝麻門）

余光中以「又娶了一個妾」譬喻新買了一本漂亮的貴書。其實，此文的題目──開卷如開芝麻之門，用的也是譬喻。余光中在文中創造了不少名句。

藏書是財富，也是負擔，聚散時滋味如何？

㈠臨出國門不免離鄉情怯，親朋善友之外，三千多本書都化成三千多張熟悉的臉像，都使我依依難以捨離。找不到一個可以妥善寄放的地方，不得已憑寶劍贈壯士的心情，把這批久藏在感情心房中的書，一本本分贈親友。（朱夜：哭書）

朱夜以「熟悉的臉像」形容他的藏書，臨別依依，情何以堪？

四、書房

書房的情況又是如何？

㈠我見過一間令人羡慕不置的書房，大是不用說了。設備是最講究的，地上鋪了很厚的全幅地毯，名畫、名酒、名煙、名曲原版唱片跟音響裝置、價值昂貴的盆栽、古董……眞稱得上是許多窮酸書生夢寐以求的書房。而它的主人卻一個星期也難得用上一次，大半時光空在那裡。如此景況，頗類有明鏡而無美人，想來倍增淒涼。說得深刻點，這種書房，在實質上該算是不存在的，它缺少了書房的靈魂—書人觀照。（亮軒：書鄉細語—書房）

亮軒以「有明鏡而無美人」譬喻空有豪華的書房而主人卻不知善用。令人聯想起王粲「登樓賦」所云「懼匏瓜之徒懸兮，畏井渫之莫食。」他在此文中開端即說：「普天之下，最能令我眷念之地，便是書房。」眞是一語道出了讀書人的心聲。

(二)席爾斯（Donald A.Sears）說：「圖書館是大學的心臟。」這是一點也不爲過的。因此，美國大學的評鑑，師資與圖書館列爲第一。（李振清：圖書館的眞諦—知識與智慧的分享）

(三)英國的學生跟加拿大的學生不太一樣，書蟲比較多。可惜英國又沒有閒錢來蓋新式的圖書館，英國所有的圖書館都是教書先生的破大褂，歷有年矣。（馬森：記大英圖書館）

圖書館是公衆的書房。李振清引述席爾斯的話，以人體「心臟」之地位譬喻圖書館在大學中的重要性；馬森以「教書先生的破大褂」形容英國老舊的圖書館。都是一語中的絕妙好辭，能讓讀者發出會心的微笑。

事實上，有關書的妙喻，絕不僅止乎上列十餘條。喬治．伊里沃（George Eliot）描摹他的第一次讀盧騷稱之爲一次觸電。亮軒以「名將擁兵百萬而叱咤風雲」喻坐擁書城之樂……。也許會有朋友感到奇怪，爲什麼人們在談到書的時候會產生如此許多逸趣橫生而又深具啓發性的妙喻？說穿了，一點也不奇怪，因爲，正如同「眼睛是靈魂之窗」，書可謂「人類文化的靈魂之窗」。天才是要磨擦才能發光的，當天才們用他們的「靈魂之窗」，面對著「人類文化的靈魂之窗」的時候，怎能不更加激盪出靈智之光呢？

第三節　興（象徵）之修辭方法

興，相當於象徵（Symbol），是一種相當曖昧的表達方式。最簡要的說法，就是劉勰與朱熹：

興者，起也。……起情者，依微以擬議。……起情故興體以生。（文心雕龍·比興篇）

興者，先言他物，以引起所詠之詞也。（詩集傳）

以此爲基點，再加上王夢鷗先生所稱「『興』則爲原意象引發的繼起意象之傳達」，則興之意義大概可以掌握要旨。

至於興的表達方式，則以艾治平「古典詩詞藝術探幽」所論「興的三種手法」㊾，頗稱簡要。玆撮述如后：

㈠一種放在詩的開頭，用來引起所興的事物，既有起頭的意思，也有啓發的意思，「詩經」中的興，大都在每章的發端兩句。如由「蒹葭」引起「伊人」，由「關雎」引起「淑女」，由「燕燕」引起「別情」。其後在文人作品中，如李白「將進酒」的發端是「君不見黃河之水天上來，奔流到海不復回」，於是興起「君不見高堂明鏡悲白髮，朝如青絲暮成雪。」張籍「山頭鹿」的發端是「山頭鹿，雙角芠芠尾促促」，於是興起「貧兒多租輸不足，夫死未葬兒在獄。」

都承襲了民歌的特點。

㈡第二種是兼含比喻的興。如屈原的「離騷」就是諷兼比興，它較含蓄，富有情趣。比、興往往密不可分，兼含比喻的興在詩詞中屢見不鮮。「兔絲附蓬麻，引蔓故不長；嫁女與征夫，不如棄路旁。」（杜甫「新婚別」）兔絲是蔓生的小草，附生在蓬和麻上，所以引蔓不長。這裡以兔絲比新嫁娘，以蓬麻比被征役的丈夫。又同詩末尾：「仰視百鳥飛，大小必雙翔。人事多錯迕，與君永相望。」以空中的飛鳥興起人事之錯迕。浦起龍云：「此詩比體起，比體結。」（「讀杜心解」）但比中有興，因為它引起了下面的內容。

張九齡「感遇」：「蘭葉春葳蕤，桂華秋皎潔」、「江南有丹橘，經冬猶綠林」，是以蘭桂、丹橘比喻自己的堅貞品德，自然是用比。但比中有興，因為它引起了下文。詩人借物起興，目的不是詠蘭桂、丹橘，而是借以寫人。孟郊「烈女操」：「梧桐相待老，鴛鴦會雙死。」梧桐是參天古木，相偕而老；鴛鴦是美麗的水鳥，雙雙而死。比意十分清楚。但同時也興起了「貞婦貴殉夫，捨生亦如此」的命題，又是比中有興。

第三種是含有寄托的興，即用某種事物來寄托詩人的思想感情。這種寄托，士人也稱之為興。「依詩起興，引類譬喻」（王逸）；「興者，立象於前，後以人事喻之」（文鏡秘府論）；「所謂興者，皆托物寫情而為之者也」（李東陽）。這種托物寫意法，古人常稱為「比興」、「托興」、「興諭」、「諷興」等。

試看蘇軾「卜算子—黃州定慧院寓居作」。「缺月挂疏桐，漏斷人初靜」，開頭兩句寫遠景，缺月如鈎，故可挂於「疏桐之上」，又因桐疏才可見月。「漏斷」，表明夜深，銅壺已不聞滴漏聲了。此刻萬籟漸寂，聽不到白日的喧鬧了，「惟見幽人獨往來，縹緲孤鴻影。」夜雖深了，「幽人」仍在獨自徘徊。這兩句興起，引起下面一段事，但也托事於「孤鴻」。「驚起卻回頭，有恨無人省。揀盡寒枝不肯棲，寂寞沙洲冷。」是關於鴻（也是關於人）的具體描寫。蘇軾前因作詩譏諷新法，曾被「逮赴台獄，欲置之死」，此時被貶黃州。百餘日的牢獄生活，對於「平日文字爲吾累」的詩人，是不會輕易忘卻的。「驚起」兩句，看似寫鴻，實則是「幽人」內心感情的自語，「揀盡」兩句，不直說雁不棲樹枝，卻說不肯棲。蘇軾此刻的孤寂心情，堅定態度，通過托事於物，生動地表現出來。

艾氏之說，可代表傳統對於興的手法。其中並不等於象徵，而兼含著比喻與聯想。常與譬喻混用。

關於象徵與比喻的區別，姚一葦「藝術的奧秘」「論象徵」[60]嘗言：

> 比喻與象徵雖同屬「意在言外」，但自比喻中所流露出來的意念，極容易找得，亦極易確定。其間絲毫沒有含混之處；但象徵則不然，象徵中所蘊含的意念不容易覓取，即使找獲，亦不易確定，至少不能十分地確定，有時表現出高度的曖昧。所以在文學或藝術的表現方法上它們是不相同的。我們要指出的：象徵遠較比喻爲複雜，象徵所表現於形式與內

容之間的關聯甚爲曖昧，它的形成具有長遠的歷史因素。就傳達的方式言，象徵有一定的限制，一定的式樣。因此我們只能說：一件藝術品的比喻性是象徵的性能中之一種，而不能概括象徵的性能的全部。

由此看來，象徵遠較譬喻複雜而曖昧，這正是劉勰所謂「比顯而興隱」。但象徵到底界義如何？以下且列舉幾家說法：

(一)韋氏（Webster）英文字典[61]：

象徵係用以代表或暗示某種事物，出之於理性的關聯、聯想，約定俗成或偶然而非故意的相似；特別是以一種看得見的符號來表現看不見的事物，有如一種意念，一種品質，或如一個國家或一個教會之整體；一種表徵；例如獅子是勇敢的象徵，十字架爲基督教的象徵。

韋氏在此論象徵，有兩個要領：第一是爲象徵下了一個最簡單的界說：「以一種看得見的符號來表現看不見的事物」。第二是指明象徵所用的意象（符號）與被象徵的意義之間的關係──約定俗成，亦即有其制約。例如以獅子作爲勇敢的象徵，不但在伊索寓言中即係如此，其實由於理性的關聯與聯想，理應在更早的原始部落即已形成此一觀念。再如十字架作爲基督教的象徵，乃自耶穌受難後逐漸形成。十字架非僅是簡單的基督教的表徵而已，同時代表基督教的精神，乃至其全部教義，更是非常複雜的聯想，由此類推，國旗是國家的象徵，圖騰是民族的象徵。

(二)查爾斯·查特微克（Charles Chadwick）「象徵主義」[62]：

象徵非僅以物代物，譬如彌爾頓把撒旦的殘兵敗將喻爲「秋風橫掃後，迤邐在瓦隆白露沙河上之落葉」；而係使用具體之意象，以表達抽象的觀念與情感。

查氏自承「當然這個說法自然難免大而無當」。因此他又引述艾略特（T. S.Eliot）所云：「一些事物、某種情況、或一連串事件，它們將成爲該特殊情感之表達公式。」馬拉美（Stéphane Mallarmé）所云：「一種逐漸召喚出某物件，以顯示某種情緒，並抽取其『靈魂狀態』的藝術。」作爲補充，並且強調象徵「是一種表達思想與情感的藝術，其技巧不在直接描述，亦不藉與具體意象的公開比較，來界說這些思想與情感。它利用暗示的方法來展現這些思想與情感，或透過一些不落言詮的象徵，在讀者心目中重新創造出這些思想與情感。」無論如何，查氏總算用一句話直接了當地說明了象徵是什麼，雖然不滿意，但還可以接受。

(三)李德裕「新編實用修辭」[63]：

象徵的特點同比喻有某些相似。不過，象徵要對比擬體進行比較詳細或十分詳細的描敘，用來說明被比擬體，而比喻的比擬體通常只有一兩句話，不可能對被比擬體進行詳細的描寫。所以說，象徵是一種篇章修辭法。它的對象是整篇的文章；至少是文章的一大段話。同比喻只是修飾句子有根本的區別。也可以說，象徵是篇章的比喻。

(四)宋振華「現代漢語修辭學」[64]：

象徵是借助事物間的聯系，用特定的具體事物或通過描繪，渲染具體事物的形象，表現精神品質或事理的修辭方式。

(五)黃民裕「辭格匯編」65：

借用某種具體的形象的事物暗示特定的人物或事理等。以表達眞摯的感情和深刻的寓意，這種以物徵事的修辭方式叫象徵。象徵的修辭效果是：寓意深刻，能豐富人們的聯想，耐人尋味，使人獲得意境無窮的感覺，能給人以簡練、形象的實感，和表達眞摯的情感。

(六)黃慶萱「修辭學」66：

任何一種抽象的觀念、情感與看不見的事物，不直接予以指明，而由於理性的關聯、社會的約定，從而透過某種意象的媒介，間接予以陳述的表達方式，我們名之爲「象徵」。

從修辭學的角度而言，黃慶萱先生對於「象徵」的闡釋最稱中肯扼要。黃氏又引述顏元叔「現代英美短篇小說的特質」中的說法，將象徵分爲三類：

(一)象徵結構：小說中的象徵結構，大體把人生視爲一個旅程或尋求，正如亞瑟王的騎士尋求聖杯或荷馬的優利西斯追求故鄉依色卡。不過，現代小說的追尋目標，似乎都集中於對生命的了解。這種追尋的結構可能占據一個短篇小說的全部或部分。而肉體的行動，總是反應內心的變化。

以康拉德的「黑暗心地」爲例，主人翁馬羅在剛果河溯流而上的冒險歷程，便象徵了人類追求智慧的不變過程。

㈡象徵人物：我們可以耶穌式人物與撒旦式人物作爲兩個極致，其間紛陳著聖性與魔性參差不等的人物。西洋文學作品中常有所謂的耶穌人物與撒旦人物，原因是耶穌與撒旦所代表的人性與經驗，最爲遼闊，最爲深刻。現代作家認爲人性是複雜的，所以很少寫出單純的聖性或魔性的人物。即使如此，許多的小說人物，仍可以較近聖性或魔性，加以分別。在很多的短篇小說中，人物的塑造，不僅止於「個性」，而趨向於表現「通性」。

以史坦貝克的「逃亡」爲例，主人翁貝貝受到多數人的迫害以及他的死，令我們想起耶穌的相似遭遇，代表著一切受多數迫害的少數人，他的死是一種精神的勝利。

㈢象徵事物：談到象徵事物，大別可分爲兩種：獨立的象徵事物與不獨立的象徵事物。前者如十字架或納粹的鐵十字，各具其獨立的象徵含義，不受故事上下文的控制。但是，大多數的象徵事物的含義是不獨立的，是受上下文控制的。

舉例而言，安德森的「紙丸」中的紙球象徵各自隔絕的人生關係。「阿拉伯」中的博覽會象徵著夢寐以求的愛情幻境；「斑駁的馬韋」中的斑駁的馬，象徵人類的貪婪。

有關象徵的意義與象徵的分類，在此有兩點必須先加闡明：

第一，象徵是否爲一種修辭方法，仍有不同的意見。有許多修辭學的書並沒有將「象徵」列入，如陳望道「修辭學發凡」、傅隸樸「中文修辭學」、黃永武「字句鍛鍊法」、黎運漢・張維耿「現代漢語修辭學」、路燈照．成九田「古詩文修辭例話」、董季棠「修辭析論」、李小岑「現代英文修辭學」等。顯然不將「象徵」視爲一種修辭方法。

第二，修辭學中所列的象徵辭格，理應與文學理論與批評中所探討的象徵或象徵主義有繁簡之異。修辭方法總是偏重章句，而文學理論與批評所探討的象徵往往是整篇結構方面的象徵。如黃慶萱先生在「西遊記析評」以兩萬餘字探討西遊記的結構象徵與人物象徵，固然精闢而又精采，別開生面。但依據神話與原型的批評方法分析西遊記的結構象徵，依據心理學的批評方法分析西遊記的人物象徵。可能將之視爲文學批評的分析，要比列入修辭方法的分析更加妥當。而且如此又與中國傳統「興」的觀念相去甚遠。因此，如照文學批評的角度來作修辭學上象徵的分類，有逾越之嫌。再如宋振華「現代漢語修辭學」將象徵分爲㈠聯想象徵，㈡描繪象徵，也不盡妥切。因此，從修辭學的角度上考慮，仍以事物象徵爲主，其中又可分爲普遍的象徵與特定的象徵二類，茲分別舉例以明之：

壹、普遍的象徵

「普遍的象徵」，即放諸四海皆準的象徵。如以國旗象徵國家，十字架象徵基督教，獅子象徵勇敢，狐狸象徵狡猾等等，此普遍的象徵，可以獨立存在，其象徵意義較爲明確，不受作品上下文限制。衆所周知，梅花是中國的象徵，龍是中華民族的象徵。

我國傳統的文化中，有許多禮俗活動，都有深厚的文化意義，如稍加留意，透視其內涵的象徵意義，則其來有自，逸趣無窮。

例如台灣民間婚嫁，迎親的禮車上，往往綁上一支甘蔗，並且掛一塊豬肉，一般人常知其然而不知其所以然。鹿港文物紀念館有婚禮圖，則爲「花轎」，轎上綁竹子，並且掛一對雁。從象徵的角度而言，可知其意義深長。

第一，由花轎到轎車，這是現代文明的演變，本質上沒有兩樣。

第二，轎子上綁竹子，這根竹子是完整的，從竹葉到竹根，連頭帶尾，還沾著泥土。象徵夫妻白首偕老。竹子中間有節，則象徵女子堅貞守節，竹子中空，象徵夫妻相處不但虛心，而且內心別無他人。現代用甘蔗做替代品，也是連頭帶尾，且甘蔗也有節。

第三，轎子上掛一對雁，是專情的象徵。因爲雁是禽獸中最執著，最專情的。後來雁難尋，改用與雁同類的鵝替代，到後來竟改爲豬肉。金元好問「摸魚兒」云：

問人間情是何物，直教生死相許。天南地北雙飛客，老翅幾回寒暑。歡樂趣，離別苦，是中更有痴兒女。君應有語，渺萬里層雲，千山暮雪，隻影爲誰去？

元好問自敍其本事云：「乙丑歲，赴試并州，道逢捕雁者，云今旦獲一雁，殺之矣，其脫網者，悲鳴不能去，竟自投於地而死，予因買得之，葬之汾水之上，纍石爲識，是曰『雁丘』。時同行者多賦詩，予亦有雁丘辭，舊所作無宮商，今改定之。」此事爲元好問十六歲時少年往事，此作蓋中年之後，迭經憂患，追憶往事，以寄身世之感。委婉迴旋，無限悲涼。由此可證，雁爲執著專情之普遍象徵[67]。

以下且從古今文學作品中舉例以闡明普遍的象徵：

㈠子曰：「鳳鳥不至，河不出圖，吾已矣夫！」（論語：子罕篇）

孔子感傷當世沒有聖明的君王，擔憂用世行道的心願難以實現。在此用鳳凰、河圖作爲聖王在位，天下太平的祥瑞象徵。在中國文化傳統中，如此的象徵，並非孔子所創造，也不是只有在論語中才如此用，故爲普遍的象徵。如此的象徵，都是其來有自：

鳳凰來儀。（尚書：益稷篇）

鳳鳥適至。（左傳：昭公十七年）

河出圖，洛出書，聖人則之。（易經：繫辭傳）

鳳鳥，即鳳凰，雄爲鳳，雌爲凰，相傳爲靈異之鳥。鳳凰出現，是一種祥瑞的象徵，表示聖王在位，天下太平。相傳伏羲氏見龍馬負圖而出現在黃河，據圖上文理畫成八卦。河出圖，是聖人承天命以王天下的象徵。類似的情況，喜鵲是吉祥的象徵，烏鴉、梟鳴是不祥的象徵。

孔子以「鳳鳥不至，河不出圖」一起興，感慨天下沒有清平的希望。王熙元先生「論語通釋」[68]對此闡釋精微：

鳳鳥至，河出圖，只是古代相傳聖王在位，天下太平的祥瑞，是否眞有其事，我們不必深考，孔子只是藉此發端，以引出明王不興，吾道不行的感慨。孔子生當東周時代，周室的盛德已經衰微，天下諸侯，擾攘紛爭，仁義不彰，所以孔子才滿懷救世的熱忱，周遊列國，遊說諸侯，希望採行他所主張的禮治與仁政，更希望有機會受到重用，親自實現改造社會的理想。但是，孔子很不得志，晚年倦遊歸來，看到天下紛亂如故，深知自己言不用而道不行，所以，才發出這樣深沈的慨嘆和感傷。

其實，孔子如此之慨嘆，並不只有這一次。憲問篇「莫我知也夫」、公冶長篇「道不行，乘桴浮於海」、子罕篇「沽之哉！沽之哉！我待賈者也！」「子欲居九夷」……等，都有同樣的慨嘆，只不過本章用鳳鳥、河圖作象徵，更加耐人尋味。

㈡大荒之中，有山名曰成都載天。有人珥兩黃蛇，把兩黃蛇，名曰夸父。后土生信，信生夸父。夸父不量力，欲追日景，逮之于禺谷。將飮河而不足也，將走大澤，未至，死于此。（山海經·大荒北經）

夸父與日逐走，入日。渴欲得飮，飮于河、渭；河、渭不足，北飮大澤。未至，道渴而死。棄其杖，化爲鄧林。（山海經·海外北經）

這兩則神話故事，改編成語體就是：

在北方一座名稱「成都載天」的山上，住著一羣「夸父族」人。他們是著名的巨人族，一個個身材高大，富有力氣，耳朵上掛著兩條黃蛇，手裡握著兩條黃蛇，看起來是如此勇猛兇惡，其實他們的性情都很和平善良。

其中有一個人，是族裡著名的勇士，傻里傻氣而又十分固執。有一天，他居然突發奇想，不自量力地要去追趕太陽，和太陽賽跑。

在原野上，巨人用他的長腿，邁開大步，風馳電掣般往前奔跑，向西斜的太陽追去。瞬息之間，已經奔越千里，一直追到七隅谷——太陽沈落的地方。一團紅亮的火球就在他的面前，巨人已經完全處在大光明的環繞中。他歡天喜地的舉起巨大的臂膀，想要用雙手將這團光明捉住。可是，他已經奔跑了一天，絲毫沒有休息，又累又渴，精疲力竭，再加上炎熱的太陽的烤炙，心裡感覺十分煩躁而又渴得要命。

於是，他就伏下身子來，去喝黃河、渭水裡面的水，很快地兩條河水都被他喝乾了，仍然感覺口渴。再向北方跑去，想要到雁山北去喝大澤裡的水。可惜的是他還沒有到達目的地，就在半途中渴死了。

巨人頹然倒地，像山崩一樣，轟然巨響，山河爲之震動。臨死的時候，他拋棄了手中的杖，杖落下來的地方，忽然化作一片枝葉峻茂，鮮果纍纍的桃林。讓後來追尋光明的人們解渴，趁著白天還在，繼續趕路。

讀到這樣的故事，我們當然知道，這是虛構的神話，是先民憑藉豐富的想像力創造出來的，並非眞實的歷史故事。可是，夸父的形象仍然長存在我們心頭。他竟然敢去追太陽，縱然因爲口渴而犧牲，其所表現的無比的英雄氣概，凌厲無匹、勇往邁進、義無反顧的精神，不但讓人神往，而且使我們爲之精神振奮。

從夸父逐日的故事中，我們應該去感受故事背後的象徵意義。他顯示了中華民族對於光明和眞理的追尋不輟，顯現了先民與大自然競爭，想要征服大自然的雄心壯志。縱然犧牲生命，也在所不惜。難道我們不應該感到意志昂揚，精神抖擻嗎？[69]袁珂在「古神話選釋」[70]中說得好：

> 夸父逐日，或者不僅是表面上的『與日逐走』而已，的確還應該有著象徵的意義存在。它象徵的是什麼呢？夸父逐日，應當看做是古代的中國人對光明和眞理的尋求，或者說，是與大自然競勝、征服大自然的那種雄心壯志。記錄這段神話的人說夸父『不量力』，未免是站在宇宙自然的立場，對夸父作了不應有的貶低。陶潛『讀山海經』詩說：『夸父誕宏志，乃與日競走。』境界就高多了。的確，夸父所代表的，是人民的精神力量，而不是『不量力』。陶潛詩用『宏志』二字，表達出了夸父的精神。夸父臨死，『棄其杖，化爲鄧林』，鄧林就是桃林，那麼巨人夸父雖然犧牲了，卻並沒有失敗，還有他的拄杖化爲嘉桃，爲後來的光明和眞理的尋求者及與大自然競勝者解除口渴，以完成他未曾達到的志望。神話本身既是這麼振奮昂揚，結束又是這麼鼓舞人心，謂之爲積極的浪漫主義文學，誰曰不宜？

其實，像「夸父逐日」如此普遍的象徵，在古代的神話中，是相當常見的。「精衛塡海」的故事，即與此異曲同工。神話是民族的夢，每個民族都有他自己的神話。遠古的神話，出自先民的集體創作，由口頭傳說到文字記載，流傳日廣，故事內容逐漸趨於複雜和美麗。神話的故事情節雖然是虛構的，卻植根於現實生活的基礎上，反映了當時的若干社會狀況，反映了先民對於自然現象的解釋和想像，同時又顯現了先民對抗大自然的博鬥精神，對幸福自由的追尋和渴望，以及英雄人物、美麗愛情的歌誦等等。神話不僅爲後世的文學藝術提供了豐富的題材，啓示藝術家創作的泉源，更是民族文化的寶藏。其中的象徵意義，尤其值得我們仔細尋味。

㈢奉帚平明金殿開，

暫將團扇共徘徊。

玉顏不及寒鴉色，

猶帶昭陽日影來。（王昌齡：長信怨）

這首詩爲王昌齡的代表作，被王漁洋推爲唐人七絕「壓卷」。「奉帚平明金殿開」言平明即起，奉帚灑掃；「暫將團扇共徘徊」。用中國文化中習見的「秋扇見捐」的意象，充分顯現了被冷落之百無聊賴，「玉顏不及寒鴉色，猶帶昭陽日影來」，用對比的方法，言寒鴉從昭陽殿飛來，猶能映帶曉日的影子，而顯得光采；自己徒具玉顏，卻不能承恩得寵，如此美人處境竟不如寒鴉。

本詩命意奇警，措詞曲折，佳處甚多，沈德潛「唐詩別裁」云：「優柔婉麗，含蘊無窮，使人一唱三歎！」何焯「唐三體詩評」云：「『平明』二字中便含『日影』，『秋』字起『團扇』，『寒鴉』關合『平明』，『寒』字仍有秋意，詩律之細如此！」但其關鍵之妙處仍在「昭陽日影」之豐富象徵意義。朱光潛「談美」[71]云：

象徵的定義可以說是：「寓理於象。」梅聖俞「續金針詩格」裡有一段話很可以發揚這個定義：「詩有內外意，內意欲盡其理，外意欲盡其象，內外意含蓄，方入詩格。」這首詩裡面的「昭陽日影」，便是象徵皇帝的恩寵。「皇帝的恩寵」是內意，是「理」，是一個空泛的抽象概念，所以王昌齡拿「昭陽日影」一個具體的意象來代替牠，「昭陽日影」便是「象」，便是「外意」。

如此，以具體的意象「昭陽日影」表現看不見的抽象情感，「皇帝的恩寵」，當然是典型的象徵。同時，在中國文學傳統中，昭陽日影作為皇帝恩寵的象徵，並不限於王昌齡「長信怨」，因此屬「普遍的象徵」。

㈣慈母手中線，遊子身上衣。
臨行密密縫，意恐遲遲歸，
誰言寸草心，報得三春暉？（孟郊：遊子吟）

這是中唐詩人孟郊所作的五言古詩「遊子吟」，歌頌偉大的母愛，傳頌久遠。近人彭國棟「澹園詩話」說得好：「自來寫母愛之深切，未有如東野者也。」以短短三十個字顯示母親的無限關懷與深厚愛心，同時更訴盡了天下子女的心聲。文字淺顯，曉暢明白，而內蘊深遠，耐人尋味，足以引發廣大普遍的共鳴。在古今中外許多吟咏母愛的詩篇中，堪稱最眞摯動人的壓卷作。

從詩的內容而言，「遊子吟」可以分作兩段：前四句敍慈母的形象，後二句敍遊子的心聲。第一段，寫慈母的形象，四句採直敍的方式，用形象化的語言構成一幅生動的畫面。此畫面的焦點在第三句的「臨行密密縫」。由此往前觀照，密密縫的材料是首句的「慈母手中線」，縫的物事則是第二句的「遊子身上衣」；往後觀照，則慈母動作在「密密縫」，精神乃在第四句的「意恐遲遲歸」。且由於遊子眼見母親「密密縫」的動作，而觸發了五六句的「誰言寸草心，報得三春暉？」由衷地發出感念母恩的心聲。如此看來，第三句不僅是前四句的關鍵處，更是全詩的樞紐。

「誰言寸草心，報得三春暉？」借春暉的光澤溫暖撫育小草，喻慈母的教養恩情，爲人子女者實難以報答。字面上的意思很簡單：誰說遊子像小草般微弱的孝心，能報答慈母像春陽普照般的恩情呢？

如果細加體味，這兩句無論是形式技巧與內容義蘊都值得深入闡析。

就詩的形式技巧而言，二句以「寸草心」喻子女細微的孝心。以「三春暉」象徵恩澤廣深的母愛。作者所要描述的主體——母愛，在字面上雖沒有明言，然而前四句的「慈母形象」，已經有了充分的顯現，歷歷如繪。象徵是「使用具體的意象以表達抽象的觀念與情感」。母愛雖然澤被廣遠，但是看不見、摸不著，只能感覺得到。孟郊用春暉的具體意象呈現母愛，象徵與意象結合爲一，十分切合情境，人人都可以充分感受得到，是爲描述母愛最佳的象徵。

就詩的內涵意境而言，「三春暉」的意象含蘊極爲豐盈。以和煦、溫暖的春陽撫育小草，讓萬物生長、茁壯，顯示母愛的溫馨，使詩的密度發揮到了極致。此意象之佳妙，內涵之豐美，可以分作三層：

一、春暉象徵母愛的慈祥溫馨，無微不至，春陽普照大地萬物，顯示母親對子女的愛，澤被廣遠，長相左右。

二、春暉象徵母愛無所偏私，不分軒輊。所謂「天無私覆，地無私載」，「日頭照好人，也照歹人。」春陽固然照射著青山綠水，小草百花，照射著白兔綿羊，但也照著毒蛇大野狼。顯示母親對子女的愛，無論賢愚不肖，沒有偏私。「手心也是肉，手背也是肉。」唯有母愛最具包容性。

三、春暉象徵母愛純粹付出，不求回報。陽光普照大地，潤澤廣遠，是無條件的純粹付出，沒有任何代價。顯示母愛的不求回報，思念及此，則母愛之偉大，彌足珍貴。

由此可見，以春暉象徵母愛已經顯現了人世的最偉大的親情，不但將母愛的特質表現得淋漓盡致，而且描繪了人性所能達到的高貴境域。自從此詩流傳之後，春暉已成爲母愛的普遍的象徵。

(五)花搬到美國來，我們看著不順眼；人搬到美國來，也是同樣不安心。這時候才憶起，家鄉土地之芬芳，與故土花草的豔麗。我曾記得，八歲時肩起小鐮刀跟著叔父下地去割金黃的麥穗，而今這童年的彩色版畫，成了我一生中不朽的繪圖。

在沁涼如水的夏夜中，有牛郎織女的故事，才顯得星光晶亮；在羣山萬壑中，有竹籬茅舍，才顯得詩意盎然。在晨曦的原野中，有拙重的老牛，才顯得純樸可愛。祖國的山河，不僅是花木，還有可歌可泣的故事，可吟可詠的詩歌，是兒童的喧嘩笑語與祖宗的靜肅墓廬，把它點綴美麗了。

古人說，人生如萍，在水上亂流。那是因爲古人未出國門，沒有感覺離國之苦。萍總還有水流可藉。以我看，人生如絮，飄零在此萬紫千紅的春天。

宋朝畫家鄭思肖，畫蘭，連根帶葉，均飄於空中，人問其故，他說：「國土淪亡，根著何處？」國，就是土，沒有國的人，是沒有根的草，不待風雨折磨，即形枯萎了。

我十幾歲，即無家可歸，並未覺其苦，十幾年後，祖國已破，卻深覺出個中滋味了。不是有人說，「頭可斷，血可流，身不可辱嗎？」我覺得應該是，「身可辱，家可破，國不可亡。」

（陳之藩：失根的蘭花）

這是陳之藩「旅美小簡」一書中的代表作，毫無疑問，「失根的蘭花」這個題目就是一個意象顯明的象徵，而且其象徵意義十分深遠而耐人尋味。從文章的內容，我們可以知道，題旨是用南宋畫家鄭思肖的「畫蘭，連根帶葉，均飄於空中」。寓意是「國土淪亡，根著何處？」「失根的蘭花」原本只是鄭思肖畫中的象徵，經過陳之藩此文的流傳，失根的蘭花，已經成爲現代中華民族普遍的象徵。流浪在海外的中國人，飄泊無依，有鄉歸不得，與「失根的蘭花」意象緊密結合。這個象徵不但意象鮮明，而且表達自然；更重要的，是充分流露了流落海外中國人的心聲，所以能激發廣大普遍的共鳴，令讀者深深慨嘆而爲之動容。「失根的蘭花」固然象徵陳之藩和其他流落在海外的中國人。其實本文前半段敍作者受朋友邀約去費城郊區的學校看花，那些花也都是作者處境的象徵：

> 花圃有兩片，一片是白色的牡丹，一片是白色的雪球；在如海的樹叢裡，還有閃爍著如星光的丁香，這些花全是從中國來的吧！
>
> 由於這些花，我自然而然的想起北平公園裡的花花朵朵，與這些簡直沒有兩樣；然而，我怎樣也不能把童年時的情感再回憶起來。不知爲什麼，我總覺得這些花不該出現在這裡。它們的背景應該是來今雨軒，應該是諧趣園，應該是宮殿階台，或亭閣柵欄。因爲背景變了，花的顏色也褪了，人的感情也落了。淚，不知爲什麼流下來。

來今雨軒，西餐館名，在北平中山公園東南，以軒前牡丹花池而馳名。諧趣園，在北平頤和園東北隅，也是賞花勝地。陳之藩此所謂「花的顏色也褪了，人的感情也落了。」顯然是人花共憐共惜，處境相同，以此諸般花象徵他自己。難怪赴美之後，情感變了。「在白天的生活中，常常是不愛看與故鄉不同的東西，而又不敢看與故鄉相同的東西。」劉龍勳在「中國現代散文選析」⑫中評云：

牡丹、雪球、丁香，雍容華貴，均是中國羣芳中的名媛，北平的中山公園，曾以他們的風采享了盛名。陳之藩出生北平，對此當引以爲榮。所以，一旦見到這些名媛，流落擁擠在異邦的一個小的學校裡，同是天涯淪落人的滋味，他能不流淚嗎？

牡丹、雪球、丁香，在本文中自然是陳之藩的象徵，但是在其他的文章中，卻不一定有如此的象徵意義，因此不屬於普遍的象徵。只有「失根的蘭花」才是普遍的象徵。可見在同一篇作品中，可兼用普遍的象徵與特定的象徵。

(六)

梅花梅花滿天下，
越冷它越開花。
梅花堅忍象徵我們
巍巍的大中華。
看哪，
遍地開滿了梅花，
有土地就有它，

冰雪風雨它都不怕，
它是我的國花。（劉家昌：梅花）

梅花是中國的國花，四海都有中國人，都會唱「梅花」。這首流行歌詞，已將梅花象徵中華民族的堅忍不屈不撓，無懼冰雪風雨的民族精神意義，和盤托出。這當然是普遍的象徵。事實上，在歷代詩人的詠梅佳句中，梅花早已成爲品格高峻雅潔的象徵：

折花逢驛使，寄與隴頭人。
江南無所有，聊贈一枝春！（南北朝陸凱：贈范蔚宗）
獨凌寒氣發，不逐衆花開！（唐鄭述誠：華林園早梅）
怕愁貪睡獨開遲，自恐求容不入時；
故作小紅桃杏色，尚餘孤瘦霜雪姿。（宋蘇軾：紅梅）
衆芳搖落獨暄妍，占斷風情向小園。
疏影橫斜水清淺，暗香浮動月黃昏。（宋林逋：山園小梅）
不受塵埃半點侵，竹籬茅舍自甘心；
只因誤識林和靖，惹得詩人說到今。（宋王淇：詠梅）
何方可化身千億，一樹梅花一放翁。（宋陸游：詠梅）

雪滿山中高士臥，月明林下美人來。（明高啓：梅花）

千年寒氣萬年雪，鍊得梅花是國花。（民國黃永武：詠梅）

如此看來，透過理性的聯想，與文化傳統的約定俗成，梅花早已寄托了詩人的理想，有曠世的孤懷，强者的傲骨，帶領新春，出塵絕俗，倜儻不羣。成爲理想人格乃至民族精神的普遍的象徵。「才有梅花便不同」，「不是一番寒徹骨，爭得梅花撲鼻香」，梅花成爲中華民國的國花，眞是其來有致。黃永武先生「詩人眼中的梅蘭竹菊」[73]，對此頗有闡發，梅蘭竹菊竝爲四君子，實爲最佳象徵。

(七)

我拉著母親的裙角，迤迤邐邐伴送外祖父走到村口停著的黑色轎車前，老祖父回頭望著身旁的女兒，喟嘆著說：

「貓仔，查某囡仔是油蔴菜籽命，做老爸的當時那樣給你挑選，卻沒想到，撿呀撿的，撿到賣龍眼的。老爸愛子變做害子，也是妳的命啊！老爸也是七十外的人了，還有幾年也當看顧妳，妳自己只有忍耐，尪不似父，是沒辦法挺寵妳的。」

……………

「是怎樣我不能吃兩粒蛋？」我嘀咕著：「鷄糞每晚都是我倒的，阿兄可沒侍候過那些鷄仔。」

媽愣住了，好半晌才說：

「妳計較什麼？查某囡仔是油蔴菜籽命，落到那裡就長到那裡。沒嫁的查某囡仔，命好不算好，媽媽是公平對待你們，像咱們這麼窮，還讓妳唸書，別人早就當女工去了。妳阿兄將來要傳李家的香煙，妳和他計較什麼？將來妳還不知道姓什麼呢？」

……………

母親一再舉許多親友間婚姻失敗的例子，尤其是拿她和父親至今猶在水火不容的相處警告我：

「不結婚未必卡福幸，查某囡仔是油蔴菜籽命，嫁到歹尪，一世人未出脫，像媽媽就是這樣。像妳此時，每日穿得水水的去上班，也嘸免去款待什麼人，有什麼不好？何必要結婚？」

……………

婚禮前夕，我盛裝爲母親一個人穿上新娘禮服。母親蹲在我們住了十餘年的公寓地板上，一手摩擦著曳地白紗，一頭仰望著即將要降到不可知田地裡去的一粒「油蔴菜籽」。

我用戴著白色長手套的手，撫著她已斑白的髮；在穿衣鏡中，竟覺得她是那麼無助，那樣衰老，幾乎不能撐持著去看這粒「菜籽」的落點。我跪下去，第一次忘情的抱住她，讓她靠在我胸前的白紗上。我很想告訴她說，我會幸福的，請她放心。然而，看著那張充滿過去無數憂患的，確已老邁的臉，我卻只能一再的叫著：媽媽，媽媽！

（廖輝英：油蔴菜籽）

在台灣鄉下，「菜仔命」是常常被人們掛在嘴邊的一句口頭禪。廖輝英不但小說的題目用它，而且在本篇中，開頭、中間、末尾，一再提到「查某囡仔是油蔴菜籽命」，其象徵意味頗為凸顯。在這個短篇小說裡，自然象徵著女主角母親的命運。可是在傳統社會中，卻是一個普遍的象徵，象徵女子的命運。「查某囡仔是油蔴菜籽命，落到那裡就長到那裡」。其象徵意義作者在本篇已經明確指出：

沒嫁的查某囡仔，命好不算好，妳將來還不知道姓什麼呢？

查某囡仔是油麻菜籽命，嫁到歹尪，一世人未出脱，像媽媽就是這樣。

一頭仰望著即將降到不可知田地裡的一粒「油麻菜籽」。

其實，用「油蔴菜籽」來象徵女子的命運，其象徵意義除了「嫁雞隨雞，嫁狗隨狗」受丈夫所左右之外，還含蘊著深刻的意義，耐人尋味：

第一，油蔴菜籽落到那裡就長到那裡，象徵女子適應能力相當强，富有韌性，落地生根。且克勤克儉，含辛茹苦，撫育子女，照顧家庭，一代又一代，生生不息。

第二，油蔴菜籽是卑微的，同樣的道理，在傳統社會中，許多婦女雖然活得卑微，雖然不滿現狀，會發牢騷，怨天尤人，但是大多數的婦女最後仍然相當認命地盡其本分。

貳、特定的象徵

「特定的象徵」即受上下文控制的象徵。在某一部文學作品中，在一定的場景與氣氛下，某項事物含蘊某種象徵意義。在其他的作品或不同的場景中，此項事物卻不一定具備同樣的象徵意義。

如西洋文學名著史坦達的「紅與黑」，以「紅色」與「黑色」象徵軍政勢力與教會勢力的消長。法國大革命失敗后，若干原想通過軍隊向上爬的平民，在教會勢力統治下，紛紛脫下紅色的軍裝，換披黑色的神父長袍。小仲馬的「茶花女」，以山茶花象徵主角瑪格麗特的純潔愛情與高貴品格，在其他的作品或場景中，紅色與黑色就不一定是軍隊與教會的象徵，山茶花也不一定具有「茶花女」中的象徵意義。

又如在我國軍中，凡軍官晉升將軍，國防部會頒發一個手錶，少將是一星錶，中將是二星錶，上將是三星錶，星固然代表將軍的階級，但更具意義的是這個錶有兩層象徵意義：

第一，錶的型式樸實大方，象徵國軍將領，做人做事，堂堂正正，樸質無華，腳踏實地，穩健可靠。

第二，錶殼是不銹鋼做的，永不褪色，象徵國軍將領精忠報國，節操堅貞，剛强不屈，永不改變。

筆者民國七十二年曾經與許多學者赴成功嶺主持大專青年座談，會後當時的國防部總政治部主任許歷農上將設宴慰勞，席間為許上將闡釋此錶的象徵意義，許上將特地致贈與會學者每人一個三星錶作為紀念。然而，「將軍錶」的象徵意義是在軍中才有，屬特定的象徵。父母為子女買一個不銹鋼的錶，或者是家庭用不銹鋼廚具，就沒有精忠報國，堅貞不屈的象徵意義。

文學作品中的象徵，大多屬「特定的象徵」，黃慶萱先生「修辭學」第十八章「象徵」⑭曾列舉實例：

在小說方面，事物象徵更是被經常使用的技巧。楊海宴的「兩截壓癟的黃瓜」象徵百無一用的知識分子的高不成低不就，以及生命的脆弱。於梨華的「雪地上的星星」象徵遠看閃閃誘人，接近時除了徹骨冰寒之外一無所有的愛情。水晶的「沒有臉的人」，面對的是一面破碎的鏡子。張系國的「香蕉船」載的是黃皮白心容易腐爛的貨色。

黃氏所舉的小說裡的象徵，雖未明言乃特定的象徵。但稍微思量之後，從「壓癟的黃瓜」、「雪地上的星星」乃至於「香蕉船」，均屬受上下文控制，在一定的場景和氣氛下才能顯示其獨特的象徵意義。

以下且從古今作品中舉例闡明「特定的象徵」。

㈠青青河畔草，鬱鬱園中柳，

盈盈樓上女，皎皎當窗牖；

娥娥紅粉粧，纖纖出素手。

昔爲倡家女，今爲蕩子婦；

蕩子行不歸，空床難獨守。（古詩十九首之二）

此爲「古詩十九首」之第二首。全詩十句，可分爲三部分，首二句述眼前所見之景，中四句寫女主角的姿容儀態，末四句敍思婦的身世和愁思。

「青青河畔草，鬱鬱園中柳。」開端呈現在眼前的是一幅春天的景象：河邊一片綠油油的青草，緜延不斷，一直伸展到遠方；園中的楊柳，蓊蓊鬱鬱，是那樣地濃密茂盛，洋溢著旺盛的生機，春氣盎然。「青青河畔草」點明了場景和時間，在篇首有起「興」的作用，由外在的景象引發內心的懷想[75]。「鬱鬱園中柳」與「青青河畔草」相對，形成閉鎖空間與開放空間的强烈對比。「園中柳」頗具多義性，顏元叔先生「析『青青河畔草』」[76]指出，此即女主角的象徵：

「鬱鬱園中柳」實在是女主人的象徵，她就像「園中柳」，生長在一個封閉隔絕的世界裡，像柳一樣的垂著頭，鬱鬱不樂。假如說她已經是殘花敗柳，也許這樣的豢養生活，不算太壞。然而，她與柳樹一般，生命還在蓊蓊鬱鬱的階段；而她的蓊鬱生命，爲緊接的四行所鏤刻，所支持：「盈盈樓上女，皎皎當窗牖，娥娥紅粉粧，纖纖出素手。」從「鬱鬱」到「盈盈」，以「盈盈」承「鬱鬱」，實在十分微妙。因爲，「鬱鬱」既予人一種豐盛感，「盈盈」意謂著體態之豐盈，恰好兩相吻合銜接。我們也可以說，「鬱鬱」是「盈盈」的伏筆，「盈盈」是「鬱鬱」的體現。這加强二至三行間的發展上的連貫性。所以，「鬱鬱」以其多義性，一方面與前句的「青青」形成對比，另一方面與「盈盈」形成順利的發展，可謂是全詩的關鍵辭。

「樓上女」順理地發展到「當窗牖」。有樓而無窗，當不合理；樓上女站在窗前遠眺，很合理。不過，當她眺望出去，看到「青青河畔草」，其注意力的走向暗示她不能安於現狀，守在園中，過著如柳樹一般的靜止人生。進一步要注意的是，「樓上女」意味著這個女子脱離了地面，脱離了大地，被抬升起來，生活在一個人工的世界裡，一個豢養的人工世界裡，正如任何所謂kept woman（豢養的女人）一樣。這麼一個世界迥然不同於「青青河畔草」的自然世界；因此「樓上女」與「河畔草」，又隱隱形成了對比。在往前的發展上，「樓上女」又順理地瀉入「當窗牖」。窗牖或窗户或窗口，總是一個木頭框框圍繞起來的空間，它是侷限的，可以引起牢獄的聯想。可是，窗的另一個聯想，甚至象徵含義，便是渴望自由。這在古今中外多少詩篇，皆可得到證明；而於此，也十分恰合。這「樓上女」便是處在這麼個封閉的小世界，渴求著自由，通過窗口，眺望著「青青河畔草」。

顏氏用新批評學派的手法，對「鬱鬱園中柳」及其前後有關的聯貫性作精細深入的剖析，頗能言之成理，值得我們注意的有二點：第一，「鬱鬱園中柳」爲本詩的關鍵句。第二，「鬱鬱園中柳」實爲女主角的象徵，而且這個象徵一方面充分顯示了女主角的處境與內在精神狀況，一方面可以呼應整首詩。在此要特別闡明的是，「園中柳」作爲女主角的象徵，是受上下文控制的一個特定象徵，只有在本詩作者所經營、塑造的場景與氣氛中，園中柳才是「被豢養的女子」的象徵。在其他作品中，柳樹的象徵意義可不能與此詩相提並論，甚且迥然不同。

在中國文化傳統中，柳最普遍的象徵意謂著別離。自從詩經采薇篇：「昔我往矣，楊柳依依」傳誦之後，中國人即有折柳贈別的習俗，柳也與「別情」結下不解之緣。「三輔黃圖」：「灞橋在長安東，漢人送客至此橋，折柳贈別。」王維的「送元二使安西」：「渭城朝雨裛輕塵，客舍青青柳色新；勸君更進一盃酒，西出陽關無故人。」更是膾炙人口，離情難舍。所以劉勰文心雕龍物色篇云：

故灼灼狀桃花之鮮，依依盡楊柳之貌。

近代學者研究古典詩中的象徵，頗具成效。黃永武先生的「古典詩中的桃與柳」⑰，即明確指出：

就柳本身的姿態而言，依依牽人的柳絲，滿路狂飛的柳絮，都構成亂絲千萬的景象，象徵多情的「惜別」，或無情的「離別」，都令人心煩慮亂、黯然銷魂！

前人以楊柳爲別情的象徵，黃氏又進一步細分爲二：「多情的惜別」與「無情的離別」，並且舉詩例以證：

城外春風吹酒旗，行人揮袂日西時；
長安陌上無窮樹，唯有垂楊管別離！（劉禹錫：楊柳枝）
含煙惹霧每依依，萬緒千條拂落暉；
爲報行人休盡折，半留相送半迎歸！（李商隱：離亭賦得折楊柳）
霧撚煙搓一索春，年年長似染來新。
應須喚作風流線，繫得東西南北人！（崔道融：楊柳枝詞）
灞岸晴來送別頻，相偎相依不勝春；
自家飛絮猶無定，爭把長條絆得人！（羅隱：柳）
二月楊花輕復微，春風飄蕩惹人衣。
他家本是無情物，一向南飛又北飛。（薛濤：柳絮）

從千條萬條的柳絲，熱情地想繫攬住行人，不忍惜別，乃至於楊花柳絮，飄蕩不定忽南忽北，薄情離別。如此楊柳別情的象徵，眞是意象豐富，難以捉摸。由「柳」之事物象徵，可見在不同的作品中，有普遍的象徵，也有特定的象徵。

㈡青松在東園，衆草沒其姿。
凝霜殄異類，卓然見高枝。
連林人不覺，獨樹衆乃奇。

提壺挂寒柯，遠望時復爲。

吾生夢幻間，何事紲塵羈？（陶潛：飲酒二十之八）

陶淵明晚年作的這首飲酒詩，可分兩部分：前六句詠松，後四句詠懷。「青松在東園，衆草沒其姿」敍東園中的青松，平時被野草遮沒了奇姿，看不出與其他樹木有何迥異之處。但是到了「凝霜殄異類」的時候，才表現出「卓然見高枝」。這正是「歲寒然後知松柏之後凋也」，也正是君子的「時窮節乃見」。「提壺挂寒柯，遠望時復爲」，陶淵明特別欣賞這株在寒氣中，青蒼勁茂，傲霜卓立的的青松，因此飲酒時時時凝望著它的雄姿英發，贊美這種堅忍卓絕的精神。方祖燊先生「談詩的象徵」[78]認爲本詩前六句是賦而比的象徵寫法：

> **其實陶潛是用這棵青松作自己堅貞高深的人格與節操的象徵；在東晋衰微的時候，時俗多半依附了權臣劉裕，只有他像一棵松樹，高隱故園，特立不移。**

當我們了解到陶淵明晚年作此詩的背景，並進窺詩人的心境時，自然可以領略他爲什麼要發出「吾生夢幻中，何事紲塵羈」的慨嘆，對於青松的象徵意義也能體會。在此詩中，陶淵明的人格與青松的特質已經緊密結合，化爲一體了。青松的勁節貞心，傲霜卓立，正是陶淵明的寫照。

陶淵明在飲酒第八首中以青松作爲自己人格的象徵，雖然可視爲特定的象徵。但是在中國文化傳統中，松卻具有更爲豐富而且普遍的象徵意義。黃永武先生「詩人看松樹」[79]即曾指出：

> **映入中國詩人眼簾的蒼老的松樹，它往往是龍的化身。中國詩人將松聯想爲龍，從外貌**

看：蟠折的古根，斑駁的鱗文，瘦甲蒼髯，還挾著風雷般的松濤聲。形態聲音，都有髣髴相似處。不過這種由外貌相似而作的聯想，只是粗淺的層面，松與龍，更有其內涵特質的相同處。

君子與龍相似，松樹也與龍相似，松有堅心，有高節，雜生草叢時像「潛龍」，干霄凌雲時像「飛龍」，一旦成為棟梁，利益天下，若逢危難，又有能力「扶大廈之將傾」。所以詩人把松看作是龍的化身，也看作是君子的化身。這一點，足見中國人的透視力，不僅動物植物的界限可以流通，人與物的界限也可以泯滅的。

其實，詩人之所以能物我交融，打破人我之別，正由於「詩人感物，聯類不窮」（物色篇）；象徵之所以如此多采多姿，涵蓄無窮，正由於「起情者，依微以擬議」（比興篇）。

㈢素練風霜起，蒼鷹畫作殊。

攫身思狡兔，側目似愁胡。

條鏇光堪摘，軒楹勢可呼。

何當擊凡鳥，毛血灑平蕪。（杜甫：畫鷹）

杜甫早年所作之「畫鷹」，將畫中之鷹描繪得氣勢非凡，神情畢現。仇滄柱評云[89]：「每詠一物，必以全副精神入之，故老筆蒼勁中時見靈氣飛舞。」其實，這首詩非僅詠畫鷹而已，蓋託物象徵，畫中之鷹的「何當擊凡鳥，毛血灑平蕪」，已與杜甫的雄心壯志結為一體。杜甫年輕時正如陶淵明所謂「猛志逸四海」，這首畫鷹詩，正是他當時心境的寫照。劉若愚「中國詩學」[81]評云：

任何一位感覺到最後一聯的强烈力量的人，不會滿足於將這首詩只當做鷹，且是畫的鷹的描寫而已。在另一方面，也沒有必要聽從某詮釋者的解釋，認爲鷹代表詩人，而凡鳥代表到處都有的小人。事實可能是杜甫開始時眞是老實地描寫一隻畫上的鷹，可是這個主題激起了他的想像力，以致這鳥成爲英勇的力與猛烈的美的象徵。

劉若愚將象徵分爲「因襲的象徵」與「個人的象徵」兩種。大約相當於本書「普遍的象徵」與「特定的象徵」。劉氏以「畫鷹」列爲個人象徵之例證，並舉十九世紀英國詩人霍普金斯（Gerard Manley Hopkins）「紅隼」中的詩句：「殘猛的美和勇氣和行動，啊啊，空氣，豪情，羽毛，在此激裂」，以爲兩者相類似。劉氏以爲「這鳥成爲英勇的力與猛烈的美的象徵」，可謂言之成理。在作爲杜甫年輕時心境的象徵之餘，爲這首開拓了更廣闊的象徵的空間。

其實，杜甫詩中頗多借物自況，託物象徵之作。以馬爲題材者尤爲常見，且馬之處境正是杜甫自身的寫照。再看兩個詩例：

胡馬大宛名，鋒稜瘦骨成。
竹批雙耳峻，風入四蹄輕。
所向無空闊，眞堪託死生。

驍騰有如此，萬里可橫行。（房兵曹胡馬）

此爲杜甫三十歲時之少作，前半首描繪馬的形狀神采，鋒稜瘦骨，神清氣勁，雙耳尖峻，奔馳生風，眞是豪縱矯健，格力非凡。後半首贊美馬的才德秉性，奔馳爭先，驍騰絕倫，可以託付死生，勢凌萬里。「所向無空闊，眞堪託死生」誠如劉若愚[82]所評：「這馬對於杜甫，以及對於我們，變成遠超過普通的馬，而成爲詩人所讚賞的某些特性─勇敢、忠誠、力量的象徵」。如此特定的象徵，也正是杜甫年輕心境的寫照。

東郊瘦馬使我傷，骨骼硉兀如堵牆。絆之欲動轉欹側，此豈有意仍騰驤？細看六印帶官字，衆道三軍遺路旁。皮乾剝落雜泥滓，毛暗蕭條連雪霜。

去歲奔波逐餘寇，驊騮不慣不得將。士卒多騎內廄馬，惆悵恐是病乘黃。當時歷塊誤一蹶，委棄非汝能周防。見人慘澹若哀訴，失主錯莫無晶光。天寒遠放雁爲伴，日暮不收烏啄瘡。誰家且養願終惠。更試明年春草長。（瘦馬行）

此爲杜甫四十七歲所作，與前首少作迥然不同。當時已罷拾遺，貶爲華州司功。敍瘦馬狼狽之處境，正是自況被棄之心境。前半首描繪瘦馬憔悴之狀，後半首敍述瘦馬悲楚之情。杜甫在去年因上疏救房琯，皇上怒而貶斥，故曰：「當時歷塊誤一蹶，委棄非汝能周防。」而本年六月出爲華州司功，不復見君，故曰：「見人慘澹若哀訴，失主錯莫無晶光。」就杜甫的心境而言，雖遭廢棄，仍思報效國家，爲君驅馳而不可得。故曰：「誰家且養願終惠，更試明年春草長。」整首詩由具體的馬的意象，象徵抽象的詩人被貶的落寞之情與報國無門之嘆。同樣是以馬爲象徵，此與前首詩的象徵意義，截然迥異。

(四)如期至，即道士與虬髯已到矣，俱謁文靜。時方奕棋，揖而話心焉。文靜飛書迎文皇看棋，道士時奕，虬髯與公傍侍焉。俄而文皇到來，精神風采驚人，長揖而坐，神氣清朗，滿座風生，顧盼煒如也。道士一見慘然，下棋子曰：「此局全輸矣！於此失卻局矣！救無路矣，復奚言？」罷奕而請去。

既出，謂虬髯曰：「此世界非公世界，他方可也，勉之，勿以爲念！」因共入京。

（杜光庭：虬髯客傳）

「虬髯客傳」爲唐人傳奇小說之名篇，敍李靖遇紅拂女、虬髯客之故事。隋末天下大亂，雄豪並起，欲爭奪天下。虬髯客與道士蓄志已久，但是見到李世民一表人才，料想難以爭鋒，因此將家財送給李靖，遠去海外另謀發展。以上所錄，係小說中最具關鍵性的一段。道士見到李世民（文皇），下棋子曰：「此局全輸矣！於此失卻局哉！救無路矣，復奚言！」以具體的下棋象徵抽象的逐鹿中原。其象徵意義十分明顯，讀者很容易推想而知。且後來又再補上「此世界非公世界」之語，更加易識。此象徵一點也不曖昧，且象徵與意象結合爲一，是典型的特定象徵。

(五)

余與四人擁火以入，入之愈深，其進愈難，而其見愈奇。有怠而欲出者，曰：「不出火且盡。」遂與之俱出。蓋予所至，比好遊者尚不能十一，然視其左右，來而記之者已少；蓋其又深，則其至又加少矣。方是時，予之力尚足以入，火尚足以明也。既其出，則或咎其欲出者，而予亦悔其隨之，而不得極夫遊之樂也

於是予有歎焉：古人之觀於天地、山川、草木、蟲魚、鳥獸，往往有得，以其求思之深而無不在也。夫夷以近，則遊者衆；險以遠，則至者少。而世之奇偉瑰怪非常之觀，常在於險遠而人之所罕至焉，故非有志者不能至。有志矣，不隨以止也，然力不足者，亦不能至也；有志與力，而又不隨以怠，至於幽暗昏惑而無物以相之，亦不能至也。然力足以至焉而不至，於人爲可譏，而在己爲有悔；盡吾志也，而不能至者，可以無悔矣。其孰能譏之乎？此予之所得也。

（王安石：遊褒禪山記）

王安石的名作「遊褒禪山記」雖然是遊記文章，但作者卻不僅止於寫景記遊，在文章後半宕開，由遊山之經歷，產生感慨，引發出爲學與處世之見地—持志力行。有關本文之旨趣與寓意，歷來古文評注家論之頗衆，玆先擷取數家具代表性的意見，以見其梗概：

沈德潛評點「唐宋八家文讀本」⑧③：

有志有力，而又有物以相之，其終不能至者，則亦無如何也。借題發意，文人之常，然必說破正旨，此只於言外遇之，又是一格。

林雲銘「古文析義」⑧④：

凡遊記必敘山川之勝，與夫見聞之奇。且得盡其所遊之樂，此常調也。茲俱點出山名洞名，隨以不盡遊爲慨。若如此便止，有何意味？精采處全在古人觀物有得上發出一段大議論。即抱上文所以不得盡遊，重敘一番：惟盡吾志赴之，若果不能至，則與力可至而不至者異矣！譬之學者，六合之外，存而不論，即是有得處。末以山名誤字，推及古書，作無窮之感，但在學問上立論，寓意最深。

宋文蔚評注「文法津梁」[85]：

如此篇借褒禪山之遊，以寓求學不可自畫之意。中段以其深雖好遊者不能窮一句領起後段以志與力及有物以相之。分三層，用疊筆蟬聯而下，中間有頓筆，有宕筆，有折筆，層疊遞轉，文極峭拔。

李扶九編選．黃紱麟書後「古文筆法百篇」[86]：

記遊而影學問，用筆則曲曲深入，所謂深人無淺語，慧心無直筆者也。在記體則爲別行一路，在理則從從遊舞雩章得也。……此篇頭緒甚繁，大要只在盡志與力以深思，而後可以無悔。以之遊洞，如是；以之爲學，亦如是。此介甫所獨得而欲學者之共得也。其文鞭辟入裏，單行一路，在王集中第一，最利理境題文，學者尤宜熟讀。

沈氏所謂「借題發意」，林氏所謂「寓意最深」，宋氏所謂「借褒禪山之遊，以寓求學不可自畫之意」，李氏所謂「記遊而影學問」，均從傳統批評角度探究「遊褒禪山記」的主旨與寓意，頗能闡幽顯微，切中肯綮。如果從比興的角度而言，則由遊山起興，聯想到求學之道。就象徵而言，則無疑屬「特定象徵」，透過作者的經營、設計與安排，遊山洞的具體經歷，象徵抽象的爲學處世之道。

一、以遊山象徵求學之道

本文第二段全部落實在遊山洞之經歷，然此項經歷亦適足以顯現爲學之歷程。試加分析，約有二端：

1.「入之愈深，其進愈難，而其見愈奇。」遊山固然如此，爲學又何嘗不然？

2.「蓋予所至，比好遊者尚不能十一，然視其左右，來而記之者已少；蓋其又深，則其至又加少矣。」此遊山洞之淺深，比上不足，比下有餘，爲學亦無以異也。

論語子張篇記子貢之言曰：「譬之宮牆，賜之牆及肩，窺見室家之好；夫子之牆數仞，不得其門而入，不見宗廟之美，百官之富。得其門者或寡矣！」亦與此同旨。

第三段「予有歎焉」以下，全係議論語，雖針對遊山經歷抒感，實則借題發揮爲學之道。其中有兩點值得深究：

1.論風景之異與學問之異：「夫夷以近，則遊者衆；險以遠，則至者少。而世之奇偉瑰怪非常之觀，常在於險遠而人之所罕至焉。」此兼論風景與學問，充分顯現了世人避難趨易，恍淺畏深之心理。

2.論如何遊覽奇偉瑰怪非常之觀與研求高深之學問。其中又有三層：

第一層須立志──非有志者不能至也。

第二層須力足──有志矣，不隨以止也，然力不足者，亦不能至也。

第三層須有物相──有志與力……無物以相之，亦不能至也。

此從探遊山洞之經驗，領悟到求學及人生的道理，必須有足夠的志氣、充分的能力，不畫地自限，再加上外物輔助，才能達成目標。此爲本文中心主旨所在。也是本文之所以能超越俗手，有所突破的關鍵處。

二、以遊山象徵處世之理

從寬廣的角度而言，遊山經歷也正象徵著處世之理：研究任何學問、事理或處世，必須深思慎取，即物窮理，自然有所得。且須堅定意志，不畏艱難險阻，不畫地自限，才能見到奇偉瑰怪之觀；還要有充分的準備，足夠的能力，再加上外物的輔助，才能達到有所突破、超越的成功之境。

查考王安石的生平經歷，他在宋神宗熙寧二年（西元一〇六九年）任參知政事，推行新法。時年四十九歲。本文爲任宰相前十五年所作。從第三段的議論中，往更深一處去思考，則可以想見王安石推行新法的行徑，早已有了處事之原則與心理準備。如果將進入褒禪山後洞的經歷與感嘆用來象徵推行新法的作風，也不無道理。今試作三層分析：

1.「夫夷以近，則遊者衆；險以遠，則至者少。」意謂因循守舊，循平坦易行之老方式施政，擁護者必然很多；要想改革政治，冒險走新路，行新法，開創一番新局面，則少有人贊同。

2.「而世之奇偉瑰怪非常之觀，常在於險遠而人之所罕至焉，故非有志者不能至也。有志矣，不隨以止也。」意謂實行新法，國家民族必然呈現一片光明燦爛之遠景。但推行新法之路途卻是艱困險阻而又遙遠，不易爲衆人所了解、認同與接受。如果要求理想實現，必須意志堅定，努力以赴，絕不動搖。

3.「盡吾志也，而不能至者，可以無悔矣。其孰能譏之乎？」意味推行新法，將遭遇種種阻礙困難，乃意料中事。但只要盡力而爲，即使不能達成理想目標，也可以心安理得，無怨無悔。但若因畏難裹足不前，半途而廢，則既自悔又受譏。

由此可見，王安石由遊山之具體經歷，即物窮理，體悟出求學處世之道理，用「特定象徵」的筆法，象徵與意象密切結合。且其象徵之意義，轉折多姿，正如華陽洞之窈然深入，頗見奇偉瑰怪之觀。以一篇五百字短小精悍之文章，能寄託如許爲學之道、處世之理，洵屬難能可貴⑱。

(六)

我說道：「爸爸，你走吧。」他望車外看了看，說：「我買幾個橘子去，你就在此地，不要走動。」我看那邊月臺的柵欄有幾個賣東西的等著顧客。走到那邊月臺，須穿過鐵道，須跳下去又爬上去。父親是一個胖子，走過去自然要費事些。我本來要去的，他不肯，只好讓他去。我看見他戴著黑布小帽，穿著黑布大馬褂、深青布棉袍，蹣跚地走到鐵道邊，慢慢探身下去，尚不大難。可是他穿過鐵道，要爬上那邊月臺，就不容易了。他用兩手攀著上面，兩腳再向上縮；他肥胖的身子向左微傾，顯出努力的樣子。這時我看見他的背影，我的眼淚很快地流下來了。我趕緊拭乾了淚，怕他看見，也怕別人看見。我再向外看時，他已抱了朱紅的橘子望回走了。過鐵道時，他先將橘子散放在地上，自己慢慢爬下，再抱起橘子走。到這邊時，我趕緊去攙他。他和我走到車上，將橘子一股腦兒放在我的皮大衣上。於是撲撲衣上的泥土，心裏很輕鬆似的。過一會說：「我走了；到那邊來信！」我望著他走出去。他走了幾步，回頭看見我，說：「進去吧！裏邊沒人。」等他的背影混入來來往往的人裏，再找不著了，我便進來坐下。我的眼淚又來了。

（朱自清：背影）

朱自清的「背影」是三十年代的文壇名作。自古以來，敍母愛的作品多，敍父愛的作品少。「背影」描繪慈父的形象歷歷，躍然紙上，父愛的溫暖與光輝，親切感人，堪稱壓卷作。作者以父親的「背影」爲焦點，藉敍事以抒情，樸質眞醇，自然高妙。在文章技巧上，背影分別在開端、結尾及中間出現，首尾呼應，固然佳妙，但眞正最精彩的是以上所錄的一段文字。背影的視覺意象，不但使作者「最不能忘記」，更烙印在廣大讀者的心版上。然而，爲什麼會注意到父親的背影呢？是因爲要爬上月台去爲兒子買橘子。而「朱紅的橘子」在朱自清的經營設計下，就成爲父愛的象徵。許家鸞女士「『背影』一的欣賞」⑱評析甚爲精闢：

文字本身是沒有顏色的，但是讀「背影」這篇文章的人，都覺得全文淹沒在一種灰暗的色調中，前面已大略提過了。現在我們試再把全文有關顏色的字統計一下，便會發現「黑色」出現最多，共有三次，其次是「青色」兩次，「紫」「朱紅」各一次。黑和青，都是「冷色」，這與全篇文章「奔喪」「失業」「慘澹」「別離」的氣氛很調和。紫和朱紅呢？卻是「暖色」。「紫」代表什麼，讀了上一段分析，我們可以很快回答：「父愛的溫暖！」至於「朱紅的橘子」又是什麼含意？便須另行體味了。懂得揀橘子的人都曉得：一個橘子如果皮青色，可能有些酸；如果皮色枯黃，可能是「橘腳」，從樹上自行落在地上的，也不好吃。最好的橘子是朱紅的！作者父親抱着全是「朱紅色」的橘子，表示出它們曾經一番細心的選擇。畫家畫冬景，總喜歡在霜枝點上幾個花蕾和芽頭，因爲它們代表着「生機」。作者在一片黑色青色的背景中塗上了這麼一點點的紫紅，在死亡失業的慘淡中，透露着天倫的溫暖和父愛的光輝！

許氏的評析，有如劉勰文心雕龍知音篇所云：「平理若衡，照辭如鏡」。由此可見，朱自清是以「紫皮大衣」象徵「父愛的溫暖」，以「朱紅的橘子」象徵「父愛的光輝」。紫皮大衣是「他給我做的」，朱紅的橘子「一股腦兒放在我的皮大衣上」，顯示「完整而無所保留的父愛」。象徵是以具體的意象表達抽象的情感，逐漸流露，讓讀者自行尋味，享受發現寶藏的欣喜與愉悅。而且具體的意象和抽象的情感之間，必須要有理性的關聯。照許氏的分析，紫和朱紅，都是「暖色」，假如是灰色的大衣，或者是青綠色的橘子，就不能象徵父愛的溫暖和父愛的光輝了。

在此要强調的是，如此特定的象徵，必須受上下文控制。在朱自清的筆下，橘子象徵父愛，是由於作者的設計、經營與巧妙的安排，塑造了如此動人的場景、情境與氣氛，「朱紅的橘子」才能象徵父愛的光輝。其他一般的情況下，橘子並不能象徵父愛。舉例而言，學校裡開同樂會，康樂股長買了許多橘子分給每位同學，橘子就是橘子，沒有賦予特別的象徵意義，假如那也要被附會成父愛的象徵，絕非象徵，而是笑話！

(七)

「這個是什麼？」我蹲下去一看，看到了被水泥塊壓在底下的一棵玫瑰花，竟從小小的縫間抽出一些芽，還長出一個拇指大的花苞。

我覺得很有意思，便同他協力把那水泥塊推開了，下面出現了一株被壓得扁扁的玫瑰花。我眞高興，並不是爲了取得這麼一株玫瑰花。我家裡種了很多的花卉，比這還要名貴的也不少。我所以感到高興的，是它在很重的水泥塊下，竟能找出這麼一條小小的縫，抽出芽來，還長著這麼一個大花苞，象徵著在日本軍閥鐵蹄下的台灣人民的心。

林建文感動地拉著我的手。我看到他的眼淚溢滙著流下來，從那兩條淚痕，我回憶到那棵被壓在水泥塊底下的玫瑰枝條，還看到那從小小的縫間抽出來的枝頭上的那一個花苞。

八月十五日日本天皇宣佈無條件投降的前幾天，林建文收到了她姊姊寄來的一封信，裡頭有這麼一段話：

「你寄來的那株玫瑰花，種在黃花缸上，長得很茂盛，枝頭長出了許多花苞，開滿著血紅的花。我再也不寂寞了。」

人生固然有許多艱難困苦，特別在異族侵陵之下；但我總覺得，祇要不慌不忙，經常保持鎮靜，就是被關在黑壓壓的深坑裡，時間也會幫助我們解決問題的。這一棵重重地被壓在水泥塊底下的玫瑰的故事，不是蠻有意思的嗎？（楊逵：壓不扁的玫瑰花）

文學作品裡的象徵意義，有的作者並不明說，留待讀者自行尋味，有的作者卻明白指出來。楊逵「壓不扁的玫瑰花」，題目就是象徵，跟史坦達「紅與黑」、廖輝英的「油蔴菜籽」一樣。不過光看題目，不可能知道其象徵意義何所指。等到讀畢全文，才眞正感覺玫瑰花的意象鮮明而深刻，永難忘懷。因爲這個象徵是全文的主線，在文章中屢次出現，且作者明白指出：「象徵著在日本軍閥鐵蹄下的台灣人民的心。」從比興的角度而言，作者由外在具體的玫瑰花的景象，聯想起抽象的在日本軍閥統治下的台灣人民的心，當然是標準的「興」。

從象徵的角度而言，「壓不扁的玫瑰花」是典型的特定象徵。只有在楊逵的筆下，透過他文章的上下文的經營，在如此的場景與氣氛之下，壓不扁的玫瑰花才象徵著台灣人民的心。才能顯示這種不屈不撓的民族精神，呈現人性中彌足珍貴的高尚情操。在一般人心目中，玫瑰花往往是愛情的象徵，甚至「多刺的玫瑰」又別具另外的意味。

如此特定的象徵，在現代文學中頗爲常見，如琦君的「想念荷花」，荷花是作者父親的象徵。他的父親與荷花眞是有緣，生於荷花含苞待放的六月初六，常住在十里荷花的人間天堂杭州，教女兒唱採蓮歌，退隱時口吟荷花詞，象徵自己的心境，逝世之日也是六月六日。這當然是一種巧合，一種善緣，但是更耐人尋味的是文章中象徵的巧妙運用[89]。

又如林淸玄的「椰子樹的聯想」，作者從小房間的窗口看椰子樹「幾乎難以攀爬」，椰子樹是堂哥的象徵。因爲堂哥有錢有勢，年齡相差很大，不太容易溝通，有可望不可攀的感覺。最後敍堂哥失意時念念不忘椰子樹，椰子樹又是鄉情之所繫。在林淸玄的筆下，他的堂哥已經被幻化成從鄉間移植到城市的一株椰子樹：「經過努力的灌漑，雖然也結果，卻不免細瘦，在一整個城市與時間的流轉中，默默的消失了。」[90]

(八)

叫不出那株蘭花的眞正名字，能確定的是它來自中國。朋友、我、家人，都叫它中國蘭。中國蘭在遠離中國的歐洲，回到中國的泥土，能說不是最和諧的結合?它們當會彼此垂憐、依附，泥土給蘭花以生命，蘭花依泥土而欣盛、茁壯。流浪的泥土熱戀著流浪的蘭花，述說的故事已是詩篇般的淒艷!

中國蘭的葉子又長又細，參差有致，盈盈婷婷的立在黑褐色的泥土裏，樸雅中自有一分嫵媚。阿爾卑斯山區冬天的陽光，隔著玻璃柔和的照進來，與蘭花葉相輝映，風韻之美足以入畫。長著長著，正被祝福與欣喜環繞著，綠油油的葉子上出現了黃色斑痕，接著整個葉身泛黃，最後，終於和野櫻桃一樣，垂下了頭，枯萎、脫落、死去。剪去乾枯的葉，剩下一盆焦黑的土。

……………

故鄉的泥土是死土，醜陋的、無光澤的黑褐色裏埋藏著孤絕和死的陰霾，嗅不到一丁點兒生的氣息。它令我頹喪、懊惱，希望幻滅。也許奔波萬里，去到故鄉掘回那一小撮泥土，只是椿多餘而幼稚的舉動，並不具什麼意義，更無需如此珍視和認眞;幾次想把盛著土、土裏埋著乾枯的蘭花根的小花盆，丟在垃圾桶裏，竟又幾次的縮回了手。來自故鄉故園的，到底不同於市場上買的，你對它自然懷著一分情，一分偏愛與不忍。不管它是美是醜，是好是壞，有用還是無用。

但我決心不再保有它了，它使我隨時觸碰到失去慈母的傷痛、失去故鄉的茫然，也使我抑不住對早夭的中國蘭的惋惜。最讓我不能忍耐的，是它身上看不出生命。

……

照例是個黯淡的黃昏，照例的拿著銅質小水壺，給花窗上的幾盆花草做三天一次的澆水。不經意的轉眸間，發現小花盆裏的黑土有些異樣。拿起仔細瞧瞧，原來中國蘭枯死的根莖處，冒出兩枝小小的新芽。尖尖的葉梢、挺挺的葉身，流瀉進來的漫漫幽暗，一點也掩不住它鮮活、祥和的生氣。

世界像被仙女用魔杖點了一下，瞬息間神奇的亮麗起來。重濁的空氣裏有生命的韻律在跳動，沈沈暮色化作婉美的朦朧秀色，盆裏的兩株小蘭芽，泛著比星星還耀眼的光芒，我凝固著的心田，正在一道暖暖的水流經過中復甦。這一切，太可愛、太奇妙了。生的堅韌、神秘、虛玄與不可解，便那麼赤裸裸的顯現。帶來的是大喜悅、大感動，和一分發人深悟的、充滿空靈意味的美感。

我小心的培育著故鄉泥土裏生出的中國蘭，定期的澆水，每天探視它成長的進度。那新芽躥得也眞快，不到一個月的時間，已冒得兩寸來高，幾片葉子立得筆直，崢崢嶄嶄，一個勁的往上衝，顏色綠得賽過最綠的翡翠，即使在這早春三月的放苞期，在一堆粉紅淡紫的花朵間，也是最搶眼的。

故鄉的泥土還是好的、美的、有生命的。它讓我看到希望，看到宇宙萬物競生的潛力，追求存在的本能。植物、動物，以至最有情有靈的人，終極的歸宿固然是同樣的歸於消逝，但消遙在生的道路上的短短時空，都是用他們所有的力、所有的熱，放射出最美的異采，顯現他生命的極致。原本荒涼的世界，便在這無盡的層層異采、點點極致中，繁茂華麗了。

我已不想把故鄉的泥土丟棄或送入墳墓了。只想著怎樣維護它、灌溉它，讓那株重生的中國蘭發得更好，長得更壯，開出秀美的花朵來。

常聽人說一粒沙塵中可以看到整個世界，我想我在那撮故鄉的泥土中看到了全部生命的眞諦。希望、失望、獲取、失落，都不是絕對的。我幻想著，說不定在松花江畔的黑土地上，有天突然冒出個新的故鄉來，就像枯竭的中國蘭，在它的根莖處發出新芽一樣。

說也奇怪，拿起那個盛著故鄉泥土的小花盆聞聞，竟湧來一股濃郁撲鼻的芳香。

（趙淑俠：故鄉的泥土）

旅居瑞士的趙淑俠，這篇「故鄉的泥土」曾經深深感動了許多讀者。因爲這樣的作品會觸發我們內心深處的某一根弦，王孝廉說得好：「讀者絕不會記得某一位作家發表了多少篇作品，卻永遠忘不了他最動人的傑作。」此爲最佳明證。「故鄉的泥土」所以能成爲趙淑俠最動人的傑作，所以能深深感動人心的關鍵，即在其中的象徵意義。

作者返鄉之行，嗅不到期待中的芬芳，尋根的目的，結果卻是「我的根已整個被斬斷、掘出」。夢境破碎之後緊跟著的是心碎。失落的茫然中拾回兩包故園的泥土，一包從松花江東岸的祖父家，一包自呼蘭河畔的外祖家。回到瑞士後，將中國蘭種在中國的泥土上。其中的曲折約有三層：

第一層是流浪的泥土熱戀著流浪的蘭花：中國蘭在遠離中國的歐洲，回到中國的泥土，當會彼此垂憐、依附。葉子又長又細，參差有致，盈盈婷婷的立在黑褐色的泥土裡，樸雅中自有一分嫵媚。

第二層是焦黑的土埋藏著孤絕和死的陰霾：正被祝福與欣喜環繞著，綠油油的葉子上出現了黃色斑痕。接著整個葉身泛黃，最後，終於和野櫻桃（故鄉攜回來的）一樣，垂下了頭，枯萎、脫落、死去。……隨時觸碰到失去慈母的傷痛，失去故鄉的茫然，抑不住對早夭的中國蘭的惋惜。最不能忍耐的，是它身上看不出生命。

第三層是枯死的中國蘭在根莖處冒出新芽：照例替幾盆花草澆水，不經意的轉瞬間，發現花盆裡的黑土有些異樣，原來中國蘭枯死的根莖處冒出兩枝小小新芽。尖尖的葉梢，挺挺的葉身，流瀉進來的漫漫幽暗，一點也掩不住它鮮活、祥和的生氣。世界瞬息間神奇的亮麗起來，兩株小蘭芽泛著比星星還耀眼的光芒。

作者描敍中國蘭與故鄉泥土的遇合，從追尋、期盼、失落、絕望到再獲新生。這不只是特定的事物象徵，簡直就是文學原始類型中的結構的象徵。象徵的意義爲何？在本文結尾已有透露：

> 故鄉的泥土還是好的、美的、有生命的。它讓我看到希望，看到宇宙萬物競生的潛力，追求存在的本能。植物、動物、以至最有情有靈的人，終極的歸宿固然是同樣的歸於消逝，

但消遙在生的道路上的短短時空，都會用他們所有的力、所有的熱，放射出最美的異采，顯現他生命的極致。

我在那撮故鄉的泥土中看到了全部生命的眞諦。希望、失望、獲取、失落，都不是絕對的。我幻想著，說不定在松花江畔的黑土地上，有天突然冒出個新的故鄉來，就像枯竭的中國蘭，在它的根莖處發出新芽一樣。

趙淑俠曾經在蘇黎世大學中文系演講「中國當代文學的新型式」，所謂「新型式」乃指「描寫炎黃子孫離鄉背井浪跡天涯，在異域奮鬥的際遇和感受，並足以道出隱藏於靈魂深處之心聲者。」[91]「故鄉的泥土」中「死而復甦的中國蘭」的象徵意義，所以深深感動讀者，不只是道出作者隱藏於靈魂深處的心聲，更道出了海內外絕大多數中國人共同的幻想與熱切期盼。而這種熱切期盼的心聲，透過象徵的巧妙經營，表達得如此自然、深刻，眞是無愧於故鄉的泥土與中國蘭，無愧於身爲炎黃子孫！

參、興在篇章修辭之運用

本節所論「興」之修辭方式，往往從古今名篇中擷取片段以爲證。從「普遍的象徵」到「特定的象徵」，辭例雖然多采多姿，美不勝收；然而，象徵運用之佳妙，其關鍵端視在整篇作品中產生之效用，或視其在整個文學傳統中之意義。茲再舉「蓮花—君子的象徵」與「嫦娥奔月的象徵意義」作深入之闡論。

一、蓮花——君子的象徵

中國文人特愛花，且由於個性迥異，往往情有獨鍾。晉陶淵明愛菊，其「採菊東籬下，悠然見南山」之詩，早已傳誦千古；宋代的范成大且專爲各種菊花取美名。宋林逋愛梅，在西湖孤山隱居二十年，自謂梅妻鶴子相伴，快活賽神仙。其詠梅詩句「疏影橫斜水清淺，暗香浮動月黃昏」，最爲膾炙人口。清龔自珍也有「病梅館記」一文，頗饒情味。梅爲國花，蘭稱國香，宋劉克莊詠蘭詩云：「深林不語抱幽貞，賴有微風遞遠馨。」清戴名世有「記蘭」一文，頗爲後世所稱誦。蓮花則是周敦頤的寵物。他寫下「愛蓮說」，與上列諸家相互輝映，使「蓮」成爲君子的「普遍象徵」。

周敦頤爲宋代理學之開山祖師。理學是探究經書原理的學問；一提到理學家，常令人眼前浮現出一付道貌岸然的樣子。再加上「文以載道」的觀念頗重，因此一般理學家的文章往往不是那麼容易親近。在這種情況下，周敦頤竟然寫出「愛蓮說」如此富有情趣韵味的可愛小品，實在難得，其中因素可能有兩點：

第一，周敦頤雖然主張文以載道，反對專講裝飾或是空虛的車子，但是只要能載道，裝飾美麗的車子，還是有用途的（此處車子喻文章之藝術形式）。可見他並未否定文章的藝術價值，確認「言之無文，行之不遠」的觀念，文質彬彬，方爲上品文字。

第二，周敦頤家居廬山蓮花峯下，生性愛蓮，此眞正蘊積於胸懷，有感而發，爲情而造文，自然言之有物，頗饒情韵。

本篇選自周濂溪集。題名愛蓮說，「說」爲議論、說理之一種文體。由現代觀點看來，愛蓮說其實是一篇小品文。所謂小品，意謂簡短、雋永而富情趣韵味的文章。小品文可以敍述人、事、物，或抒情，或寫景，或議論，記錄精彩片段，純任自然。

古來文人愛好花卉，常借花木之特性以自喻自勉。愛梅有高潔的意味，愛蘭有清雅的風韵，愛菊者不怕秋霜，在平淡中顯現與衆不同的節操。

本文旨在借愛蓮花隱示作者愛君子。全文分爲兩段。

前段由各種可愛之花，歸結到獨愛蓮花，著重描寫蓮花之特性。

後段比較菊花、牡丹花和蓮花的不同性格。

一、蓮、君子、周敦頤渾然一體

前段開門見山，直接道出蓮花之可愛，其中又可分爲兩節，前半段由衆花引出蓮花，後半段描敍蓮花之特性。先看前半段：

水陸草木之花，可愛者甚蕃：晉陶淵明獨愛菊；自李唐以來，世人甚愛牡丹；予獨愛蓮……

先用一般衆花做引子，導出下文的專談菊花、牡丹，再歸結到自己的獨愛蓮花。在筆法上採取層層遞進的方式：第一層是，在水生、陸生、草本、木本各色各樣的花中，可愛的花實在很多。這是泛指衆花。第二層是，晉代陶淵明特別愛菊花，自唐代以來，社會上一般人多喜歡牡丹花。已經將範圍縮小到菊花與牡丹。第三層則是由以上的陪襯，點出自己獨愛蓮花。由第一層到第三層，範圍漸次縮小，最後逼出蓮花。這種層遞的方式，透過衆花與菊、牡丹之陪襯，要比直說自己愛蓮花更加深刻。

就前半段所列擧的三種花而言，菊是陸生草本，牡丹是陸生木本，蓮則是水生草本，又與首句「水陸草木之花」相應。至於在衆多可愛的花之中，爲何拈取菊花與牡丹，作爲蓮花之陪襯，則細細思量之下，其中又有深意存焉。陶淵明愛菊，擧世最著名；世人愛牡丹，風氣最鼎盛。是以擧此二者，以概其餘。

再看後半段：

予獨愛蓮之出淤泥而不染，濯清漣而不妖；中通外直，不蔓不枝，香遠益清，亭亭淨植，可遠觀而不可褻玩焉。

此寫蓮花可愛之特性，並以之喻君子之德：「出淤泥而不染，濯清漣而不妖」，君子淸心寡欲，與世無爭，不與世俗同流合汚；正如同一枝生長在淤泥中的蓮花，不會沾染卑下齷齪的習性。果能保持思想純正，功名富貴於我若浮雲，就無須裝模作樣去逢迎巴結，討好權貴，不正是「濯清漣而不妖」嗎？「中通外直，不蔓不枝」，指蓮莖中空，外表挺直，不像蔓草有所依附而滋長，也不像許多花木枝節旁生。顯現君子不趨炎附勢，以卑汚手段營求利祿；不聯羣結黨，節外生枝謀取私利。品格高尚，沒有野心，又何須依附他人結黨營私呢？只要心地光明磊落，處事正直，自然能挺起胸膛，正視一切了。「香遠益清，亭亭淨植，可遠觀而不可褻玩焉」。謂蓮花清香遠播，一塵不染地直立在水中，可以隔一段距離觀賞，而不能放蕩地去玩弄。喻君子曖曖內含光，德馨四布，高風亮節，爲世人所景仰。只要正直不阿，自然使人心生敬意，對他不致有輕佻放蕩的態度了。

下半段以蓮花象徵君子。所謂象徵，即某一種抽象的觀念、情感，或看不見的事物，不直接予以指明，而由於理性的關聯，社會的約定，從而透過某種意象媒介，間接加以陳述的表達方式。常見者如以國旗象徵國家，以獅子象徵武士的勇猛，以熊熊烈火象徵男女間熱烈的愛情等，都是運用具體的意象來表達抽象的觀念與愛情。周敦頤在此以具體的意象—蓮，表達抽象的觀念—君子。他運用形象化的語言，使得蓮的意象具體而生動，從正面反面的對照中，呈現出君子的種種形象。試看：

（蓮）不染↓（君子）不沾染卑汚的習性。

（蓮）不妖→（君子）不裝模作樣逢迎權勢。

（蓮）不蔓→（君子）不依靠攀附別人而生存。

（蓮）不枝→（君子）不拉攏朋黨營求富貴。

（蓮）不可褻玩→（君子）不可有輕佻放蕩的態度。

光是反面的五「不」，就足以令我們感覺君子的形象，歷歷如繪了。周敦頤的愛蓮說，由於心理學上的移情作用，將君子之德投射於蓮的特性，又將蓮的種種特性化爲君子的形象：物性—蓮、人性—君子，物我交融，相互輝映。在他的筆下，蓮花、君子、周敦頤已經三位一體，渾然不可分了。

象徵的筆法，在現代散文中也很常見，即以朱自清的「背影」爲例，以「紫皮大衣」象徵「父愛的溫暖」；以「朱紅的橘子」象徵「父愛的光輝」。紫皮大衣是「他給我做的」，表示「人不可忘記父母的恩惠」；朱紅橘子「一股腦兒放在我的皮大衣上」，顯示「父親給兒子的愛是完完整整，毫無保留的！」（參閱許家鸞「背影的欣賞」，收在「中國文學鑑賞」書中，東大出版）在文學表達技巧上，象徵運用高度暗示性的語言，誠如象徵主義大師馬拉梅（Stéphane Mailarmé）所言：「指明一物件，便剝奪了一首詩的最大樂趣；因爲詩的樂趣在逐漸流露。」照中國傳統的說法，就是作者「含不盡之意，見於言外」，讀者「因其所言，會其所未言」，如此方能讓欣賞者靈魂在傑作中尋幽訪勝，享受到主動發現秘密，尋獲寶藏的喜悅。

二、隱士之花、富貴之花、君子之花

前面說過，周敦頤取菊花、牡丹作蓮花之陪襯，其間頗具深意。他爲什麼不選擇梅花、蘭花、茉莉花呢？因爲梅是國花，蘭稱國香，茉莉曾被貶爲小人之香（其實有點寃枉）。陶淵明愛菊，俗人愛牡丹，取其尤著者，以概其餘。除此之外，菊花是隱士的象徵，牡丹是富貴的象徵，周敦頤以此二者爲陪襯，恰恰取其中庸之道。本文後段即在比較菊花、牡丹與蓮花。其中又分二節，前半段以三種花代表不同之人，後半段則以感慨作結。且看：

予謂：菊，花之隱逸者也；牡丹，花之富貴者也；蓮，花之君子者也。

菊，是花中的隱逸高士。其在花中的地位，正如文人中的陶淵明，格調非常清高。陰曆九月，菊花盛開，世稱爲菊月。又有菊花酒，於菊花舒時，並採莖葉，雜黍米釀酒，到第二年重陽開罎，其味頗醇。牡丹，是花中的富貴者，以穠豔見長，與菊花之冷色傲骨，恰成對比。因爲世人多慕榮華富貴，孜孜營求功名利祿，所以大多喜愛象徵富貴的牡丹。蓮花，是花中的君子。蓮也叫荷，又名菡萏、芙蕖。夏日池邊，露滴花開，粉白淡紅嫩綠交映，微風吹過，姿態阿娜搖曳，數里生香，煞是美妙。蓮從頂到根，從花葉到子實，一身都可愛，全部具有實用價值：蓮花賞心悅目，蓮子是食物中的仙品，蓮葉可供包紮，藕也是絕佳的水果和菜肴。周敦頤獨愛蓮，實在是其來有自啊！

如果從更深一層去探討，作者的用意在歌頌品德清高，思想純潔的君子。取菊與牡丹做陪襯，是表示他既不贊成像陶淵明那樣的消極退隱，對於世俗那些積極鑽營，貪慕榮華富貴的作風，更不敢苟同。主張人們應該注重品德，淡泊名利，做一個像蓮花般清高純潔的君子。在隱與仕之間，採取中庸之道，堅持原則，有爲有守。周敦頤倡導的理學，認爲人生最高之修養，惟在一「誠」字，誠而不欺，方爲君子。首先必須遏制非分的野心，不受外界物質引誘，由寡慾而無慾。對於世俗的多慾貪求無饜，固然予以鄙視，甚至像陶淵明的消極隱逸，也不合中庸之道。陶淵明的風格固然令人嚮往，但是如果人人都羣起而效法，那麼天下事誰來負責呢？儒家學者原本是「風聲、雨聲、讀書聲，聲聲入耳；家事、國事、天下事，事事關心」的啊！

這幾句在修辭上是「排比」，用結構相似的句法，接二連三地表出同範圍同性質的意象。菊、牡丹、蓮三種意象有秩序有規律地連接發生，基於美學上平衡與勻稱的原理，顯得相當和諧。排比與對偶頗有類似之處，但也有所不同。對偶必須字數相等，兩兩相對，且力避字同意同；排比卻不拘字數，也不必兩兩相對，且以字同意同爲常例。再看幾個例子：

富貴不能淫，貧賤不能移，威武不能屈；此之謂大丈夫。（孟子：滕文公）

梅令人高，蘭令人幽，菊令人野，蓮令人淡，春海棠令人艷，牡丹令人豪，蕉與竹令人韵，秋海棠令人媚，松令人逸，桐令人清，柳令人感。（張潮：幽夢影）

對淵博友，如讀異書；對風雅友，如讀名人詩文；對謹飭友，如讀聖賢經傳；對滑稽友，

如閱傳奇小說。（張潮：幽夢影）

排比運用之普遍及其勻稱和諧的效果，由此可見一斑。

再看本文最後的幾句：

噫！菊之愛，陶後鮮有聞；蓮之愛，同予者何人？牡丹之愛，宜乎衆矣！

此以感慨作結。作者抒發個人的情感；歎惜世人多愛牡丹，而菊與蓮卻罕見知音。菊花不在夏季和衆花爭奇鬥艷，直到秋深霜降才獨自開放，就像離羣獨處，不和世俗爭名奪利的隱士。這樣的隱士，自陶淵明以後就很少見了。世俗衆人多愛象徵富貴的牡丹，像我這樣愛蓮的還有誰呢？頗有借題發揮的意味。意思是諷刺一般人大多不擇手段去謀求富貴，能夠放棄慾念，保持清高品格和純潔思想的君子，到那裡去找呢？最後以感嘆語結束全文，人花相惜，點明題旨，是作者內心確有必須一嘆方快的情思，益使讀者衷心有所感動，而引發出深切的共鳴。

在文意結束前，還有兩個小問題值得探討。

第一個問題是愛蓮之思想淵源，可能與佛家有關：佛足下常踩蓮花，以蓮之出淤泥而不染，顯示清明純淨，不沾世俗塵埃。宋代理學家，多兼涉佛典，周敦頤愛蓮，或許曾受到佛家之影響。同時，周敦頤著太極圖說，從「無極而太極」的宇宙本體一直推展到天地萬物的化生，又由人生教化的中正仁義，奠立主靜無欲之最高修養標準；再以此人生修養之最高標準回應到宇宙自然的本體。宇宙與人生打成一片，達到天人合一的境界。黃庭堅說：「濂溪先生胸中灑落，如光風露月。」（山谷別集卷上濂溪詩序），眞是良有以也。由於周敦頤善察天地萬物，時時與宇宙大自然接觸，再加上個人的潛心體悟，以至心境與外物交融，自然領會出君子與蓮的相融互會之處。

第二個問題是菊、牡丹、蓮花受世人喜愛的程度：以唐代詩人詠花而言，詠牡丹詩九十首，作者四十四人；菊花詩六十八首，作者四十六人；蓮花詩七十一首，作者四十四人。（據古今圖書集成）由此可見，三者受詩人喜愛之程度，並無太大差距。周敦頤的「噫！菊之愛，陶後鮮有聞；蓮之愛，同予者何人？」顯然有夸飾之嫌。羅宗濤教授認爲，周敦頤旨在借花吟志，難免過甚其辭。筆者認爲，除羅教授所言成理外，還有一項因素，可能是詩人當中愛菊、愛蓮者與愛牡丹者相差無幾，而一般世人卻是愛牡丹者衆。詩人與一般人的品味能力是不能相提並論的。

二、嫦娥奔月的象徵意義

神話是民族的夢！

自其表象而觀之，神話是荒誕無稽的；自其實質而探究，神話卻涵蘊了積極的意義。神話故事雖然出自想像虛構，且多集體創作，但是卻反映了先民對於大自然的解釋、想像與心底的願望，流露了民族的心聲！

神話是文學藝術創作的泉源！

神話透過口耳相傳，在民間傳誦廣遠，膾炙人口，歷世常新。不但爲大衆所津津樂道，同時更爲後世詩人、畫家、雕塑、刺繡、剪紙等各種藝術，提供了創作的靈感與啓發。神話不但是藝術家汲取創作靈泉的寶庫，文學家與藝術家在創作時也賦予神話更豐富的內涵。

在中國古代的神話與傳說中，由觀察日月星辰而產生的美麗神話，而又反映了現實社會人們的生活和想望的，不勝枚舉，其中最富有象徵意義的就是「嫦娥奔月」。以下且從：嫦娥奔月故事的演變、原始象徵、後起象徵三端，予以探討。

一、嫦娥奔月故事的演變

在龐雜衆多的神話材料中，有關自然界的神話，範圍最廣，數量最多，且含蘊了許多美麗的想像與高貴的理想。前人曾將解釋一切自然現象的神話概分爲三類：

1. 關於日月星辰風雷山川等自然現象的。
2. 關於禽獸草木的。
3. 關於特種自然界的原始信仰⑨²。

第一類中有關月亮的神話，譚達先「中國神話研究」曾列舉了三則比較具有代表性的材料：

1. 大荒之中，有山，名曰日月山，天樞也。……有女子方浴月。帝俊妻常羲生月十有二，此始浴之。（山海經．大荒西經）

2.高辛氏次妃常羲生而能言，髮迨（列也）其踵，是歸高辛，生太子庭及月十二。（路史）

3.羿請不死之藥於西王母，姮娥（嫦娥，羿妻）竊以奔月。（淮南子·覽冥訓）[93]。

以上三段神話，雖然同樣是講月神，但內容卻頗有歧異：第一段的「常羲」，即「嫦娥」，此言日月山上有帝俊妻嫦娥生下十二個月亮，並替月亮洗澡。第二段則謂高辛氏次妃嫦娥，剛出生就會講話，她的長頭髮一直拖到腳後跟，嫁給高辛氏後，生了十二個月亮。沈雁冰以爲，此「十二月」大概是原始天文學的遺形[94]。第三段則謂嫦娥偷吃了丈夫從西王母處得來的不死之藥，奔往月宮。

由此可見，神話中的故事說法並不一致。袁珂「山海經校注」即云：「是『生月十二』之月神常羲神話，乃又逐漸演變而爲奔月之嫦娥神話；常羲本爲天帝帝俊之妻，又一變而爲其屬神羿之妻：神話傳說之演變無定，多如是也。」[95]其實，嫦娥的丈夫羿的有關記載，也有自相矛盾之處。在楚辭與淮南子中，羿一方面是射落九個太陽拯救下民的神，一方面是荒淫無道的諸侯。

在說法紛歧的月神故事中，本文所探討的對象是傳誦最廣遠；也最爲衆所津津樂道的「嫦娥奔月」神話。然而，即使是嫦娥奔月故事，其本身亦非一成不變。嫦娥，由月神常羲演變而來[96]，原作恆娥，漢代因文帝名恆，避諱改作姮娥，又作常娥、嫦娥，後世流行稱嫦娥。有關嫦娥奔月的故事，由於時空轉變，人們對於自然現象的想像與解釋不同，神話故事的內容以及其所顯現的內涵意義，也與世推移，大概可以分作以下三個階段：

(一)飛越現實，翺翔於月宮

嫦娥奔月的神話故事，第一階段是戰國到兩漢，最早的記載主要有三則：

昔常娥以西王母不死之藥服之，遂奔月爲月精。（戰國：「歸藏」）[97]

羿請不死之藥於西王母，姮娥竊以奔月，悵然有喪，無以續之。（漢劉安：淮南子覽冥訓）

嫦娥，羿妻也，竊西王母不死藥服之，奔月。將往，枚占於有黃，有黃占之，曰：「吉。翩翩歸妹，獨將西行，逢天晦芒，毋驚毋恐，後且大昌。」嫦娥遂托身於月，是爲蟾蜍。（漢張衡：靈憲）[98]

以上三段文字，大致確立了早期嫦娥奔月神話的故事輪廓。羿費盡千辛萬苦，到西王母處求得長生不死之藥。西王母將此藥交給羿的時候，還特別叮嚀：

「這葫蘆裏的藥，恰好夠你們夫婦倆人份吃了不死，假如一人獨享，就可以昇天成神仙。」羿滿懷興奮地將藥帶回家，準備找一個良辰吉日與嫦娥共享靈藥。他並不想獨吞做神仙，因爲天上與人間的情況其實也相去不遠，只要不下地獄也就心滿意足了。可是嫦娥的想法就不一樣了。她原本是天上的女神，卻因爲羿射落九個太陽得罪天帝而受到牽連，回不了上天，實在寃枉。再加上羿和宓妃的愛情走私，更使她胸懷牢騷與不滿。於是趁羿外出之時，將不死之藥偷偷取出，想要自己一個人獨吞。爲了鄭重小心起見，還特別向著名的巫師有黃請教，占卜的結果是大吉大利，有黃告訴她：

恭喜夫人大吉大利啊！
——有一個伶俐可愛的女子，
將單獨邁向遙遠的西方；
世道是如此紛亂擾攘，
去吧！不要猶疑，也不必惶恐，
命中註定日後要大大昌盛！

嫦娥下定決心，獨吞了兩人份的不死之藥，身體發生變化，使這個原本絕世超凡的美麗仙子，化爲一隻醜陋可厭的癩蝦蟆。她想要狂奔大喊求救，但只能蹲在地上跳躍，喉嚨也已瘖瘂難以出聲；都是那騙人的巫師有黃害的，還預言什麼「大吉大利」「命中註定要大大昌盛」哩！她實在懊惱又後悔，只因爲一念之差，自私地背叛丈夫，竟然落得如此悲慘的下場⑲！

㈡瓊樓玉宇，高處不勝寒

從六朝到兩宋，是第二階段，有關嫦娥的神話，故事情節略有改變。由於同情嫦娥的遭遇，嫦娥在人們心目中又恢復了美麗仙子的形象。然而，她雖然居住在人人嚮往的月宮，卻嘗盡了「高處不勝寒」的寂寞滋味，後悔莫及。

如今現存的漢代石刻畫像裏，在月宮中擣藥的是嫦娥的化身——蟾蜍⑽。嫦娥竊吞靈藥奔月，固然罪過該罰，但是一個最美麗、最可愛的仙子被謫降爲最醜陋、最惹嫌的癩蝦蟆，且罰做擣不死藥的苦工，未免有點過分。基於人性的憐憫，六朝以後，大家對嫦娥的說法有所改變，由同情而寬容，原本對嫦娥的嚴厲譴責與詛咒，罰她化身爲蟾蜍，轉變成白兔擣藥，嫦娥依然是美麗的仙子，並沒有變成癩蝦蟆或其他奇怪的動物。在此可以引述三段詩文以爲明證：

1.晉傅玄「擬天問」詩：

月中何有？白兔擣藥。

2.南朝宋謝莊「月賦」：

引玄兔於帝台，集素娥於后庭。

3.南朝宋顏延之「爲織女贈牽牛」詩：

婺女儷經星，姮娥棲飛月；慚無二媛靈，託身侍天闕。

由此可見嫦娥的形像已在人們心目中恢復了原有的面貌。月的形象是那麼可愛，自然不忍心將美麗可愛的嫦娥仙子貶爲癩蝦蟆。可是，環境的美麗，並不能安慰寂寞的心靈。月宮是如此冷清，除了一隻終年擣藥的白兔之外，一無所有。後來雖然增加了一個被罰到月宮來砍樹的吳剛，可是桂樹和吳剛過不去，創口隨砍隨合，永遠沒完沒了。

在唐代詩人的筆下，更對嫦娥寄予了深厚的同情。

1.李白「把酒問月」云：

青天有月來幾時？我今停盃一問之。
人攀明月不可得，月行卻與人相隨。……
白兔擣藥秋復春，姮娥孤棲與誰鄰？……

2. 杜甫「月」云：

四更山吐月，殘夜水明樓。
塵匣元開鏡，風簾自上鉤。
兔應疑鶴髮，蟾亦戀貂裘。
斟酌姮娥寡，天寒奈九秋。

3. 李商隱「嫦娥」云：

雲母屏風燭影深，
長河漸落曉星沈；
嫦娥應悔偷靈藥，
碧海青天夜夜心。

嫦娥奔月故事演變至此，也就形成中國神話中傳誦最廣遠，大衆所熟知的情節。

㈢知君懷恩，復降爲夫婦

當美麗的嫦娥仙子，在漫長的時日承受無邊的寂寞時，她後悔莫及，一個人冷冷清清地在月宮做神仙，高處不勝寒，實在沒意思，很想再回到羿的身邊，即使偶有煩惱吵架，也勝過「碧海青天夜夜心」的孤寂。等到宋代，嫦娥奔月故事，又有了新的轉機，是爲第三階段。元伊士珍「嫏環記」引「三餘帖」嫦娥故事云：

> 嫦娥奔月之後，羿晝夜思惟成疾。正月十四夜忽有童子詣宮求見，曰：「臣，夫人之使也，夫人知君懷思，無從得降。明日乃月圓之候，君宜用米粉作丸，團團如月，置室西北方，呼夫人之名，三夕可降耳。」如期果降，復爲夫婦如初。

這段故事，雖然彌補了嫦娥的遺憾。但是在民間流傳的嫦娥奔月神話，乃至於文人筆下的嫦娥，仍然以第二階段的說法爲主流。根據袁珂的考證，「三餘帖」已亡佚，百二十本「說郛」輯有之，撰人及時代均不詳，疑是宋人。袁珂在「古神話選釋」書中說：「這段故事，顯然可見是仙話而非神話，是道家方士的任意編造，而非流行於民間的民間傳說。」事實上，嫦娥再回到羿身邊的故事，後人詩文中幾乎看不到，同時，這種喜劇團圓的結局，也遠不如原先的悲劇耐人尋味。

二、嫦娥奔月的原始象徵

嫦娥奔月神話故事，由觀察天文而產生，寄托了現實人世的願望與期盼。其故事本身的象徵意義，據王孝廉分析[101]，約有兩點：㈠永刼與回歸，㈡不死與再生。我個人以爲，除此之外，尚有自由與超越，以下且試闡論之。

(一)永刼與回歸

隨著嫦娥奔月的神話，有吳剛伐桂的故事，比較完整的記載是唐代段成式「酉陽雜俎」中的一段文字：

> 舊言月中有桂，有蟾蜍。故異書言月桂高五百丈，下有一人常斫之，樹創隨合。人姓吳名剛，河西人，學仙有過，謫命伐樹。釋氏言須彌山南面有閻扶樹，月過，樹影入桂中；或言月中蟾、桂，地影也；空處，水影也。

其實，在吳剛伐桂神話故事出現之前，中國人心中就存有月中有桂的觀念。「太平御覽」所引「淮南子」一書中即記載月中有桂，晋虞喜「安天論」也謂月中有仙人和桂樹，月桂之形狀初如仙人的腳，然後如其身體，最後生桂樹。「說文解字」釋桂：「江南之木，百藥之長。」桂樹在中世紀中國人的想法裏，是不死的仙藥。「列仙傳」中的仙人如范蠡、桂父、谿父等都以桂為食，吃桂樹二十年就能在空中飛行。

吳剛伐桂，樹創隨合，象徵著月亮的不死與再生。他因為在學習仙術的過程中犯了錯失，因此被罰做這種永遠徒勞無功的伐桂工作。月中有桂和月中有不死藥的神話，是源於古人以月亮具有再生、不死、女性、農耕、生命等信仰而來。後來的道家修鍊之士信仰服桂成仙，也可能是由月中有桂與月中有仙藥的神話結合而成。

除了月中有桂之外，月中還有蟾蜍與白兔。屈原「天問」云：

夜光何德？死則又育。厥利維何，而顧菟在腹！

王逸註：「夜光，月也；育，生也。言月何德於天，死而復生？」「死則又育」謂月亮具有不死與再生的神聖力量，由觀察月的盈虧圓缺，周而復始的回歸現象而產生。而月中有兔，從形狀上解釋是兔口有缺。後來又把月中兔想像爲一個終年辛苦爲仙人搗不死藥的使者，與吳剛的命運相同。

由觀察自然而想像月中有白兔、蟾蜍、桂樹，乃至於產生嫦娥奔月、吳剛伐桂、玉兔搗藥等神話故事，其原始想像的根源當然是月亮中的斑點，因爲月中的黑影並不很清楚，再加上其間的盈虧變化，所以有不同的解釋，蘊釀出複雜豐富的神話故事。而其中的象徵意義，在永刼與回歸之下，又顯現了「知其不可而爲之」的奮鬥精神與「悲歡離合」的無常感覺。

㈡不死與再生

古人因見月亮的「死則又育」，由月的陰晴圓缺，盈虧消長，如此周而復始，循環不已，產生不死與再生的信仰，嫦娥奔月神話故事就是這種信仰的投射。

神話世界中的嫦娥奔月故事，其所反映的現實基礎，主要有兩點：

第一、由於人們對現實生命有限的苦惱，追求永生，希望長生不老。這種觀念，古今中外，人同此心，心同此理。在中國上古時期即與人生俱來，秦漢時期尤爲流行，秦始皇派徐福率童男童女尋覓仙山，漢武求不死之藥，即爲著名的例證。在現實人世間，想要追求不死與永生，難以如願，反映到神話故事的嫦娥身上，不但流露了大衆的願望與心聲，而且慰情聊勝於無，頗有精神上的補償作用。

第二、與社會型態密切結合。古代的農業社會，與月亮關係密切，中國民間，一向依據以月亮爲主的陰曆從事農耕作息，王孝廉在「不死與再生——月亮神話之二」⑩文中說得好：

有神話學家把人類的原始文化分爲太陽文化與月亮文化，遊牧民族所信仰的通常是天，是太陽，是強有力的父性神。而農耕民族信仰的多半是大地，是月亮，是溫柔的母神。因此在古代月神信仰的文化圈裏的民族，他們通常把月亮做爲不死、再生、大地、農耕、女性的象徵。

除此之外，嫦娥奔月神話還有兩點現實性的反映：1.將月亮與女性聯想到一起，由於月光溫和柔美，不像太陽那樣剛強猛烈。因此，中國神話中的月母是爲常義、女和、恆娥、嫦娥；同時，最早的「常義生月十有二」，也是與一年十二個月的農業社會相契合的。2.在早期神話故事中，嫦娥化身爲蟾蜍，除了與月中有蟾蜍的想法結合之外，更反映了在古代以男性爲主的社會中，透過神話對背叛丈夫的女子作嚴厲的懲罰。如此看來，嫦娥奔月雖屬想像虛構而成，其中卻具有濃厚強烈的現實性色彩。

㈢自由與超越

嫦娥奔月神話中所象徵的不死與永生，固然是生民共同的願望與心聲。然而，就其大處而言，嫦娥奔月實具有人們追求自由，想要突破人世間種種拘囿與束縛，想要超越現實環境的熱切期盼。由此而言，其所象徵的意義，更能夠顯示內心深處的想望與聲音。

人生在世，不但壽命短暫，無論壽夭，最後終難逃一死。同時受到外在環境的種種限制。其體能、足跡所及，生存的空間，莫不拘限於一隅。面對廣大浩遠，無窮盡的大自然日月星辰，能不浩嘆！即使達者如莊周，亦曾經感慨地說：「生也有涯，知也無涯！」

在慨嘆之中，值得慶幸的，是一個人的身軀雖受外在環境的束縛，但精神活動力卻可以突破時空的限制。劉勰「文心雕龍」「神思篇」嘗言：「文之思也，其神遠矣！故寂然凝慮，思接千載；悄焉動容，視通萬里。」言寂靜無聲，聚精會神以謀慮，則其思力可以上接千古聖賢，神交千古，默契寸心，其樂融融。悄憂有得，驚心動魄於形容，則其視野可以廣達萬方景物。就時間言，思緒能從現在遊蕩到過去未來，絲毫不受阻礙；就空間言，思緒能從目前遙想到異域殊方，展現各種視覺意象。

神話故事中的嫦娥，就是人們追求自由，超越現實，乘想像之翼遨遊天宮下的產物。假如我們開啓心扉，不凝不滯，則無入而不自得。至此令人聯想起蘇東坡「赤壁賦」中的一段文字：

客亦知夫水與月乎？逝者如斯，而未嘗往也；盈虛者如彼，而卒莫消長也。蓋將自其變者而觀之，則天地曾不能以一瞬；自其不變者而觀之，則物與我皆無盡也。而又何羡乎？

由水的流動，月的盈虧，顯現了「變」與「常」的至理：自其變者而觀之，由水、月以至天地萬物，何嘗有一分一秒短暫的靜止？自其不變者而觀之，江水依舊，明月萬古，由水、月以至萬物，又何嘗改變呢？變的只是表象，本體與眞理是不變的。就個人的生命而言，生老病死，成住壞空，當然短暫而有限，然而在大我生命本體的立場來看，卻如明月常照，大江永流，永無盡期。天地萬物生生不息，人類永恆是宇宙間生之洪流，薪火相傳，這生之洪流是永遠不盡的——物與我皆無盡也。

同樣的道理，嫦娥奔月神話故事，雖然有種種不同的傳說，但是其中所象徵的人類追求不死與永生，追求自由，想要突破環境的束縛，超越現實的意義與精神，卻是永遠不改變，永無絕期的。

三、嫦娥奔月的後起象徵

嫦娥奔月的故事，傳誦於民間，不但中國人人心中有嫦娥，嫦娥已成爲中國文化寶庫中一粒光彩閃爍的明珠，照耀著民族的心靈，更成爲詩人筆下最喜愛的模特兒。當天才們面對如此美麗可愛的模特兒，乘想像之翼遨遊於神話世界時，不由得靈思泉湧，馳騁才情，極態盡妍，使得嫦娥歷世常新，永遠活在人們心目中。

詩人不但從嫦娥身上汲取創作之泉源，獲得無窮的靈感與啓發，同時「賦嫦娥以新貌」。嫦娥若有知，能獲得如此天才們的眷顧、憐惜，在月宮中雖然孤獨寂寞，但也應感到無限的安慰與欣幸。

嫦娥在詩人的筆下，不只是永刼與回歸、不死與再生、自由與超越的象徵而已。試以唐代最傑出的詩仙李白、詩聖杜甫而言，嫦娥已成爲寂寞的象徵。且看。

白兔擣藥秋復春，姮娥孤棲與誰鄰？（李白：把酒問月）

斟酌姮娥寡，天寒奈九秋。（杜甫：月）

李杜對嫦娥的寂寞芳心，都表露了深切的同情。其實，與其說是憐惜嫦娥，毋寧說是與嫦娥共憐共惜。詩仙李白，號稱「天上謫仙人」、「痛飲狂歌空度日，飛揚跋扈爲誰雄？」天才是寂寞的，「姮娥孤棲與誰鄰？」不正是詩仙孤寂心靈的自我寫照嗎？同樣的情況，杜甫的「斟酌姮娥寡，天寒奈九秋」，也正是杜甫的自憐。楊倫「杜詩鏡銓」說得好：「姮娥獨處而耐秋，亦同於己之孤寂矣。」由此可見，李白杜甫不但透視了嫦娥的寂寞處境，更以嫦娥作爲寂寞的象徵，表露了天才內心深處落拓的沈哀。

眞正對嫦娥的心境有深刻了解而又體貼入微的是「詩中情聖」李商隱。在「玉谿生詩集」的六百零一首作品中，不乏詠嫦娥之作。如：

雲母屏風燭影深，長河漸落曉星沈；
嫦娥應悔偷靈藥，碧海青天夜夜心。（嫦娥）

草下隆蟲葉上霜，朱欄迢遞壓湖光；
兔寒蟾冷桂花白，此夜姮娥應斷腸。（月夕）
不見嫦娥影，清秋守月輪；
月中閑杵臼，桂子搗成塵。（房君珊瑚散）
初聞征雁已無蟬，百尺樓南水接天；
青女素娥俱耐冷，月中霜裡鬥嬋娟。（霜月）

其中尤以「嫦娥」一首七絕，在千古以來詠嫦娥的作品中，堪稱獨占鰲頭之壓卷作。一方面體貼入微，將嫦娥的寂寞心境與淒清處境和盤托出。一方面含蘊深遠，將天才的孤寂感表露無遺。不僅李商隱與嫦娥同具「高處不勝寒」的哀愁與寂寞，更反映了無數才子佳人的心聲，耐人尋味，發人共鳴，令人感慨！如果我們將此詩略作闡析，當可領略到詩人內心深處的心象。

首句「雲母屏風燭影深」，寫詩人所處的室內之景。鑲著雲母的屏風，曲折地陳列著，燭影掩映，描繪出一片幽深精美的情景。由室內之裝飾，點出居處之精緻華麗；由燭影之搖曳，顯示時屬深夜，也因此聯想到詩人的心思深重。

次句「長河漸落曉星沈」，寫詩人所見的室外之景。鏡頭由室內移向室外，銀河漸漸沈落，曉星也趨於隱淡，不僅空間轉移，時間也逐漸流動，眼前所見的星空慢慢變化。由「燭影」到「長河漸落」，時空轉移，即景生情，寓情於景，透露了詩人的心境。蓋詩人之所以能察覺燭影搖曳，必屬長夜無眠之人。其所以能感覺星空之流轉，則長夜無眠，乃由於孤獨寂寞，有所思。凝望星空的寂寥空曠，詩人的心境，不也正是如此地空曠孤寂嗎？

第三句「嫦娥應悔偷靈藥」，由寫景轉爲議論，從詩人所處的實境飛向神話世界。嫦娥偷食靈藥飛向月宮，是出自她自我抉擇，不但令人艷羨，且早已成爲人們追求自由，想要突破現實環境束縛的象徵。嫦娥爲什麼要後悔呢？此句雖非問句，卻比問句更令人納悶。難道是李商隱自作多情，好事地强作解人？一個「悔」字，等於在讀者心湖中投下一粒石子，激起了陣陣漣漪。

第四句「碧海青天夜夜心」，是回答第三句，替讀者解除了心頭的疑惑。原來嫦娥在飛上月宮之後，卻是後悔莫及：月宮縱然是美麗的仙境，但卻是那麼地冷清凄涼，除了一隻終年擣藥的玉兔和被罰來砍桂樹的吳剛之外，連半個人影都沒有。嫦娥的美麗倩影，有誰欣賞讚美？嫦娥的寂寞芳心，又有誰堪慰憐？有的只是煢獨的孤影，夜夜面對著碧海青天，日復一日，永無絕期。空有一片良辰美景，觸目卻是無限的凄清，怎不令她滿懷哀怨，萬縷愁緒呢？此句雖不明說愁情，但即景生愁，碧海青天夜夜心，使我們眼前浮現出嫦娥凄楚孤獨的身影，想見其寂寥的芳心。李商隱眞不愧爲詩中情聖，能將嫦娥的心境揣摩得如此透徹，眞個是體貼入微，不作第二人想。劉若愚在「李商隱詩的用語」文中評此句云：「沒有動詞，只直接提出嫦娥的寂寞，以海與天和她的心相對比。如果詩人用了一個動詞，把全句變成『碧海青天夜夜愁』，那麼，這句就失之太顯，沒有給讀者留下想像的餘地，更不用說押韻的問題了。」[103]

前人對此詩的寓意，雖然有種種紛歧的看法[14]。但如果從較爲寬廣的層面來看，可以說泛指天才的孤寂感。碧海無涯，青天罔極，夜夜寂寞芳心，徘徊於空曠寂寥的月宮，將嫦娥的孤寂感，描繪得極爲深刻沈痛，哀怨可感。同時也是作者自身的寫照：天才是寂寞的，只因爲無可爲侶，遙遙無期，眞是高處不勝寒啊！李商隱在此所表達的，有三層意義：

①代嫦娥傾訴了美麗仙子的處境。

②透露了李商隱自己的心聲。

③反映了無數才子佳人的心境。

這種天才的孤寂感，進入中國文學傳統的巨流中，就使得嫦娥奔月神話故事的象徵意義更加豐富了。

當然，嫦娥奔月的象徵意義，絕非一成不變，也非僅止於斯。假如我們將嫦娥奔月的象徵意義，設想成一種由理想的追求，甚至世俗的功名富貴的追求，目標達成後反而感覺一片空虛，生命不再有意義。那也未嘗不可。

世世代代的中國人，在無數個美麗的夜晚，皎潔的月光照耀下，緬懷嫦娥奔月的神話故事，想起其中的象徵意義，再回顧己身的處境與心境，心靈之門理應爲之開啟得更寬廣。由此看來，荒誕不經的嫦娥奔月神話，實足以啓迪我們的心智，滋潤民族的心靈。

第四節 比興之原則

「比」、「興」取名自詩經的六義說。孔穎達疏解詩序所謂六義：風、雅、頌是指詩之體裁；賦、比、興是指詩之作法。作法之中，比、興居其二，可見比、興之修辭法，爲文學創作最重要之技巧。所以劉勰在文心雕龍神思篇探討創作者「物以貌求，心以理應」之過程中，特別强調「刻鏤聲律，萌芽比興」。

至若比興之原則，則以劉勰在「比興篇」贊語最爲簡要中肯：

詩人比興，觸物圓覽。物雖胡越，合則肝膽。擬容取心，斷辭必敢。攢雜詠歌，如川之澹。

此總結比興之原則：文學創作運用比興之修辭方法，以表達情意，描寫事物。要針對寫作的題材，周覽泛觀，體物入微，充分掌握其特質。苟能如此，則兩樣事物縱然像南越北胡般迥然不同，卻因爲捕捉到其間微妙的關聯，予以比方描寫，維妙維肖，如肝膽之貼切，休戚相關。無論是模擬形貌，擷取含意，都必須要求精確得體，切理厭心。苟能如此，則創作時運用比興，附理起情，神思想像，靈感如泉湧水流，取之不盡；文辭如河水搖蕩，生動流暢；文章意旨豐盈，含蘊無窮。

從現代修辭學的角度而言，所謂「觸物圓覽」即從各種角度觀察所取題材或所用譬喻之喻依，充分掌握其間微妙的關聯，則喻體與喻依雖本質上迥然不同，風馬牛不相及，但只要能捕捉其微妙關聯之契合點，即可作巧妙之譬喻形容。所以劉勰說：「物雖胡越，合則肝膽。」又附會篇云：「善附者異旨如肝膽，拙會者同意如胡越。」

所謂「擬容取心」，則研究文心雕龍的學者解釋略有歧義，如：

㈠李曰剛先生「文心雕龍斠詮」「比興篇」注釋：

言比擬形容，求取合乎人心；決斷文辭，必須斷然果敢。攢聚雜事，吟詠詩歌，則靈感汩汩而來，即如河水之蕩漾然。

㈡王更生先生「文心雕龍讀本」「比興篇」語譯：

寫作時，如果用比擬形容的方式，則必須注意合乎常情。而修飾文辭時，要大膽果決而不模稜兩可，具備了以上所說的條件，那麼作者在積聚聯想的事物，吟詠詩歌的時候；則靈感就像泉湧水流，自然取之不盡，用之不竭了。

㈢周振甫「文心雕龍注釋」「比興篇」今譯⑮：

有的模擬外形，有的採取含義，措辭一定要果敢。聚集各種比興的事物在歌詠裡，使文辭像河水流動般生動。

㈣陸侃如·牟世金「劉勰和文心雕龍」「比興問題」⑯：

> 劉勰在「比興」篇的小結中提到的「擬容取心」，就概括了這一共同點。「容」指事物的形象，「心」指事物的實質。比興兩法的共同要求，就是詩歌要用形象說話，詩中所寫事物的「心」，不是赤裸裸地直接說出，而是通過「容」來表現。

由此可見，李氏、王氏將「擬容取心」連爲一體，解釋成「比擬形容，求取合乎人心，必須注意合乎常情。」周氏、陸氏將「擬容」「取心」分開，解釋作「模擬外形，採取含義」「容指事物的形象，心指事物的實質」。

如此迥異的解說，表面上看起來是分歧的，恰巧也正顯示了台灣學者與大陸學者對文心雕龍研究的不同成果。然而，如果我們從更寬廣的角度衡視此等歧見，這兩類的說法，並非矛盾對立，而是可以兼容並蓄，相輔相成的。

「擬容取心」的意義，如果眞正衡諸劉勰理論，與修辭法的實際情況，可以解釋作：無論是模擬形貌的「擬容」，擷取含義的「取心」，都必須要求精確得體；以比（譬喻）而論，切至爲貴，避免不倫不類的牽强比附，以興（象徵）而論，必須出自理性的關聯、社會的約定、或透過作者的經營設計，受上下文控制，避免不合理的機械附會。

以下且結合劉勰的理論與修辭方法的實情，分從「比顯興隱，環譬託諷」「擬容取心，切至爲貴」「隨時起情，依微擬議」三端，闡論比興之原則。

壹、比顯興隱，環譬託諷

鍾嶸詩品序云：「文已盡而意有餘，興也；因物喻志，比也。」比、興在傳統詩歌中被列為最主要之寫作技巧，劉勰將比、興合為一篇而論之，其中必有緣故。因為比與興有同有異，二者都不是直接的表達，而是藉具體形象的事物去表情達意，採間接的、暗示的表達方式。兩者之間最顯著的區別是「比顯興隱」。黃侃「文心雕龍札記」說得好：「題云『比興』，實側注論比，蓋以興義罕用，故難得而繁稱。」從修辭學的角度而言，「比」中的明喻、隱喻、略喻、借喻等，都明顯易知，「興」中的普遍象徵、特定象徵，就需要讀者用心體味。同時，比、興仍有糾纏難解之處。劉勰在比興篇中對比興雖有相當中肯的闡論，但仍有混淆之處。現代研究文心雕龍與修辭學的學者，也有不同的意見。且看：

(一)詹鍈「劉勰與文心雕龍」「文心雕龍的修辭學」「比興篇」[16]：

從運用比興的目的來說，「比則蓄憤以斥言，興則環譬以託諷。」當內心蓄積了憤激之情的時候，用比喻直斥統治者，如「詩經、碩鼠」的「碩鼠碩鼠，無食我黍」就是。下面說：「興之托喻，婉而成章。」可見劉勰認為興也是一種譬喻，不過這種譬喻是利用委婉回環的方式來寄托諷刺之情。有些詩篇在用興的手法時，也不一定含有諷刺之意，而只是「觸物以起情」，所以興只是一種引子，用它來引出所詠之詞。

㈡廖蔚卿「六朝文論」——「劉勰的創作論」⑩⑧：

至於興之運用，本是出於暗示作用，劉勰謂「比顯而興隱」，它因「依微以擬議」而有「起情」的作用，所以興之爲用主要在取諸事理，對於一件事有所認識與理解，於是用一種事物去譬喻它，予那事理以特出的暗示。……釋皎然詩式曰：「取象曰比，取義曰興。」由是知興之用專在取義，然則以事喻義的方法，仍然是比喻法的一種，應該就是劉勰所列舉的比義的例子。……以物喻事的比喻，其目的不僅是使所要表現的事物更爲生動凸出而已，主要的還在以一種事物引出一種道理，一種觀念，使能從事象中，發生一種思想的活動。但是那一種作者所欲求的思理，他並未直接述明，他只用一件事物來指出，來暗示。這種方法即是「託喻」，即是「依微起情」的暗示作用。但這種暗示，常是被包括於比喻之中。

㈢黃維樑「清通與多姿——中文語法修辭論集」：「文學的四大技巧」「比喻」⑩⑨：

象徵是文學創作的另一個技巧，象徵和比喻這兩種技巧，甚有關聯。比喻以「彼物」比「此物」；象徵則以一物「象」表「徵」多重意義。在一個比喻裡面，「彼物」和「此物」之間，關係是很清楚的：二者有一個或多個相同之處，好比一對男女，互相吸引，經過月老（文學家）的撮合而成爲夫婦（比喻）。在一個象徵裡面，一物象所表徵的意義，則相當曖昧。好比一個美麗的少女，喜歡她的男孩子很多，她似乎也對他們表示了好感，但到底最喜歡誰，有時連經驗豐富的月老（文學家）也說不清楚。李商隱的「錦瑟」詩，裡面的「滄海月明珠有淚，藍田日暖玉生煙」兩句，究竟要說明的是愛情的悲哀、懷才不遇、還是生命的茫然呢？就相當朦朧了。「錦瑟」詩好像海明威的「老人與海」一樣，都是涵義豐富的象徵。不過，無論如何，比喻和象徵都建基於「彼」與「此」的相同點上面，就廣義而言，象徵可以包括在比喻之內。

(四)李裕德「新編實用修辭」「象徵式比擬」[110]：

象徵式比擬可以簡稱爲象徵，象徵的特點同比喻有某些相似，不過，象徵要對比擬體進行比較詳細或十分詳細的描敍，用來說明被比擬體。例如茅盾的「白楊禮贊」，就著力地描繪了白楊樹，對白楊樹的姿態、樹枝、樹皮等進行了相當仔細的描寫。用白楊樹作比擬體，去贊頌抗日時期中國的北方農民。這種著力描寫比擬體的方法就叫做象徵式比擬。而比喻的比擬體通常只有一兩句話，不可能對被比擬體進行詳細的描寫。所以說，象徵是一種篇章修辭法，它的對象是整篇的文章，至少是文章中的一大段話，同比喻只是修飾句子有根本的區別。也可以說，象徵是篇章的比喻。

詹氏、廖氏基於劉勰「環譬託諷」、「依微起情」之理論，以爲「興也是一種譬喻，不過這種譬喻是利用委婉回環的方式來寄托諷刺之情。」「興之用專在取義，然則以事喻義的方法，仍然是比喻法的一種。」黃氏、李氏則從修辭學的角度，認爲「就廣義而言，象徵可以包括在比喻之內。」「象徵是篇章的比喻。」

表面上看來，比與興，譬喻與象徵，同中有異，異中有同，不容易區分。其實，只要略加用心思索，其間的區別仍然是有脈絡可尋。黃維樑創造了一個妙喻，以單純的夫婦喻譬喻，以多情的少女喻象徵，即將象徵視爲譬喻的一種，仍然迥異於一般的譬喻。從另一個角度而言，正因爲譬喻與象徵之相重相異，我們可以對這兩種修辭技巧，經過深思熟慮，有更深一層的認識。在此有兩點必須闡明：

第一，比、興作爲最重要的表達方式，其關鍵在於透過比興能達成的表達效果，而非比、興本身。朱自清「詩言志辨」「比興論詩」⑪說得好：

論詩，從唐以來，「比興」一直是最重要的觀念之一。後世所謂「比興」雖與毛、鄭不盡同，可是論詩的人所重的不是「比」、「興」本身，而是詩的作用……論詩尊比興，所尊的並不全在「比」、「興」本身的價值，而是在「詩以言志」，詩以明道的作用上了。

由此可見，透過比、興而能使創作達到詩以言志、詩以明道的理想目標，這才是文學創作的關鍵。

第二，劉勰强調「比興」，指出比興的重心是「比則蓄憤以斥言，興則環譬以託諷。」其理想目標在講究文章以述志爲本，須爲情而造文，而非無痛呻吟的爲文而造情。「情采篇」云：

風雅之興，志思蓄憤，而吟詠情性，以諷其上。

比興篇强調的「蓄憤」，「託諷」，乃主張文學創作必須有「興寄」，有內容，有感而發。就比興修辭法的基本原則而言，並非玩文字遊戲，跟讀者捉迷藏，而是「志思蓄憤」、「環譬託諷」。

確立了比興的基本原則之後，仍然須再進而釐清象徵與譬喻之異。劉勰在比興篇開宗明義說：

> 比者，附也；興者，起也。附理者切類以指事，起情者依微以擬議。

比是依照事物的相似處來比附事理，興是根據事物的隱微處來興起情感。由此可見，譬喻比較明確，象徵比較隱晦。更具體而言，譬喻中的明喻、隱喻、略喻，與象徵還比較容易辨別，借喻與象徵，就不易區別。因此，修辭學者對此頗有闡發：

㈠宋振華「現代漢語修辭學」「象徵與借喻的區別」[112]：

> 第一，借喻是比喻的一種，構成比喻的基礎是本體（喻體）和喻體（喻依）的相似點。借喻的本體雖然沒有出現，但是可以看出作比喻的是什麼，而且一般都可以換成明喻的格式。例如：「全世界被壓迫被剝削的勞動人民要砸碎鐵鎖鏈。」其中的「鐵鎖鏈」顯然是指壓迫人民的剝削制度，所以可改成明喻：「剝削制度像套在人民身上的鐵鎖鏈。」而象徵體和象徵意義間一般沒有相似點，所以不能換成明喻格式。例如，用鴿子象徵和平，但不能說「和平像鴿子」。

第二，借喻是用喻體（喻依）直接代替本體；象徵體不是簡單地代替象徵意義，而是通過多方面描繪形象，才能使象徵意義展示出來。

㈡黃慶萱「修辭學」論象徵之原則：

象徵很像譬喻，尤其像譬喻裡的借喻。二者的分別在：象徵和意象結合爲一；而借喻是省去喻體、喻詞的喻依，喻體和喻依卻是獨立的兩個意象。試看下例：

「這話未免太重太狂，太傷害人的自尊，火山的爆發，溶岩飛漿，四濺傷人。破壞了美的印象。發怒是心虛的表示。你心虛。祈綏音也心虛。」（水晶：沒有臉的人）

「火山的爆發，溶岩飛漿，四濺傷人。」是一個借喻；與「羅亦强發怒」是二個獨立的意象。作者借前者來譬喻後者。前者事實上並沒有發生。再看下例：

「她突然擧起另外一隻手把那隻玻璃水缸猛一拍，那隻金魚缸便珖瑯一聲拍落到地上，砸得粉碎。」（白先勇：那片血一般紅的杜鵑花）

這個意象象徵著「麗兒」砸碎「王雄」的心。象徵與意象結合，而且事實上也曾發生。

宋氏、黃氏之說，從修辭學的角度辨明象徵與借喻之區別，闡論精微，頗能掌握其間的關鍵處，使疑難迎刃而解。以下且盱衡各家之說，針對譬喻與象徵之迥異，予以整理歸納，約可歸結爲以下五點：

第一，就表達的題材而言，譬喻往往是以章句爲主，象徵卻常牽涉到整篇。尤其特定的象徵，受到上下文的控制。所以李裕德認爲象徵是篇章的比喻，雖然不是絕對的，但就創作的題材，或修辭法在作品中的運用而言，多半是如此。

第二，就表達的方式而言，比顯而興隱，譬喻的喻體通常相當明確。而象徵的意義卻比較曖昧，所以黃維樑以夫妻的明確關係喻「譬喻」，以多情少女的感情喻「象徵」。象徵的意義固然曖昧，且有歧義，但同時也留給讀者更大的想像空間，可享受尋獲寶藏的欣悅。

第三，就譬喻與象徵的結構而言，譬喻的基本類型有四種，無論是明喻、隱喻、略喻，均有喻體與喻依。即使是借喻，只有喻依，要描述的喻體在言外，但多半可以轉換在明喻的標準形式。而象徵只有意象，其象徵的意義在言外，往往不能轉換成明喻的形式，如用鴿子象徵和平，用十字架象徵基督教，不能轉變成和平像鴿子，基督教像十字架。

第四，就作者所用的意象與所顯示的意旨而言，在譬喻中，喻體與喻依是獨立的兩個意象，象徵卻與意象結合爲一，所以黃慶萱論象徵的原則强調「結合意象，使象徵有足夠的可信度。譬如，胡適的名言：「獅子與老虎向來都是獨來獨往，只有狐狸與狗才成羣結黨。」獅子與老虎借喻胡適，狐狸與狗借喻攻擊他的人。喻體與喻依的意象是獨立的，且事實上並未見到獅子、老虎、狐狸、狗等，而周敦頤的愛蓮說，以蓮花的意象象徵君子，意象與象徵已結合爲一。且確實是在描述花的種種特性。

第五，在篇章的象徵中，象徵體並非單純地代替象徵意義，而是多方面描繪形象。其中也許會包括了若干譬喻的手法，所以劉勰說「環譬以託諷」，至於有人以爲廣義的比包括象徵，那是因爲象徵的意義，往往有「借物自況」或「託物喻志」的成份。

貳、擬容取心，切至爲貴

譬喻與象徵的原則，大體上多半是可以相通的，甚至有許多完全相同。陸侃如．牟世金「劉勰和文心雕龍」[113]論比興云：

> 比興兩法雖然原本有多種不同解釋，但它作爲我國古代詩歌創作中一種常用的傳統手法，其基本觀念是一致的。無論以物比物或以物興情，都是通過具體事物的形象來反映現實，表達情意。劉勰在「比興」篇的小結中提到的「擬容取心」，就概括了這一共同點。

大體上而言，譬喻與象徵都是「通過具體事物的形象來反映現實，表達情意。」劉勰在「比興篇」又云：

> 比類雖繁，以切至爲貴。若刻鵠類鶩，則無所取焉。

此言比的種類雖然繁多，但總要以切合事理，表情恰當爲尚。果不其然，像刻畫天鵝卻類似野鴨，比得不倫不類，那就弄巧成拙，不足爲訓。所以詮賦篇云：「擬諸形容，則言務纖密；象其物宜，則理貴側附。」

關於「擬容取心，切至爲貴」，繆俊杰「文心雕龍美學」[114]闡論頗爲精闢：

> 「擬容取心」是從作家創作塑造藝術形象必須把客觀（容）和主觀（心）統一起來這個角度來論述問題的。作家通過比興的手法來塑造藝術形象。不僅要模擬容觀事物的表象，而且要通過這個客觀表象表達出事物的內在實質，也就是表現出它的某些本質方面。作家採取比興的手法如果僅僅表現出事物的外部情狀，而沒有表現出事物的深刻內涵，也只能說比喻生動，而不能說很好地運用了比興。
>
> 「切至爲貴」，「比」雖然有各種各樣的比，但比喻的運用有一定的原則，應該做到「以切至爲貴」，「切至」就是準確，作家如果爲比喻而强設比喻，其結果就會如王充所說的：「夫比不應事，未可謂喻。」（論衡．物勢篇）「飾貌以强類者失形，調辭以務似者失情。」（論衡．自紀篇）這種不確切妥貼的比喻就會失去它的眞實性，等於刻鵠類鶩，畫虎爲犬。這種比喻是沒有什麼可取之處，沒有意義的。準確、鮮明、生動、形象是比喻應該遵循的原則。

繆氏從文心雕龍美學的角度，申論比興之「擬容取心，切至爲貴」，堪稱直探本心，切中肯要。至於現代修辭學書中論譬喻之原則，也可以列舉兩家意見，以窺一斑。

華中師範學院中文系現代漢語教研組編「現代漢語修辭知識」[115]論比喻的原則有三點：

1.比喻可以用人們熟悉的事物去說明人們還不熟悉的事物，讓人們易于理解。如「柴多火焰高」。這個客觀事實，是人們熟知的，用它說明集思廣益的道理，就容易理解、接受。

2.比喻可以用具體的事物去描繪比較抽象的事物，增加語言的形象性，並且能使讀者產生聯想。如說「罷工的聲勢很大」，比較抽象；說「鬧罷工勢如巨浪」，用「巨浪」作比就把罷工的聲勢具體化、形象化了。很自然地聯想到巨浪翻滾、洶湧澎湃的情景。

3.比喻還能突出事物某一方面的特性，加强讀者的印象，因爲比喻總是從某一方面說明另一事物，就有突出那個事物某一方面特性的作用。如：「爲剿匪把土匪扮，似尖刀插進威虎山。」用「尖刀」作比，突現了主角銳不可當，致敵於死命的巨大威力。

黃慶萱「修辭學」分從消極與積極兩方面論譬喻的原則。

消極的原則：1.不可太類似。2.不可太離奇。3.不可太粗鄙。4.避免晦澀的譬喻。5.避免牽强的類比。

積極的原則：1.必須是熟悉的。2.必須是具體的。3.必須富於聯想。4.必須切合情境。5.喻體與喻依在本質上必須不同。

黃氏又分別舉例說明，堪稱洋洋大觀。

如果從比興的本質、達意、傳神、內涵等各種角度而言，則可以歸納爲四大原則：

第一，本質上，譬喻的喻體與喻依在本質上必須迥然不同。喻體與喻依，不宜太相近。如：

書本就像降落傘，打開來才能發生作用。

茶盃就像酒盃。

書本與降落傘，本質上迥異，但是其間卻有一點微妙的關聯，捕捉了此關鍵，即可造成一個妙喻。但是，茶盃與酒盃太相近，因此不能成爲好的譬喻。

第二，達意上，譬喻要求以易知說明難知，以具體說明抽象，以警策彰顯平淡。不宜流於晦澀離奇，刻意牽强或粗俗鄙陋。如：

英國、阿根廷爭奪福克蘭羣島之戰，好比兩個禿子搶一把梳子。

英阿之戰，這件事毫無意義而且無聊，如此抽象的事理，透過「兩個禿子搶一把梳子」的具體形容，即可巧妙地呈現在讀者心目中，而且印象深刻。

第三，傳神上，好的比興，不但是求其達意而已，尤須進而求其神似。黃慶萱「修辭學」嘗列舉世說新語言語篇的一段實例：

謝太傅寒雪日內集，與兒女講論文義，俄而雪驟，公欣然曰：「白雪紛紛何所似？」兄子胡兒曰：「撒鹽空中差可擬。」兄女曰：「未若柳絮因風起。」公大笑樂。即公大兄無奕女，左將軍王凝之妻也。

以「撒鹽空中」喻「白雪紛紛」，當然是譬喻，但實在不能表現白雪的輕盈飄飛之狀。只有一個好處，他還算老實，眞是「差可擬」。用「柳絮因風起」就顯得輕盈、瀟灑而切合白雪霏霏之情境。

李玉珸「試談比喻的形似和神似」⑯說得好：

比喻的最大特點是可以增强語言的形象性，它使高深的事理淺顯明白，使繁雜的事情清晰突出，使抽象的事理生動具體。所謂「狀理則理趣渾然，狀事則事情昭然，狀物則物態宛然。」……一種單有形似的形象，並不能盡「形」畫象，只有蘊含神似的形象，才能盡「形」畫象。比喻手段所注重的正是如何進行這種形象描繪，掌握形象描繪的關係。

由此可知，比興以切至爲貴，這一個「切」字，除了表達精確之外，還要求切合情境，求其神似。以上主要就譬喻而言，其實，象徵也是同樣的道理，所謂「切至」乃要求合乎理性的關聯，或者是在作者的經營、安排、設計所塑造的一定的場景、情境與氣氛之中，象徵才能充分顯示其意義。

第四，內涵上，要求富於聯想，意蘊豐富。如此才能含不盡之意，見於言外，讓讀者感覺餘韻無窮，興味盎然。如「古詩十九首」：

燕趙多佳人，美者顏如玉。

美人如玉，可以使人聯想到：1.皮膚之潔白如玉，2.皮膚之潤澤如玉，3.內蘊溫潤如玉之美德。如此具有多層美好的意義。眞是美不勝收。

又如周敦頤的「愛蓮說」，以蓮象徵君子，透過蓮花之種種特性——不染、不妖、不蔓、不枝、不可褻玩，聯想到君子的種種德性，不受俗塵污染、不裝腔作勢刻意逢迎，不攀附權貴、不拉攏朋黨，……等。其象徵意義，含蘊無窮，使君子的形象，躍然紙上。

由於「比顯興隱」，以上四大原則係以譬喻爲主，象徵爲輔，然而比興的原則，多半可以相通。至於一般修辭方法之共同原則，如要求新穎、生動、鮮活……等，在比興之中自不例外。

參、隨時起情，依微擬議

劉勰在「比興篇」開端釋比興之名義云：

興、起也。……起情者，依微以擬議。……起情故興體以生。

由於起情，依微擬議，故產生興體。如果追根探源，則「物色篇」更具體說明自然環境乃觸發人心產生文學之關鍵：

春秋代序，陰陽慘舒，物色之動，心亦搖焉。蓋陽氣萌而玄駒步，陰律凝而丹鳥羞，微蟲猶或入感，四時之動物深矣。若夫珪璋挺其惠心，英華秀其清氣，物色相召，人誰獲安？是以獻歲發春，悅豫之情暢；滔滔孟夏，鬱陶之心凝；天高氣清，陰沈之志遠；霰雪無垠，矜肅之慮深。歲有其物，物有其容；情以物遷，辭以情發。一葉且或迎意，蟲聲有足引心；況清風與明月同夜，白日與春林共朝哉！

自然環境變遷，予人情感盪漾，激發文學創作。「明詩篇」又云：「人稟七情，應物斯感，感物吟志，莫非自然。」鍾嶸「詩品序」亦云：「氣之動物，物之感人，搖蕩性靈，形諸舞詠。」「若乃春風春鳥，秋月秋蟬，夏雲暑雨，冬月祁寒，斯四候之感諸詩者也。」凡此皆謂緣景生情，發爲吟詠，而後創作文章。創作之有「興」，正緣於此。論語陽貨篇記載孔子論詩：「詩可以興，可以觀，可以羣，可以怨。」所謂「興，起也。」正緣於此。周振甫「文論漫筆」論「興」⑪⑦云：

「可以興」，朱熹解作「感發志意」，就是起到啓發鼓舞感染作用。孔穎達解作「能引譬連類以爲比興」，就是從詩裡用的比興手法加以引申聯繫而得到啓發。鍾嶸「詩品」裡的話可作說明：「文已盡而意有餘，興也；因物喻志，比也；直書其事，寓言寫物，賦也。」他講的比興，著眼在意和志。讀者讀了這樣的詩，從詩中所用的比興體會到作者的意志，所以能「感發志意」。這裡所講的比興，大概像「離騷」裡所用的。王逸說：「『離騷』之文，依『詩』取興，引類譬喻，故善鳥香草以配忠貞，惡禽臭物以比讒佞。」作者說的是善鳥香草，沒有說出的含意是以配忠貞，所以是「文已盡而意有餘」。這種沒有說出來的含意可以通過上下文使人得到體會。這種體會要起到啓發鼓舞作用，即「可以興」。就要像孔子說的：「詩三百，一言以蔽之，曰：思無邪。」要求思想正確。作品要對讀者有啓發鼓舞作用，先要求思想正確；其次要求比興，即有形象，通過這些形象使讀者領會到作者沒有說出的含意，從而得到啓發鼓舞。這種啓發鼓舞，是讀者從比興中自己體會得來的，所以形象比較深刻，感染力比較强。

周氏闡論孔子的文學觀，對興的作用，如此周密深入的申論發揚，頗稱精闢。從象徵的原則而言，則可以歸納爲兩點：

第一，隨時起情：象徵必須針對所採用的意象，作適當的處理、經營、設計、安排。在適當的場景、情境與氣氛之中，藉具體的意象，顯示抽象的情理。黃慶萱先生「修辭學」第十八章「象徵」中曾提出「要求自然，創作欣賞切忌機械附會」，堪稱直探本心，切中肯綮之見。如果說得更清楚些，那就是象徵須透過理性的關聯，或適當的安排。要求自然妥貼，不可流於穿鑿附會，或者曖昧難解。

其次，象徵須有深刻的意蘊。能對讀者有啓發鼓舞作用，「喻之以理，不如動之以情」。象徵就是要用具體的意象，讓讀者自行體味，如此作者的旨意才能深具感染力而動人心坎。以本章第三節所舉例證而言，楊逵「壓不扁的玫瑰花」、陳之藩「失根的蘭花」、趙淑俠「故鄉的泥土」不但意象鮮明，且深具啓示性感染力，足以激發讀者的民族意識，對國家產生更大的向心力。

第二，依微擬議：象徵是感物吟志。「稱名也小，取類也大」。依微起情擬議，可以以少總多，透過細微的事物，概括深廣的內涵。黃慶萱先生「修辭學」第十八章「象徵」中曾提出「濃縮文字，納深廣題旨於短幅之中」，不失爲探驪得珠，精闢體要之見。

例如本章所舉孟郊「遊子吟」，以「春暉象徵母愛」，春天的太陽，人人熟知而並不感覺怎麼樣，可是「依微擬議」的結果，春暉所象徵的母愛是那樣廣大溫馨，無所不在；又是那樣無所偏私，無分軒輊。尤足可貴者在世界上只有一種情感，是純粹付出，不求回報，且出於天性，發乎自然，那就是最眞摯偉大的母愛。如此象徵意義，充分顯現了人類最高貴的情操。苟非象徵，不知花費幾許筆墨，還不容易說清楚。

美國小說家海明威有一段名言：「好的短篇像一座冰山，十之七八浸在水底下，露出水面的不過十之二三。」好的象徵，正如同一顆耀眼的水晶球，從不同的角度煥發出多種光芒。象徵由於「依微擬議」，其象徵意義，須花心力去思索，甚且有時候相當曖昧。但此特點絕非缺點，相反地，更能含蘊無窮，留給讀者更大的想像空間，無窮的啓發與逸趣。

附註

① 葉嘉瑩「中國古典詩歌中形象與情意之關係例說：從形象與情意之關係看賦、比、興之說」，載「迦陵談詩二集」。（東大圖書公司）

② 見王夢鷗「文學概論」第十三章「直述」。（帕米爾書店）

③ 參考李金苓「我國古代的比喻理論」，載中國修辭學會華東分會主編「修辭學研究」。（安徽教育出版社）

④例證釋義，參考李曰剛「文心雕龍斠詮」。（國立編譯館中華叢書編審委員會）王更生「文心雕龍讀本」。（文史哲出版社）

⑤張健「孔子的詩論：興、觀、羣、怨」，見中央圖書館館刊十九卷二期。後收入「中國文學批評」一書中。（五南圖書公司）

⑥朱自清「詩言志辨」「比興」四「比興論詩」，載「朱自清古典文學論文集」。（源流出版社）

⑦見屈萬里「詩經釋義」「敍論」五「六義四始和正變之說」。（華岡出版社）

⑧陸侃如・牟世金「劉勰和文心雕龍」四「劉勰的創作論：比興（兩種傳統手法）問題」。（上海古籍出版社）

⑨見劉永濟「文心雕龍校釋」「比興第三十六」釋義。（華正書局）

⑩王禮卿「文心雕龍通解」卷八「比興」篇旨。（黎明文化公司）

⑪見亞里士多德「修辭學」第三卷第二章。此據黃維樑譯文，載黃著「清通與多姿——中文語法修辭論集」「文學的四大技巧」。（香港文化事業公司）

⑫見亞里士多德「詩學」第二十二章。此據黃維樑譯文，同註⑪。另亞里士多德著・姚一葦譯註「詩學箋註」第二十二章：「更加重要者則係成爲隱喻之巨匠。隱喻不能從自他人的學習中得來；它是一種天才之表現，蓋一個好的隱喻可自不同中提示相同之直覺。」（中華書局）

⑬秦牧「譬喻之花」，載「藝海拾貝」書中。（上海文藝出版社）

⑭陳騤「文則」，見鄭奠・譚全基編「古漢語修辭學資料彙編」。（明文書局）

⑮見黃民裕「辭格匯編」㈠「比喻」。（湖南人民出版社）

⑯詳見黃慶萱「修辭學」第十二章「譬喻」。（三民書局）

⑰詳見黎運漢・張維耿編著「現代漢語修辭學」第五章「修辭方式」一比喻。（商務印書館香港分

館）「喻解」或有或無，並非明喻的必要成份。如接下來的兩個辭例，因為喻體與喻依之關係很明顯，就沒有喻解。

⑱ 見陳望道「修辭學發凡」第五篇「積極修辭」三「譬喻」（學生出版社）

⑲ 見李小岑「現代英文修辭學」第三章「隱喻」。（美亞書版公司）

⑳ 黃慶萱「『再別康橋』欣賞」。（香港公教報文學副刊，民國七十二年八月五日・十二日）

㉑ 對襯，詳見本書第四章「隱秀」第三節「秀的修辭方法」一「映襯」。

㉒ 同註⑮。

㉓ 詳見拙作「正諫與諷諫」。（中央日報副刊「諤諤篇」專欄，民國七十六年二月四日）

㉔ 參考拙作「老驥伏櫪，志在千里—析曹操詩歲出夏門行『龜雖壽』」。（台灣新聞報副刊，民國六十八年一月十三日）

㉕ 詳見拙作「澗底松與山上苗」。（台灣日報副刊，民國七十一年四月十九日）

㉖ 葉慶炳「晚鳴軒愛讀詩—風多飛無力」。（明道文藝三十六期）

㉗ 詳見黃亦眞「文心雕龍比喻技巧研究」。（學海出版社）

㉘ 見黎運漢・張維耿「現代漢語修辭學」第五章第三節一、「比喻」。（商務印書館香港分館）

㉙ 見王熙元「論語通釋」下册第九篇「子罕」第廿八章析微。（台灣學生書局）

㉚ 見仇兆鰲「杜詩詳註」卷十一。（里仁書局）

㉛ 見仇兆鰲「杜詩詳註」卷七。

㉜ 見仇兆鰲「杜詩詳註」卷一。

㉝ 見尤袤「全唐詩話」卷三「朱慶餘」條，載何文煥訂「歷代詩話」第一册。（藝文印書館）

㉞ 參考黃民裕「辭格匯編」㈠比喻。（湖南人民出版社）

㉟ 整段文字屬「示現」，第三個喻依下面的喻解，從傲來峯、扇子崖到南天門，屬「層遞」。「愈翻愈險，愈險愈奇」，屬「頂眞」中的聯珠格。

㊱ 參考拙作「評撒哈拉的故事」。（華視新聞雜誌第十期）

㊲ 本節前面已有論列。

㊳ 見周振甫「文章例話」「比喻」。（蒲公英出版社）

㊴ 詳見拙作「生活中歷鍊出來的大兵文學—評張拓蕪『天大的事』。」（幼獅少年第九十九期）

㊵ 見楊倫「杜詩鏡銓」卷三。（新興書局）

㊶ 同註㊳。

㊷ 見陳望道「修辭學發凡」第六篇「積極修辭」二「諷喻」。（學生出版社）

㊸ 見周振甫「文章例話」「諷喻」。（蒲公英出版社）

㊹ 參考拙作「中國古代寓言中的極短篇」，第六屆全國比較文學會議論文。收在「青年文藝創作論叢第二集」。（文復會台北市分會文藝研究促進委員會出版）

㊺ 見王煥鑣「先秦寓言研究」。（中華書局）

㊻ 見邵鏡人「同光風雲錄」。（鼎文出版社）

㊼ 參考拙作「愚公移山評析」（明道文藝八十一期）

㊽ 同註㉓。

㊾ 馬茂元「古詩十九首探索」前言：「在十九首裏，表現這種羈旅愁懷的不是遊子之歌，便是思婦之詞。」（河洛出版社）

㊿ 隋樹森「古詩十九首集釋」，載「古詩集釋等四種」（世界書局）。

51 朱自清「古詩十九首釋」，載「朱自清古典文學專集續編」（源流出版社）。

㊾ 廖蔚卿「論古詩十九首的藝術技巧」。（「文學雜誌」三卷一期）

㊿ 見亞里斯多德「修辭學」，此處轉引自黃維樑「清通與多姿—中文語法修辭論集」（香港文化公司）書中「文學的四大技巧」一文。

54 見韋勒克·華倫著，王夢鷗·許國衡譯「文學論」第十五章。（志文出版社）王夢鷗「文學概論」第十四章。（帕米爾出版社）

55 黃慶萱「修辭學」第十二章「譬喻」，黃著原列有「假喻」，在此不取。（三民書局）

56 此詩之闡析可參閱周尚德「論十九首今日良宴會詩」（「文學雜誌」七卷一期）。

57 參閱拙作「迢迢牽牛星—神話、愛情與詩的交融」，見「神話、愛情、詩—中國古典詩比較評析」書中（尚友出版社）

58 參閱拙作「哀而不怨的古典情詩—析『行行重行行』」，見「神話、愛情、詩—中國古典詩比較評析」書中。

59 見艾治平「古典詩詞藝術探幽」「興的三種手法」。（學海書局）

60 見姚一葦「藝術的奧秘」第六章「論象徵」。（開明書店）

61 用姚一葦的譯文，同註60。

62 見查爾斯·查特微克著，張漢良譯「象徵主義」。（黎明文化公司）

63 見李裕德「新編實用修辭」四「象徵式比擬」。（北京出版社）

64 見宋振華「現代漢語修辭學」八「象徵」。（吉林人民出版社）

65 見黃民裕「辭格匯編」十九「象徵」。（湖南人民出版社）

66 見黃慶萱「修辭學」第十八章「象徵」概說。（三民書局）

67 參考張子良「金元詞述評」。（華正書局）

㊳ 見王熙元「論語通釋」下編，第九篇「子罕」第九章「析微」。（學生書局）

⑹⑼ 詳見拙著「現代中國的燈塔」二「夸父逐日的故事」。（中央文物供應社）

⑺⓪ 見袁珂「古神話選釋」「夸父」解說。（長安出版社）

⑺⑴ 見朱光潛「談美」十「空中樓閣─創造的想像」。（開明書店）

⑺⑵ 見李豐楙等編著「中國現代散文選析」第二冊「陳之藩」。（長安出版社）

⑺⑶ 詳見「中國詩學─思想篇」「中國詩人眼中的植物世界」。（巨流圖書公司）

⑺⑷ 見黃慶萱「修辭學」第十八章「象徵」舉例部分。（三民書局）

⑺⑸ 詳見拙作「有限空間的無限哀怨─析『青青河畔草』」，載「神話、愛情、詩─中國古典詩比較評析」書中。（尚友出版社）

⑺⑹ 顏元叔「析青青河畔草」。（中國時報副刊，民國六十七年九月十四日）

⑺⑺ 黃永武「古典詩中的桃與柳」，載「中國詩學─思想篇」。（巨流圖書公司）

⑺⑻ 方祖燊「談詩的象徵」，見「青年文藝創作論叢」第二集。（文復會台北市分會文藝研究促進委員會出版）。

⑺⑼ 黃永武「詩人看松樹」，載「中國詩學─思想篇」。（巨流圖書公司）

⑻⓪ 見楊倫「杜詩鏡銓」卷一「畫鷹」詩評語。（新興書局）

⑻⑴ 見劉若愚「中國詩學」下篇第三章「意象與象徵」。（幼獅期刊叢書）

⑻⑵ 同註⑻⑴。

⑻⑶ 見沈德潛「唐宋八家文讀本」卷三十。（東海大學藏嘉慶癸酉年刊本）

⑻⑷ 見林雲銘「古文析義」二編卷八。（廣文書局）

⑻⑸ 見宋文蔚評註「文法津梁」下冊「鍊句」。（蘭台書局）

㊇ 見李扶九編選・黃紱麟書後「古文筆法百篇」卷九。（文津出版社）

㊈ 詳見拙作「從技巧與寓意析論王安石『遊褒禪山記』」，文建會、政大主辦「紀念司馬光與王安石逝世九百周年國際學術研討會論文」，載「司馬光與王安石學術研討會論文集」。（文建會）

㊉ 見黃慶萱・許家鸞著「中國文學鑑賞舉隅」二「散文欣賞」。（東大圖書公司）

89 詳見拙作「愛的世界——評析琦君『想念荷花』」。（幼獅少年第八十五期）

90 詳見拙作「椰子樹的聯想——評析林清玄『滿天都是小星星』」。（幼獅少年第九十七期）

91 詳見拙作「趙淑俠的文學理想」。（台灣日報副刊，民國七十四年六月十一日）

92 詳見沈雁冰「中國神話研究」第六章。（新陸書局）

93 見譚達先「中國神話研究」第三章。（木鐸出版社）

94 詳見沈雁冰「中國神話研究」第六章。

95 袁珂「山海經校注」、「海經新釋」卷十一。（里仁書局）

96 除本文上述所引之外，張樹稡輯補注本「世本」「帝嚳篇」：「帝嚳下妃娵訾氏之女，曰常儀，是生帝摯。」義儀聲近，常義即常儀，帝嚳即帝俊。「呂氏春秋」「勿躬篇」云：「尚儀作占月。」畢沅注云：「尚儀即常儀，古讀儀爲何，後世遂有嫦娥之鄙言。」沈雁冰「中國神話研究」、袁珂「山海經校注」對此均有所闡明。

97 「歸藏」約成書於戰國初年，其書早已亡佚，此段佚文見「昭明文選」「祭顏光祿文」李善注。

98 張衡「靈憲」書已亡佚，據嚴可均編「全上古三代秦漢三國六朝文」。（日本中文出版社）

99 故事情節參考袁珂「中國神話故事」第五章。（河洛出版社）

100 詳見袁珂「古神話選釋」、「羿與嫦娥」。（長安出版社）

101 見王孝廉「花與花神」。（洪範書店）

⑩² 同注⑩¹。

⑩³ 劉若愚「李商隱詩的用語」，見「李商隱詩研究論文集」。（天工出版社）

⑩⁴ 詳見馮浩「玉谿生詩集箋註（里仁書局）、張爾田「李義山詩辨正」（商務印書館）等。

⑩⁵ 見周振甫「文心雕龍注釋」「比興篇」譯文。（里仁書局）

⑩⁶ 見陸侃如·牟世金「劉勰和文心雕龍」四「劉勰的創作論」。（上海古籍出版社）

⑩⁷ 見詹鍈「劉勰與文心雕龍」「文心雕龍的修辭學」「比興篇」。（北京中華書局）

⑩⁸ 見廖蔚卿「六朝文論」「劉勰的創作論」。（聯經出版公司）

⑩⁹ 見黃維樑「清通與多姿」「文學的四大技巧」「比喻」。（香港文化事業公司）

⑪⁰ 李裕德「新編實用修辭」第五章「形象修辭法」「象徵式比擬」。（北京出版社）

⑪¹ 朱自清「詩言志辨」「比興論詩」，載「朱自清古典文學論文集」。（源流出版社）

⑪² 宋振華「現代漢語修辭學」第四章「辭格的選用」八「象徵」「象徵與借喻的區別」。（吉林人民出版社）

⑪³ 同註⑩⁶。

⑪⁴ 見繆俊杰「文心雕龍美學」「擬容取心，斷辭必敢——劉勰論比興手法的特點」。（文化藝術出版社）

⑪⁵ 見華中師範學院中文系現代漢語教研組編「現代漢語修辭知識」第二節「比喻與借代」。（湖北人民出版社）

⑪⁶ 李玉琂「試說比喻的形似和神似」，載中國修辭學會編「修辭學論文集」第二集。（福建人民出版社）

⑪⁷ 見周振甫「文論漫筆」「興觀羣怨」。（光明日報出版社）

第三章 夸飾

夸飾，相當於英文中的Hyperbole，是一種具有强烈表達效果同時也易遭爭議的修辭方法。夸飾意謂「語文中夸張鋪飾，遠超過客觀事實，使其所表達之形象情意鮮明突出，藉以加强讀者或聽衆的印象。」

夸飾作爲一種修辭方法，最早見於劉勰文心雕龍夸飾篇，現代研究修辭學的人雖然偶有運用不同的名稱，如陳望道「修辭學發凡」、徐芹庭「修辭學發微」用「鋪張」，楊樹達「中國修辭學」用「形容」，陳介白「修辭學講話」用「誇張」，但仍以「夸飾」最精當也最常見。同時，審視各項文學理論與修辭學資料，對於「夸飾」之闡論，仍以劉勰之說最爲精闢。本章即以文心雕龍之理論爲基礎，探討夸飾此一修辭方法之產生、得失、方式與原則。

第一節　夸飾之產生

夸飾之產生因素有二[1]：主觀因素是「語不驚人死不休」（杜甫「江上値水如海勢聊短述」），作者想要「出語驚人」。客觀因素是「愛奇者聞詭而驚聽」（文心雕龍知音），「俗人好奇，不奇，言不用也」（王充論衡藝增），讀者的好奇心理。無論「出語驚人」或「好奇心理」，均爲人類之天性；自有人類以來，即爲普遍而不可變之人性。因此，劉勰在文心雕龍夸飾篇一開端，即指出夸飾與天地俱生，其來有自[2]：

夫形而上者謂之道，形而下者謂之器。神道難摹，精言不能追其極；形器易寫，壯辭可得喻其眞。才非短長，理自難易耳。故自天地以降，豫入聲貌，文辭所被，夸飾恆存。

此言自有天地以來，萬事萬物，原本具備聲音形貌，創作文辭，夸張鋪飾，即經常使用，不可或缺。此所謂「自天地以降，夸飾恆存。」一直探本心，一語道破了夸飾乃出乎自然，本乎天性，自有創作，即有夸飾。

劉勰論「夸飾恆存」，在此之前，古人即屢次言及。如：

兩喜必多溢美之言，兩怒必多溢惡之言。（莊子．人間世）

世俗所患，患言事增其實；著文垂辭，辭出溢其眞。稱美過其善，進惡沒其罪。何則？俗

> 人好奇；不奇，言不用也。故譽人不增其美，則聞者不快其意；毀人不益其惡，則聽者不愜於心。聞一增以爲十，見百益以爲千，使夫純樸之事，十剖百判；審然之語，千反萬畔。墨子哭於練絲，楊子哭於歧道。蓋傷失本，悲離其實也。（王充：論衡・藝增）

> 夫假象過大，則與類相遠；逸辭過壯，則與事相違；辯言過理，則與義相失；麗靡過美，則與情相悖。此四過者，所以背大體而害政教，是以司馬遷割相如之浮說，揚雄疾辭人之賦麗以淫。（摯虞：文章流別論）

莊子指陳夸飾之現象——溢美、溢惡，王充則明言夸飾之產生由於俗人好奇，並對經藝諸子的言過其實，大加撻伐。摯虞則認爲夸飾「背大體而害政教」。大略言之，在劉勰以前，論及夸飾者多持反對之態度，且欠缺完整周密之闡論。劉勰則以爲「壯辭可得喻其眞」，從正面積極性地肯定夸飾之價值與地位。劉綬松「文心雕龍初探」③以爲：「夸張的問題，在劉勰以前，老早就有人談過的，但很正確地理解這個問題的，劉勰實在是第一個。」換言之，站在文學創作與修辭的立場，以客觀公正的態度深入論「夸飾」，劉勰是中國文學史上的第一人。

劉勰在文心雕龍夸飾篇中，抱持與前人不同的見解，除了正面肯定夸飾之意義與價值外，爲取信起見，特舉詩書之例，證明夸飾雖言過其實，卻於義無損：

> 雖詩書雅言，風格訓世，事必宜廣，文亦過焉。是以言峻則嵩高極天，論狹則河不容舠，說多則子孫千億，稱少則民靡孑遺；襄陵舉滔天之目，倒戈立漂杵之論。辭雖已甚，其義

無害也。且夫鴞音之醜，豈有泮林而變好；荼味之苦，寧以周原而成飴；並意深褒讚，故義成矯飾，大聖所錄，以垂憲章。孟軻所云「說詩者不以文害辭，不以辭害意也」。

他在此列舉了詩經、尚書中運用夸飾的八個例證：

㈠嵩高極天：語出詩經大雅崧高：「崧高維嶽，駿極於天。」形容高山陡險，高聳到雲霄。

㈡河不容舠：語出詩經鄘風河廣：「誰謂河廣，曾不容刀。」形容河水狹窄，浮不了小船。

㈢子孫千億：語出詩經大雅假樂：「千祿百福，子孫千億。」形容子孫衆多，千千萬萬。

㈣民靡孑遺：語出詩經大雅雲漢：「周餘黎民，靡有孑遺。」形容村落荒涼，人民死亡殆盡。

㈤襄陵舉滔天之目：典出書經堯典：「帝曰：咨，四岳，湯湯洪水方割，蕩蕩懷山襄陵，浩浩滔天。」描敍洪水漲上山陵，水漫了蒼天。

㈥倒戈立漂杵之論：典出書經僞武成：「罔有敵於我師，前徒倒戈，攻於後以北，血流漂杵。」描敍敵人的敗退，死傷慘重，說是血流漂杵。

㈦鴞音之醜，豈有泮林而變好：典出詩經魯頌泮水：「翩彼飛鴞，集於泮林；食我桑黮，懷我好音。」貓頭鷹叫聲難聽，難道牠吃了學宮旁的桑葚，聲音就變得好聽了？這是夸飾學宮的感化力量。

㈧荼味之苦，寧以周原而成飴：典出詩經大雅綿：「周原膴膴，菫荼如飴。」荼菜的味道很苦，怎麼會因爲生長在歧山的原野就化作甜菜呢？這是夸飾周朝前人恩澤的浩大[4]。

劉勰在此列擧八項實例，印證夸飾之不可廢，值得我們注意的有兩點：

第一，劉勰的論文主張以原道、徵聖、宗經爲一貫宗旨，宗經篇明言後世文章，原出五經。此八個實例中，六例出於詩經，二例出於書經。正與劉勰文心雕龍全書之理論基礎相契合。

第二，引此八例，旨在印證「辭雖已甚，其義無害」，正面肯定夸飾之意義與價值。所謂「大聖所錄，以垂憲章」，謂孔子刪訂詩、書，作爲典章法則而流傳後世。又引述孟子的「說詩者不以文害辭，不以辭害意」，强調只要讀者態度正確，必不致誤會詩的辭意與作者的精神。以孔、孟之言行爲證，更加强了夸飾的理論基礎。

第二節　夸飾之得失

劉勰雖然從正面肯定夸飾之意義與價值，一方面從文學發展與人性的角度指出「自天地以降，夸飾恆存」；一方面從實際的作用指出「辭雖已甚，其義無害」。然而，在體大思精的文心雕龍中，並非對夸飾的手法毫無保留地贊同，而是從正反兩面，闡論其得失。夸飾篇中段即以兩漢賦家用夸飾之例，論濫用之失與善用之得。茲分別予以探討：

壹、濫用之失——虛用濫形，事義睽刺

劉勰身處形式主義盛行之梁朝，對於「辭人愛奇，言貴浮詭」的訛濫之風，深爲不滿，夸飾失度，走火入魔的現象，尤不敢苟同。在情采篇中即曾明言「諸子之徒，心非鬱陶，苟馳夸飾，鬻聲釣世，此爲文而造情也。」又抨擊「爲文者淫麗而煩濫」。夸飾篇則具體指陳其中的缺失：

自宋玉景差，夸飾始盛。相如憑風，詭濫愈盛。故上林之館，奔星與宛虹入軒；從禽之盛，飛廉與焦明俱獲。及揚雄甘泉，酌其餘波，語瓌奇則假珍於玉樹，言峻極則顛墜於鬼神。至東都之比目，西京之海若，驗理則理無可驗，窮飾則飾猶未窮矣。又子雲羽獵，鞭

宓妃以饟屈原；張衡羽獵，困玄冥於朔野。孌彼洛神，既非魑魅；惟此水師，亦非魍魎；而虛用濫形，不其疏乎！此欲夸飾其威，而忘其事義睽剌也。

此從辭賦發展上考察夸飾之偏風，自戰國時楚國的宋玉、景差開始，到漢代的司馬相如，越來越詭濫。再加上揚雄、張衡等，也都是夸飾失節，虛用濫形，走火入魔。此段文字並提出六個具體的實例：

㈠司馬相如上林賦——「故上林之館，奔星與宛虹入軒；從禽之盛，飛廉與焦明並獲。」「上林賦」：「於是乎離宮別館，彌山跨谷……奔星更於閨闥，宛虹扡於楯軒。」「椎蜚廉……揜焦明。」描述上林館閣之高，說飛奔的流星和弓形的彩虹投入軒窗，描述獵取的飛禽之多，包括傳說中的神鳥蜚廉和焦明。

㈡揚雄甘泉賦——「語瓌奇，則假珍於玉樹；言峻極，則顛墜於鬼神。」「甘泉賦」：「翠玉樹之青葱兮，璧馬犀之瞵㻞。」「鬼魅不能自逮兮，半長途而下顛。」形容苑囿的瑰麗珍奇，假借神奇的玉樹；形容臺觀的險峻，連鬼神都不能攀登，半途跌倒。

㈢班固西都賦——「東都之比目。」「西都賦」：「揄文竿，出比目。」敍東都之盛，感嘆比目魚之出行⑤。

㈣張衡西京賦——「西京之海若。」「西京賦」：「海若游於玄渚。」敍西京之盛，言海神出遊到此。

㈤揚雄校獵賦——「鞭宓妃以饟屈原。」「校獵賦」：「鞭洛水之宓妃，餉屈原與彭胥。」夸張校獵之盛，驅使洛神宓妃來款待屈原。

㈥張衡羽獵賦——「困玄冥於朔野。」⑥夸張羽獵之盛，將水官玄冥圍困於朔北之原野。

以上六例，劉勰以爲夸飾失節之明證，毫不客氣地指責司馬相如「詭濫」，駁斥揚雄、班固、張衡等「虛用濫形，不亦疏乎」！他在此屢言「驗理則理無可驗，窮飾則飾猶未窮矣。」「此欲夸飾其威，而忘其事義睽刺也。」認爲如此夸飾過甚，若果徵驗於事理，則絕無此理，憑空失實之過分形容，其事類與義理相乖違，絕非創作之正途。

貳、善用之得——成狀得奇，披瞽駭聾

劉勰文心雕龍的理論，往往從正反兩面立言。夸飾篇在指斥濫用之失後，緊接著申論善用之得，藉以啓示創作之法門。其言曰：

> 至如氣貌山海，體勢宮殿，嵯峨揭業，熠燿焜煌之狀，光采煒煒而欲然，聲貌岌岌其將動矣。莫不因夸以成狀，沿飾而得奇也。於是後進之才，奬氣挾聲，軒翥而欲奮飛，騰擲而羞跼步。辭入煒燁，春藻不能稱其艷；言在萎絕，寒谷未足成其凋；談歡則字與笑並，論感則聲共泣偕；信可以發蘊而飛滯，披瞽而駭聾矣。

此言夸飾之效用。約有二端：

一、極態盡妍，凸顯聲貌

此所謂「氣貌山海，體勢宮殿，嵯峨揭業，熠燿焜煌之狀」，言運用夸飾手法，描繪山海之氣象狀貌，宮殿之體態形勢，以嵯峨、揭業形容險峻，以熠燿、焜煌形容瑰麗，極態盡妍，凸顯聲貌，足以使人感覺光采鮮明，宛如火在燃燒，聲貌危聳，勢將走動。善用夸飾，文字靈動，形象躍然。劉勰雖未具體舉證，然前人作品中不難列舉其例：

張衡「西京賦」：「嵯峨崨嶫。」

王延壽「魯靈光殿賦」：「瞻彼靈光之為狀也，則嵯峨嶵嵬。」「飛陛揭孽，緣雲上征。」

何晏「景福殿賦」：「光明熠爚，文采璘班。」

張綽「望海賦」：「瑇瑁熠爍以泳游。」

傅毅「舞賦」：「鋪首炳以焜煌。」

劉勰在此以「因夸以成狀，沿飾而得奇」，正面肯定夸飾之效用。正與通變篇之論創作「望今制奇」，知音篇之論批評「四觀奇正」，理論相契合，全書一貫。

二、聳動情感，加强印象

此所謂「辭入煒燁，春藻不能程其艷；言在萎絕，寒谷未足成其凋；談歡則字與笑並，論慼則聲共泣偕。」言文辭之善用夸飾，刻畫鮮艷，春天的花朵不能與之較量華麗；描摩摧傷，冰谷的落葉不足比況其凋殘。甚至談到歡欣則每個字裡都含著笑意，論及悲戚則每個音節都帶著哭聲。足以聳動感情，加强印象，創造新奇燦爛的效果。在作者的生花妙筆之下，狀溢目前，使目盲耳聾之人感覺如見其形如聞其聲。劉勰在此雖未具體舉證，但實例卻往往可見：

劉峻「廣絕交論」：「敍溫郁則寒谷成暄，論嚴苦則春叢零葉。」

駱賓王「爲徐敬業討武曌檄」：「班聲動而北風起，劍氣沖而南斗平。喑嗚則山岳崩頹，叱咤則風雲變色。」

孫文「黃花崗烈士事略序」：「然是役也，碧血橫飛，浩氣四塞；草木爲之含悲，風雲因而變色。……則斯役之價値，直可驚天地、泣鬼神，與武昌之役並壽。」

劉勰以「發蘊而飛滯，披瞽而駭聾」强調夸飾之效用，此二句本身即爲善用夸飾之典範。

以上歸納劉勰論夸飾之效用，細思之下，仍有可進一步闡論者，第一項「極態盡妍，凸顯聲貌」，主要指描繪外界的景物。第二項「聳動情感，加强印象」，同時指表現主觀的感情，藉夸飾的文辭塑造心象，展現光輝燦爛的境界。比較而言，後者較前者更具奇效。

第三節　夸飾之方法

劉勰在夸飾篇中，並未明言夸飾之種類及方式。從「夸飾」一詞的字面意義而言，夸爲誇張虛誕，飾爲增飾華美。李曰剛「文心雕龍斠詮」謂：「本文以夸飾名篇者，實兼有夸張與增飾二義焉。」⑦王夢鷗「古典文學的奧秘——文心雕龍」謂：「『夸』與『飾』……二者的作用又有消極與積極的差別。大抵『夸』是積極的，如同『比』的放大，亦可說是過分的譬喻；而『飾』則是消極的，只顧說得熱鬧動聽，以湊成夸大的效果。」⑧從現代修辭學的角度而言，則夸飾合爲一詞，不必分爲二。且考諸文心雕龍其他篇，如「麗辭」、「事類」等以及劉勰夸飾篇本文，則夸飾之爲一種修辭方法，殆無疑義。

現代論夸飾修辭法之種類與方式，要以陳望道「修辭學發凡」爲發端，陳氏分爲「普通鋪張辭」與「超前鋪張辭」二類。而以黃慶萱「修辭學」最爲完備，黃氏將夸飾分爲四類：1、空間的夸飾，2、時間的夸飾，3、物象的夸飾，4、人情的夸飾。黃氏之論，以夸飾之題材對象爲著眼點，若以夸飾之表達方式而言，則夸飾有放大與縮小兩種方式⑨。以下且分別舉例略言之：

壹、空間的夸飾

空間之夸飾，放大者亟言其高度之長、面積之廣、體積之大；縮小者亟言其高度之短、面積之窄、體積之小。如：

㈠孔明廟前有古柏，柯如青銅根如石。霜皮溜雨四十圍，黛色參天二千尺。（杜甫：古柏行）

㈡安得大裘長萬丈，與君都蓋洛陽城。（白居易：新製綾襖成感有詠）

㈢其爲書，處則充棟宇，出則汗牛馬。（柳宗元：陸文通墓表）

㈣古亭國小圖畫課，規定畫媽媽，有小朋友對老師說：「我媽媽太胖了，這張紙畫不下！」

㈤柔嘉雖然比不上法國劇人貝恩哈脫，腰身纖細得一粒奎寧丸吞到肚子裡就像懷孕，但瘦削是不能否認的。（錢鍾書：圍城）

㈥客人：「再來一客牛排，另外給我一個鎮紙。」

侍者：「請問你要鎮紙做什麼？」

客人：「你剛才端來的那盤牛排被風吹走了！」

以上前四例屬放大的夸飾，後二例屬縮小的夸飾。

貳、時間的夸飾

時間之夸飾，放大者亟言時間之快、動作之速，縮小者亟言時間之慢、動作之緩。如：

㈠人生天地間，若白駒之過隙，忽然而已。（莊子：知北遊）

㈡朝辭白帝彩雲間，千里江陵一日還。兩岸猿聲啼不住，輕舟已過萬重山。（李白：早發白帝城）

㈢「叫聲請，一齊舉箸，卻如風捲殘雲一般，早去了一半。」（吳敬梓：儒林外史）

㈣電動玩具在全球各地風行的速度，比跳躍的雷射光更快。自從電視機問世以來，沒有一種東西像電動玩具這樣的徹底征服大衆文化。

㈤朝發黃牛，暮宿黃牛；三朝三暮，黃牛如故。（酈道元：水經江水注）

㈥等在大門口的三個直嘆氣，說他是：「老虎追來了，還得回頭看看是公的還是母的。」眞沉得住氣。（琦君：我的另一半）

以上前四例屬放大的夸飾，後二例屬縮小的夸飾。

參、物象的夸飾

物象之夸飾，放大者亟言其性質之強壯，縮小者亟言其性質之微弱。如：

㈠虎嘯而谷風至，龍舉而景雲屬。（淮南子：天文訓）

㈡兵盡矢窮，人無尺鐵，猶復徒手奮呼，爭爲先登。當此時也，天地爲陵震怒，戰士爲陵飲血。（李陵：答蘇武書）

㈢萬國盡征戍，烽火被岡巒。積屍草木腥，流血川原丹。（杜甫：垂老別）

㈣八月湖水平，涵虛混太清。氣蒸雲夢澤，波撼岳陽城。（孟浩然：臨洞庭上張丞相）

㈤義大利的麵包倒不黑，可是硬得像鞋底。有些父母喜歡在飯桌上教訓兒女，在義大利可不妥當。萬一愈說愈氣，非把小嫩肉打出血來不可。（鍾梅音：生活與生存）

㈥美國是紙老虎，一戳就破。

以上前四例屬放大的夸飾，後二例屬縮小之夸飾。

肆、人情的夸飾

人情之夸飾，放大者亟言其能力之強，情感之喜好，縮小者亟言其能力之弱，情感之厭惡。

如：

㈠詞源倒流三峽水，筆陣獨掃千人軍。（杜甫：醉歌行別從姪勤落第歸）

㈡巴爾札克描寫一個人物老葛朗臺，此人看到金子以後「連眼睛都是黃澄澄的，染上了金子的光采。」（張放：寧吃鮮桃一口）

㈢活受罪！隔壁紹興戲唱完了，你就打鼾，好厲害！屋頂沒給你鼻子吹掉就算運氣了。我到天亮才睡熟的。（錢鍾書：圍城）

㈣每天吃魚，吃到最後，不但倒胃，連肚子裡都感覺有魚兒在游來游去。（趙寧：趙寧遊美記）

㈤曹操指山下顏良排的陣勢，謂關公曰：「河北人馬如此雄壯！」關公曰：「以吾觀之，如土雞瓦狗耳。……吾觀顏良，如插標賣首耳。」（羅貫中：三國演義）

㈥看你瘦得皮包骨，好似衣索匹亞的難民，腿比兩根火柴還細，只要我吹一口氣就斷了。

以上前四例屬放大之夸飾，後二例屬縮小之夸飾。

伍、數量的夸飾

數量之夸飾，放大者亟言其數量之多，縮小者亟言其數量之少。如：

㈠經年至茅屋，妻子衣百結。慟哭松聲廻，悲泉共幽咽。（杜甫：北征）

㈡千呼萬喚始出來，猶抱琵琶半遮面。（白居易：琵琶行）

㈢千山鳥飛絕，萬徑人蹤滅。孤舟簑笠翁，獨釣寒江雪。（柳宗元：江雪）

㈣胡老爺方才這個嘴巴打得親切，少頃范老爺洗臉，還要洗下半盆豬油來。（吳敬梓：儒林外史）

㈤及明皇御曆，文雅大盛，學者如牛毛，成者如麟角。（李延壽：北史文苑傳）

㈥無一瓦之覆，一壠之植，以庇而爲生。（歐陽脩：瀧岡阡表）

以上前四例屬放大之夸飾，後二例屬縮小之夸飾。

關於夸飾之分類，在此有三項問題予以闡明：

第一、夸飾之分類，並無定式。以上就夸飾之對象題材而言，分爲空間的、時間的、物象的、人情的、數量的五類。就夸飾之表達方式分爲放大與縮小兩類。此就其大類而言，且其中亦有可兩存並取者，如李白之「白髮三千丈」，既是空間的長度的夸飾，也可說是數量的夸飾。

第二、夸飾之表達方式，可分放大與縮小兩類。往往有行文中同時兼用兩式，如：

㈠人固有一死，死有重於泰山，或輕於鴻毛。用之所異也。（班固：漢書司馬遷傳）

㈡握手出肺肝相示，指天日涕泣，誓生死不相背負，眞若可信。一旦臨小利害，僅如毛髮比，反眼若不相識。（韓愈：柳子厚墓誌銘）

如此放大與縮小之夸飾，同時在一段文字中出現，兩相對襯，更加强了文章的聳動力量。

第三、夸飾之文句，往往兼用其他修辭方法。即本文所引諸例而言，「學者如牛毛，成者如麟角」兼用「對襯」與「明喻」。「兵盡矢窮，人無尺鐵」兼用「借代」，「連眼睛都黃澄澄的，染上了金子的色彩」，兼用「擬物」……。運用之妙，存乎一心。

陸、夸飾在篇章修辭之運用

本節所論「夸飾」之修辭方法，就夸飾之對象題材而言，有空間的、時間的、物象的、人情的、數量的五類；就夸飾之表達方式而言，有放大與縮小兩類。前面從古今作品中所擷取之辭例，雖然多膾炙人口之絕妙好辭。但吉光片羽，不易盡窺全貌。以下從最擅長夸飾之詩仙李白作品中，取其夸飾之典範「蜀道難」爲例，予以闡析，不但可見夸飾在整篇修辭中之運用，頗具奇效，且足以印證，李白之所以顯現其超凡氣勢與飛躍豪情，所以能成爲詩仙之緣故，擅用夸飾，實爲其中關鍵。

「蜀道難」極盡夸飾，氣概橫飛

詩仙李白，是中國文學史上的第一奇人；「蜀道難」是李白集中的第一奇詩。本詩的旨意，歷來有四種說法⑩：

1.爲嚴武鎮蜀放恣，危房琯杜甫而作。

2.諷刺章仇兼瓊爲陳子昂雪獄，高適與王昌齡申寃。

3.規勸唐玄宗幸蜀失計。

4.即事成篇，別無寓意，只是歌詠蜀地山川。

王運熙「略談李白『蜀道難』的思想和藝術」⑪指出：「第四說比較可信，但須略加補充。我們認爲這是李白在長安爲送友人入蜀而作。他採用樂府舊題，描繪蜀地道途的艱險和環境的險惡，希望友人不要久留蜀地，重返長安。」假如從李白的環境、心境與詩境而言，李白「蜀道難」約有三點値得我們尋味。

1.李白一生喜遊名山大川，蜀地不但山川秀麗雄偉，更是李白生長之地，對蜀地的山川自有一份特殊鍾愛之情。且李白集中另有「劍閣賦」、「送友人入蜀」等作。

2.李白胸襟寬廣，氣概橫飛，洋溢著生命的激情與浪漫雄豪之氣，大氣磅礡的生命力與大氣磅礴的雄偉山川相結合，自然光采閃爍，照耀千古。

3.李白詩中，愛用夸飾筆法，透過形象的鋪張，與情感的夸大，方能顯現其超凡的氣勢與飛躍的豪情。非如此不足以馳騁其縱橫變化，極態盡妍之心境。

是以本文專從「夸飾」的角度，探討「蜀道難」的詩境，進窺詩仙內在心靈的異采。

其實，李白之號稱詩仙，也是由本詩而來。相關的記載主要有二：

1.唐孟棨本事詩高逸第三：「李太白初自蜀至京師，舍於逆旅，賀監知章聞其名，首訪之，既奇其姿，復請所爲文，出蜀道難以示之。讀未竟，稱嘆者數四，號爲謫仙。解金龜換酒，與傾盡醉，期不間日，由是稱譽光赫。」

2.五代王定保唐摭言卷七：「李太白始自西蜀至京，名未甚振，因以所業贄謁賀知章，知章覽蜀道難一篇，揚眉謂之曰：『公非人世之人，可不是太白星精耶！』」

李白之號稱謫星，此天上謫星人也，其實也是一種讚嘆性的夸飾。

「蜀道難」是以七言爲主的樂府詩，採用六朝樂府相和歌瑟調曲舊題，寫蜀道的艱險。以雄健奔放、靈動多姿的長短句，透過極度夸飾的筆法，描繪由秦入蜀途中奇險壯麗的山川，充分顯現了詩仙豐富的想像與驚人的藝術技巧。且看：

噫吁戲危乎高哉！蜀道之難難於上青天！

蠶叢及魚鳧，開國何茫然。爾來四萬八千歲，不與秦塞通人煙。西當太白有鳥道，可以橫絕峨眉巔。地崩山摧壯士死，然後天梯石棧方鉤連。上有六龍回日之高標，下有衝波逆折之回川。黃鶴之飛尚不得過，猿猱欲度愁攀援。青泥何盤盤，百步九折縈巖巒。捫參歷井仰脅息，以手撫膺坐長嘆！

問君西遊何時還？畏途巉巖不可攀。但見悲鳥號古木，雄飛雌從繞林間。又聞子規啼夜月，愁空山。蜀道之難難於上青天，使人聽此凋朱顏。連峯去天不盈尺，枯松倒挂倚絕壁。飛湍瀑流爭喧豗，砯崖轉石萬壑雷。其險也若此，嗟爾遠道之人胡爲乎來哉！

劍閣崢嶸而崔嵬，一夫當關，萬夫莫開。所守或匪親，化爲狼與豺。朝避猛虎，夕避長蛇。磨牙吮血，殺人如麻。錦城雖云樂，不如早還家！

蜀道之難難於上青天，側身西望長咨嗟！

本詩大概可以分爲三部分：

一、天梯石棧，捫參歷井，撫膺坐長嘆

第一部分從開端到「以手撫膺坐長嘆」，敍長安以西秦地道路的艱難險阻。

整首詩一開始，李白就以高響入雲的氣勢，說出了蜀道之艱難：「噫吁嚱危乎高哉！蜀道之難難於上青天！」前句只有「危」、「高」兩個形容詞，卻連用「噫、吁、嚱、乎、哉」五個虛字嘆詞，顯現了極端感慨贊嘆之意。後句用頂眞筆法，以上青天夸飾蜀道之難。使讀者感覺驚心動魄。

緊接著從時間上直溯遠古。「蠶叢及魚鳧，開國何茫然。爾來四萬八千歲，不與秦塞通人煙。」蠶叢、魚鳧是傳說中蜀國的先王。開國以來四萬八千年，雖與秦地比鄰，但山川阻隔，長期無人往來。傳說是不可信的，在一片茫然，蒙昧不可知的神話世界中，使人感覺到神幻莫測，而蜀道之難正是如此迷幻不可測。「四萬八千歲」是時間的夸飾。數目雖不可信，卻使人感覺到一片遠古的迷茫。

從歷史的茫昧與形勢的隔絕之中，再說到開闢路途的艱難困苦。「西當太白有鳥道，可以橫絕峨眉巔。地崩山摧壯士死，然後天梯石棧方鉤連。」從秦嶺主峯太白山到四川岷山支脈的峨眉山，行人絕跡，只有飛鳥往還。相傳五丁開山，壯烈犧牲，不知有多少年代，更不知有多少壯士流血流汗，前仆後繼，終於修築成功一條如天梯般的險峻棧道，才解開了交通上的死結。

這四句除太白、峨眉是山名外，用詞極爲強烈，地崩、山摧、壯士死、橫絕、天梯，都給予讀者深刻的印象，有一股撞擊力，震撼心魄。

「上有六龍回日之高標，下有衝波逆折之回川。黃鶴之飛尚不得過，猿猱欲度愁攀援。」敘地形之險峻。著力形容山勢之高峻，以羲和駕馭六龍爲日神拉車，至此不能過而回頭，夸張到極點。這裡所採用的神話題材，不但是原本屬於虛構，李白更增添了嶄新情節。描寫水流之急，用「衝波逆折」，也令人感覺險惡之至。此二句分從仰視與俯視的角度敍山川之險惡，使人目眩心悸。接著以禽獸取譬，最善於飛行的黃鶴與最善於攀援的猿猴，到此不得過而發愁。分從飛與爬兩種角度，特具專長的禽獸尙且嘆爲觀止，其險峻可想而知。

「青泥何盤盤，百步九折縈巖巒。捫參歷井仰脅息，以手撫膺坐長嘆！」極言路途之曲折難行，令人長嘆。青泥嶺在陝西略陽縣附近，據說該地懸崖萬丈，嶺上常年瀰漫著雪霰雲霧，泥濘路滑，極爲難行。在深山大壑的羊腸小徑，百步九折，當然是夸飾，比臺灣北宜公路的九拐十八彎要曲折得多。行人至此，高處可以捫觸到天上的參星與井星，更是一種高度的夸飾。「仰脅息」是說仰首上望透不過氣來，有一種沈重的呼吸的壓迫感，令人心悸、緊張、驚愕，撫胸長嘆！如此形象化的詩句，使讀者似若身歷其境，不自覺地隨著詩句而撫膺坐長嘆！驚悸之況，狀溢目前，眞是神來之筆！

二、悲鳥號木，飛湍爭喧，聽此凋朱顏

第二部分從「問君西遊何時還」到「嗟爾遠道之人胡爲乎來哉」，敍從青泥嶺向南，由秦入蜀路途的險惡見聞。

「問君西遊何時還，畏途巉巖不可攀。」是轉折之筆，在通往蜀地路途的前進間，插入此二句，流露了對朋友的關切情懷。從艱難的環境中，「以手撫膺坐長嘆」的心悸中，搖曳出一縷高貴的友情。

「但見悲鳥號古木，雄飛雌從繞林間。又聞子規啼夜月，愁空山。」以山林間鳥的悲鳴，尤

其是在空山、夜月、古木的背景下，造成一股悲涼愁慘的氣氛。子規是杜鵑，春夏之交，往往徹夜飛鳴，音調淒厲，令人心底發毛。而杜鵑的鳴聲，諧音「不如歸去」，又激發出無限的遊子思鄉之情。「但見」「又聞」兼含視覺與聽覺。視覺是夜月空山，聽覺是悲號愁啼，感覺一片恐怖孤寂，觸目盡是悽涼，入耳盡是悲鳴，一切景象賦予視覺與聽覺的刺激，都與蜀道之險惡恐怖，有微妙的契合。

置身於如此險惡恐怖的環境下，不自覺地又是一聲長嘆：「蜀道之難難於上青天！」「使人聽此凋朱顏」，被眼前景象驚嚇得臉色都變了，人都蒼老了，好像伍子胥似的，一夜鬚髮盡白。「凋朱顏」是人情的夸飾。當然不是事實，然非如此夸飾，不足以狀其情。

「連峯去天不盈尺，枯松倒挂倚絕壁。飛湍瀑流爭喧豗，砯崖轉石萬壑雷。」在長嘆之餘，仍然是要面對現實的。前兩句是眼前的視覺：接連的山峯，距離青天不滿一尺，又是空間的夸飾，枯松倒挂在懸崖絕壁上是實筆寫眞。後二句是耳畔的聽覺：飛湍怒瀑相激而成巨響，溪澗擊石，萬壑雷鳴，上下一片恐怖的聲音。李白在此以神來之筆，飛馳之勢，將形象、音響播映到讀者眼前耳畔，好像我們已經到了當地，目睹枯松倒挂在絕壁上，耳聞飛湍瀑流在萬壑雷鳴。

在如此險峻的環境之下，不自覺地又是兩句感嘆：「其險也若此！嗟爾遠道之人胡爲乎來哉！」比前面的「問君西遊何時還」流露了更深的關切之情，甚至由於友情的深厚，在語氣中尚帶著若干責怪的意味，何必？又何苦？

三、朝避猛虎，夕避長蛇，側身長咨嗟

第三部分從「劍閣崢嶸而崔嵬」到末尾，敍蜀地形勢的險峻與環境的險惡。

全詩到此，才眞正進入蜀地，同時在地勢的險惡、路途之難行之外，兼涉及環境之險惡，人生路途之難行。「劍閣崢嶸而崔嵬」，連用「崢嶸」、「崔嵬」二詞形容山勢高峻險要。劍閣即劍門關，在四川劍閣縣西北七里，其地羣峯劍插，兩山如門，西晋張載劍閣銘：「一人荷戟，萬夫趦趄。形勝之地，匪親勿居。」李白此詩用張載之意，改爲「一夫當關，萬夫莫開。所守或匪親，化爲狼與豺。」

「一夫當關，萬夫莫開。」是人情上的夸飾，以此形容劍閣之地勢險惡，爲自古以來的戰略要地。「所守或匪親，化爲狼與豺。」以豺狼譬喻若不得適當之人鎮守，反遭其害。

「朝避猛虎，夕避長蛇。磨牙吮血，殺人如麻。」除了路途的艱險難行之外，還要提防猛虎、長蛇的侵襲，眞是危險萬分。「磨牙吮血」極言猛獸噬人之恐怖景象，「殺人如麻」也是一種數量上的夸飾。事實上蜀道是如此難行，不會有那麼多的行人！這幾句除了字面上的意思之外，同時雙關人事的奸險傾覆，須提防壞人陷害。

「錦城雖云樂，不如早還家！」是對友人的規勸。錦城是成都，是當時蜀地的政治中心，錦城雖然令人嚮往流連，但非久居之地，還是早日歸來吧！

「蜀道之難難於上青天，側身西望長咨嗟！」第三度以「上青天」夸飾蜀道之難。以三嘆其辭，再加上凝望與「長咨嗟」的悠長嘆息爲全詩作一總結。「側身」固然是向西望的動作，但未嘗不可以解釋作因爲驚嘆蜀道之難而不敢直立佇望。

四、迭用夸飾，氣勢磅礴，豪情干青雲

總計李白蜀道難一詩，夸飾筆法，處處可見，有四種夸飾⑫：

㈠空間的夸飾：

1.「上有六龍回日之高標」以神話故事中的「日神乘車駕以六龍，羲和御之。」六龍尚不能逾越，極力鋪張山勢之高峻。

2.「青泥何盤盤，百步九折縈巖巒。」以百步之內有九折，極言青泥嶺山路之曲折，也是空間的夸飾。

3.「捫參歷井仰脅息」，以人手可以觸摸天上的星辰，夸飾山嶺之高峻。

4.「連峯去天不盈尺」，以山峯距離青天還不到一尺高，夸飾山峯之高峻。

㈡時間的夸飾：

1.「爾來四萬八千歲，乃與秦塞通人煙。」以四萬八千的巨大數字，夸飾時間之久遠。

㈢物象的夸飾：

1.「噫吁嚱危乎高哉，蜀道之難難於上青天。」以「上青天」之奇筆夸飾蜀道之險峻難行，令人望之生畏。

2.「飛湍瀑流爭喧豗，砯崖轉石萬壑雷。」以萬壑雷鳴之聲，夸飾流水擊石所產生的巨響。

3.「黃鶴之飛尚不得過，猿猱欲度愁攀緣。」以善飛之黃鶴，善攀援之猿猴，夸飾蜀道之崎嶇難踰。

(四)人情的夸飾：

1.「捫參歷井仰脅息，以手撫膺坐長嘆！」以感覺呼吸迫促透不過氣來，不敢顧盼，夸飾見蜀道險峻的驚奇恐怖之情。

2.「蜀道之難難於上青天，使人聽此凋朱顏。」以爲之變色，立即蒼老夸飾面對蜀道難行的驚懼之情。

3.「一夫當關，萬夫莫開。」以「一夫」與「萬夫」之强烈對比，衆寡懸殊，夸飾劍閣之地勢險要，易守難攻。

4.「磨牙吮血，殺人如麻。」以如麻夸飾被害者之衆多與猛虎長蛇之凶惡。

由此可見，李白在蜀道難一詩中，運用了十四次夸飾，包括空間的夸飾、時間的夸飾、物象的夸飾與人情的夸飾，眞可謂集夸飾之大全。黃永武先生「中國詩學——設計篇」曾將此詩分行排列，以爲句法的參差，長長短短，一看就是高低不平的山路⑬：

噫吁嚱、危乎高哉！

蜀道之難、難於上青天！　夸飾1

蠶叢及魚鳧，開國何茫然！

爾來四萬八千歲，不與秦塞通人煙！　夸飾2

西當太白有鳥道，可以橫絕峨眉巔！

地崩山摧壯士死，然後天梯石棧相鉤連！

上有六龍回日之高標，下有衝波逆折之回川！　夸飾3

黃鶴之飛尚不得過，猿猱欲度愁攀援！　夸飾4

青泥何盤盤，百步九折縈巖巒！　夸飾5

捫參歷井仰脅息，以手撫膺坐長嘆！　夸飾6、7

問君西遊何時還？畏途巉巖不可攀！

但見悲鳥號古木，雄飛雌從繞林間。

又聞子規啼夜月，愁空山！

蜀道之難難於上青天，使人聽此凋朱顏！　夸飾8、9

連峯去天不盈尺，枯松倒挂倚絕壁。　夸飾10

飛湍瀑流爭喧豗，砯崖轉石萬壑雷！　夸飾11

其險也如此，嗟爾遠道之人胡爲乎來哉！
劍閣崢嶸而崔嵬，一夫當關萬夫莫開！　夸飾12
所守或匪親，化爲狼與豺！
朝避猛虎，夕避長蛇。
磨牙吮血，殺人如麻！　夸飾13
錦城雖云樂，不如早還家！
蜀道之難難於上青天，側耳西望長咨嗟！　夸飾14

現在將夸飾之筆附註於後，除了用參差的筆法，顯現出蜀道途中地無三尺平的景象之外，每一處夸飾，都令人精神一振，處處驚心觸目，高潮迭起，令人嘆爲觀止。

又王尚文「試談李白詩中的一些藝術形象」⑭曾闡明「蜀道之難難於上青天」在全首詩中重複三次的意義：「每一次重複都把詩篇推到了新的高潮，使它成爲全篇的中心，構成了一篇完美的詩的圖畫，給讀者留下了一個不可磨滅的印象。詩篇的那種風起雲湧、排山倒海的氣勢和詩人的性格氣質是十分合拍的，表現了詩人獨特的藝術風格，是中國山水詩中一篇別開生面的好作品。」

王氏所論，雖然言之成理，但蜀道難之所以能具備如此風起雲湧，排山倒海的氣勢，正由於「蜀道之難難於上青天」的夸飾筆法，在首、中、尾三度呼應，再加上其餘十一處夸飾筆法，才能造就整篇的奇勢與奇氣。

透過以上的闡析與探究，在此可以獲致三點認識：

第一，李白在蜀道難中，運用十四處夸飾筆法，種種鋪張夸大的描寫，並不符合客觀的事實。然而，卻成功地顯現了蜀道的艱難險峻。亞里斯多德主張「藝術模擬自然」，並不要求藝術與自然完全相似，而是將藝術家主觀觀照下的客觀世界重現出來，播映到讀者面前。

第二，李白是中國傳統詩人中最擅長運用夸飾筆法的第一人，蜀道難是運用夸飾筆法最成功的典型範例。此語在經過徹底的分析比較之前，雖有武斷之嫌，卻很難再找到與此相提並論的作品。

第三，李白之所以擅長夸飾，愛用夸飾，實在有其內在的因素：由形式上的神來之筆與意境上的氣象浩然，發展到詩藝的豪宕飄逸，像天馬行空一樣，令人難以想像，不可捉摸，是由於他內心洋溢著充沛的生命力與浪漫雄豪的激情。他有大鵬一樣扶搖直上青雲的偉大氣魄，有氣吞海嶽的狂放熱情，所以能與山河氣勢磅礴的性格相結合，創作不朽的詩篇。蜀道難只是一個例證而已。

第四節　夸飾之原則

任何一種修辭方法，均具有其特殊效果，同時也有其侷限。「夸飾法」自不例外。茲分「主觀感覺與客觀眞實」與「夸過其理與飾而不誣」兩端略論之。

壹、主觀感覺與客觀真實

亞里斯多德强調「藝術摹擬自然」，摹擬的對象包括自然現象與社會現象，也就是文心雕龍原道篇所謂道之呈現的「天文、地文、人文」。然而，文學藝術之摹擬自然，乃是作者透過主觀觀照將客觀世界重現在藝術品或文學作品上。因此，作者運用夸飾的手法，描繪情景，乃是出乎自然的事。在此我們要考量兩個問題：

第一個問題是夸飾與「修辭立其誠」是否相悖。

「修辭」一詞，在中國最早見於周易乾文言：「子曰：君子進德修業。忠信。所以進德也；修辭立其誠，所以居業也。」從此「修辭立其誠」不但是中國人說話寫文章的金科玉律，在修辭學的理論上也是一切的根基。過去有人反對夸飾，就是因爲夸飾不得法，以文害意。因此，我們今天可以說：

夸飾就是吹牛，但是要有意無意間讓讀者與聽衆知道你是在吹牛，而不致流爲欺騙。

作者爲了出語驚人，遣詞造句夸張鋪飾，遠超過客觀事實，藉以滿足讀者的好奇心理。此乃人之常情。而且所謂「情欲信，詞欲巧」。文學講究「眞善美」中的「眞」並非專指客觀事實的眞，也可以兼指主觀感覺的眞。且以梁實秋「雅舍小品」的「男人」一文爲例：

> 有些男人，西裝褲儘管挺直，他的耳後頸根，土壤肥沃，常常宜於種麥！
>
> 幾天不吃肉，他就喊「嘴裡要淡出鳥兒來！」若眞個三月不知肉味，怕不要淡出毒蛇猛獸來？有一個人半年沒有吃雞，看見雞毛帚就流涎三尺。

這兩段都是夸飾的絕妙好辭。前者描繪男人之髒，入木三分。文學的語言與科學的語言迥然不同，科學的語言追求眞實，貴在精確；文學的語言講究美妙，貴在動人。此爲典型的文學語言。我們只要感覺到那人耳後頸根很不乾淨，汚垢極厚就夠了。至於是否肥沃到宜於種麥，大可不必太認眞追究。果眞有人鑽牛角尖，硬說此語不通，情理難容，那只有徒貽「欠缺文學細胞」之譏了。

後者描繪男人之嘴饞，傳神之至。嘴巴裡會淡出毒蛇猛獸嗎？就客觀事實而言，當然絕無此事，然而非如此「辭溢其眞」，實不足以形容貪饞之狀。正是劉勰所謂「辭雖已甚，其義無害也」。文學訴諸主觀的感覺，講究的是情理的眞，而非客觀事實的眞。進而言之，這才是劉勰所謂的「壯辭可得喻其眞」，唯有透過夸飾的極度形容，使語言生動，才能凸顯出情理的眞。

劉師培「美術與徵實之學不同論」說得好：「蓋美術以靈性爲主，而實學以考覈爲憑，若於美術之微，而必欲責其徵實，則于美術之學，反去之遠矣。」⑮可見夸飾與「修辭立其誠」表象似相悖，實則於理無違。

第二個問題是夸飾與劉勰的文學理論是否相契合。

此一問題，衡諸文心雕龍全書，如「辨騷篇」云：「酌奇而不失其眞，翫華而不墜其實。」「定勢篇」云：「執正以馭奇」。可見劉勰對「夸飾」之奇是持有保留的肯定的。近代研究文心雕龍的學者對此屢有闡論，而以黃海章「劉勰的創作論和批評論」⑯最爲中肯：

劉勰雖然反對辭賦派浮濫的作風，但在夸飾篇中，則以爲夸張的手法，不妨采用；這並不是自相矛盾，而是由於藝術上的所謂夸張，和鋪陳事物的表象，有所不同。它是深入事物的本質，集中地、突出地、生動地把它表現出來，增加感染人們的力量。它不惟不會歪曲現實，而且加强了人們對於現實的體會。

黃氏之論，一則明確地指出劉勰的夸飾與其反浮濫並不矛盾，一則將劉勰的「壯辭喻其眞」，更加引申發揮，認爲夸飾適足以「加强了人們對於現實的體會」。由此可見，夸飾在文心雕龍的文學理論中是整體而一貫的。

貳、夸過其理與飾而不誣

基本立場上，劉勰對於夸飾雖然持積極性的肯定態度，但卻是有所保留的。在論夸飾之失時，他極力駁斥夸飾之詭濫，夸飾篇末尾又揭示夸飾之原則：

然飾窮其要，則心聲鋒起；夸過其理，則名實兩乖。若能酌詩書之曠旨，翦揚馬之甚泰，使夸而有節，飾而不誣，亦可謂之懿也。

此論夸飾之要，美文固須夸張聲貌，增飾丹采以動人，但須有其節度。「夸過其理，則名實兩乖」，是要避免夸飾之失。「酌詩書之曠旨，翦揚馬之甚泰」是列舉夸飾成功之典範與偏失之警惕。至於眞正揭舉夸飾之運用原則。則爲「夸而有節，飾而不誣」八個字，茲據此予以申論：

一、夸而有節

夸而有節，謂夸飾之運用須得當。擴而充之，即夸飾篇所言「壯辭可得喻其眞」，「因夸以成狀，沿飾而得奇」。陳望道「修辭學發凡」論鋪張辭的原則有二條：

㈠主觀方面須出於情意之自然的流露。如古文苑裡名爲宋玉作的大言賦、小言賦，完全出於造作，可說毫無意義。

㈡客觀方面須不致誤爲事實。如「白髮三千丈」，倘不說「三千丈」而說「三尺」，那便容易使人誤認為事實。如被誤認為事實，那便不是修辭上的鋪張，只是實際上的說謊。

陳氏所言第一項，即「夸而有節」的申論，如果更進一步，則「夸而有節」即為夸飾得當。如何方能夸飾得當？不但要出之於情意的自然流露，更要「為情而造文」，充分發揮夸飾之效用，彰顯作者所要表達的真情實感，藉以打動讀者心坎，領略作者的真意。達到「傳難言之意，摹難傳之狀，得言外之情」⑰的境界。

二、飾而不誣

飾而不誣，謂夸飾不可使人誤會，流於欺騙。即夸飾篇本文所謂「事義睽刺」，「夸過其理」，「曠而不溢，奢而無玷。」陳望道所論夸飾的第二項原則，乃由此而來。飾而不誣最主要的是不可流於欺騙。如現代的房屋廣告：

> 清晨，從鳥鳴聲中醒來！
>
> 孟母到此，再也不會搬家了！

此語頗有矇混欺詐之嫌。誤信廣告辭，買了房子，發現上當，再去找房屋公司理論，他們會回答說：「沒有鳥鳴聲，在陽臺上掛個鳥籠不就結了！」至於孟母至此會不會搬家，那更是死無對證！

如何方能不流於欺騙呢？最簡單的道理就是有意無意間讓讀者知道這段文辭是夸飾。鄭子瑜

「中國修辭學史稿」論夸張說得好：「既然用了夸張辭，便應夸張到底，不必再顧到合於邏輯與否，如果夸張得不夠，讀者不知其在用夸張的修辭法，反會發生誤解哩。」⑱陳介白「修辭學講話」論夸飾的三個要點：「第一、須使感情豐富顯著。第二、須使人不起疑惑之感。第三、須有適當之音調以保持情感。」⑲其第二項亦與「飾而不誣」同旨。簡言之，「飾而不誣」須極意形容，愈荒唐不合常理愈不致使人誤會而流於欺騙。這也正是本文開端爲「夸飾」立界說時强調「夸張鋪飾，遠超過客觀事實」的理由。

附註

① 參見黃慶萱「修辭學」第十一章「夸飾」。（三民書局）
② 文心雕龍原文據王利器「文心雕龍校證」，以下皆同。（明文書局）
③ 劉綬松「文心雕龍初探」載「文心雕龍研究論文集」。（香港匯文閣書店）
④ 以上八個例證的釋義參考郭晋稀「文心雕龍譯註十八篇」。（香港建文書局）
⑤ 「東都之比目」爲「西都」之誤，或係劉勰筆誤，或係因應下文「西京之海若」以爲對偶而改。
⑥ 張衡「羽獵賦」亡佚，嚴可均輯「全後漢文」中殘文無此事。
⑦ 見李曰剛「文心雕龍斠詮」夸飾第三十九「題述」。（中華叢書）
⑧ 見王夢鷗「古典文學的奧秘——文心雕龍」六、雕龍之術。（時報出版公司）
⑨ 黃春貴「文心雕龍之創作論」論夸飾：「夸飾之方式無窮，要而言之，不外放大與縮小兩大類，

各依時間、動作、性質、數量，又可分爲四種。」（文史哲出版社）

⑩ 詳見詹鍈「李白詩文繫年」，載「李太白研究」書中。（里仁書局）

⑪ 王運熙「略談李白『蜀道難』的思想和藝術」收在「李白研究論文集」中。（中華書局）

⑫ 夸飾之類別，採用黃慶萱「修辭學」的說法。（三民書局）

⑬ 詳見黃永武「中國詩學──設計篇」「談詩的音響」。（巨流圖書公司）

⑭ 王尚文「試談李白詩中的一些藝術形象」，收在「李白研究論文集」中。（中華書局）

⑮ 范文瀾「文心雕龍註」夸飾篇附錄引自「劉申叔先生遺書」。（明倫出版社）

⑯ 黃海章「劉勰的創作論和批評論」載「中國文學批評研究論文集──文心雕龍研究專集」。（中國語文學社編）

⑰ 黃侃「文心雕龍札記」夸飾篇：「文有飾詞，可以傳難言之意；文有飾詞，可以省不急之文；文有飾詞，可以摹難傳之狀；文有飾詞，可以得言外之情。」（香港新亞書院）

⑱ 鄭子瑜「中國修辭學史稿」第四篇「中國修辭學的發展期」五、談論辭格。（上海教育出版社）

⑲ 陳介白「修辭學講話」第八章「化成法諸辭格」第六節誇張法。（啓明書局）

第四章　隱　秀

「隱秀」，原本形容景物幽深俊美。劉宋顏延之「傳家銘」云：「青州隱秀，爰始奠居。」劉勰文心雕龍以之名篇，藉喻辭義含蓄與秀句特出之文章妙境。從現代修辭學而言，即「婉曲」與「警策」。婉曲又可分爲含蓄、曲折、吞吐、微詞四類。警策又可包括映襯、示現、層遞、頂眞等。隱秀篇原文在文心雕龍書中已殘闕不全，據張戒「歲寒堂詩話」引劉勰云：「情在詞外曰隱，狀溢目前曰秀。」可見原文在南宋時尚未亡佚，今所缺者，當亡於元代。至於今本第二段後半段，第三段全部，第四段前半段，係明人所僞託。黃叔琳注紀昀評「文心雕龍」、黃侃「文心雕龍札記」、劉永濟「文心雕龍校釋」等諸家考之已詳。本章僅根據劉勰的殘文闡析申論，玆分四節探討。

第一節　隱秀之界義

文章貴能隱秀，文旨含蓄不露，耐人尋味；造語警策生動，竦人耳目。劉勰在「隱秀篇」發端即開宗明義，論隱秀之產生，出乎自然孕育：

夫心術之動遠矣，文情之變深矣，源奧而派生，根盛而穎峻，是以文之英蕤，有隱有秀。

寫作之心靈運思，十分奇妙，可以上窮碧落下黃泉，無遠弗屆；因此，文章的情致神韻，極態盡姸，神理氣味格律聲色，變化無窮。此所謂「心術之動遠矣」，即「神思篇」所云：「文之思也，其神遠矣！」「文情之變深矣」，即「神思篇」所云：「情數詭雜，體變遷貿。」①

然而，無論「心術之動，文情之變」多麼奇妙複雜，仍然有其基本理則可循。此即「源奧而派生，根盛而穎峻」。劉勰在此以譬喻的方式，闡明文學創作猶如流水，源泉深奧而流派滋生，復如稻禾，根柢厚盛而華實碩茂。即「宗經篇」所云：「根柢槃深，枝葉峻茂。」同理，文章顯現之精采，有「隱」與「秀」兩大特色。

劉勰在此立論主要有兩點：

第一，文章之形式與內容，文質並重。正如「情采篇」贊云：「心術既形，茲華乃瞻。」因情以立文，蘊蓄於衷而煥采其外。

第二，隱秀之產生，殆出自然。范文瀾「文心雕龍註」中論云②：「隱秀之於文，猶嵐翠之於山，秀句自然得之，不可强而至；隱句亦自然得之，不可搖曳而成。此本文章之妙境，學問至，自然偶遇，非可假力於做作。前人謂：『謝靈運詩如初日芙蓉，自然可愛。』可知秀由自然也。所謂：「文章本天成，妙手偶得之。」『盡日覓不得，有時還自來。』正是自然之旨。」

至若「隱」「秀」之界義，則劉勰「隱秀篇」直探本心，片言中的：

隱也者，文外之重旨者也；秀也者，篇中之獨拔者也。隱以複意爲工，秀以卓絕爲巧，斯乃舊章之懿績，才情之嘉會也。

所謂「隱」，即文辭以外之重複旨趣，情在辭外，含蓄蘊藉，韵味無窮；所謂「秀」，即篇章之中特出精語，狀溢目前，警策生動，竦動人心。「隱」講究文辭之意在言外，味之則餘韵無窮；「秀」講究造語之卓越獨異，讀之則絕響非凡。此爲古今文章最美之成就，同時也是文士才情最佳之凝聚。綜而言之，「隱」謂文章之情理內蘊，餘韵無窮，「神思篇」所謂「思表纖旨，文外曲致。」故曰：「隱也者，文外之重旨也。」「隱以複意爲工」，相當於現代修辭學之「婉曲」。「秀」謂文句之精采外揚，要言破的。陸機「文賦」所謂「立片言而居要，乃一篇之警策。」故曰：「秀也者，篇中之獨拔者也。」「秀以卓絕爲巧」，相當於修辭學之「警策」。

劉勰「隱秀篇」全文，南宋時尚流傳於世，後殘缺大半。今本自「始正而末奇」至「此閨房之悲極也」，爲明人僞託。紀評謂其不類舍人，黃氏札記復擧張戒所引二語，不見文中，證爲贋品③。劉永濟校釋亦有所考定，殆無疑義④。黃季剛先生特仰窺劉旨，旁輯舊聞，作一補文⑤，對於隱秀之義，頗有詮發：

> 夫文以致曲爲貴，故一義可以包餘；辭以得當爲先，故片言可以居要。蓋言不盡意，必含餘意以成巧；意不稱物，宜資要言以助明。言含餘意，則謂之隱，意資要言，則謂之秀。隱者言具於此，而義存乎彼；秀者理有所致，而辭效其功。若義有闕略，詞有省減，或迂其言說，或晦其訓故，無當於隱也。若故作才語，弄其筆端，以纖巧爲能，以刻飾爲務，非所云秀也。然則隱以複意爲工，而纖旨存乎文外；秀以卓絕爲巧，而精語峙乎篇中，故曰：「情在詞外曰隱，狀溢目前曰秀。」大則成篇，小則片語，皆可爲隱；或狀物色，或附情理，皆可爲秀。「目送歸鴻」易，「手揮五絃」難。隱之喻也。「玉在山而草木潤，淵生珠而岸不枯。」秀之喻也。

黃氏補文，已將隱秀之界義，從正反兩面予以闡發，在劉勰的基礎上，進而論列甚諦，且舉例以證。至若「隱」與「秀」之關聯，劉勰爲何將隱、秀合爲一篇而並論之？則劉永濟「文心雕龍校釋」以爲，文章之「隱」處，往往即「秀」處，二者有微妙之契合：⑥

> 文家言外之旨，往往即在文中警策處，讀者逆志，亦即從此處而入。蓋隱處即秀處也。例如「九歌」「湘君篇」中：「心不同兮媒勞，恩不甚兮輕絕。」及「交不忠兮怨長，期不信兮告予以不閒。」言外流露黨人與己異趣，信己不深，故生離間。而此四句即篇中秀

處。又如「少司命」篇中，「悲莫悲兮生別離，樂莫樂兮新相知」二句，爲千古情語之祖，亦篇中秀處也。而屈子痛心於子蘭與己異趣，致再合無望之意，亦即於此得之。又如相如「大人賦」：「吾乃目睹西王母暠然白首，戴勝而穴處兮，亦幸有三足烏爲之使。必長生若此而不死兮，雖濟萬世不足以喜。」皆篇中秀處，而相如諷武帝求仙無益之意，亦即於此得之。且前文盛誇大人仙游之適，皆爲此而設也。又如子建「洛神賦」：「恨人神之道殊兮，怨盛年之莫當。」及「悼良會之永絕兮，哀一逝而異鄉」等句，子建惓惓於文帝之意最深切，而措詞亦最沈痛。略舉四例，以爲隅反。

劉氏列舉例證，申言「文家言外之旨，往往即在文中警策處。」大體言之成理。然而，若謂「蓋隱處即秀處」，則難免武斷之嫌，隱處因與秀處密切相關，微妙契合，但二者仍有區別，未可混爲一談。就筆者管見，其主要異處有二：

㈠隱相當於含蓄，秀相當於警策。前者指內在之情志含蓄，意在言外；後者指文辭之警策生動，竦人耳目。故劉勰釋「隱」云：「隱也者，文外之重旨也。」「隱以複意爲工。」「情在詞外曰隱。」又釋「秀」云：「秀也者，篇中之獨拔者也。」「秀以卓絕爲巧。」「狀溢目前曰秀。」吾師李曰剛先生「文心雕龍斠詮」申言隱秀之關聯云：「兩者必須相輔而行，甚至可以合內外之道而爲一體。故彥和相提並論，以爲文惟既隱且秀，始能使其臻於藏鋒不露，而可發人深省之致。」⑦隱內秀外，前者藏鋒不露，後者鋒銳盡出，此隱與秀之主要區分。

㈡隱偏向於陰柔之美，秀偏向於陽剛之美。前者溫柔敦厚，詞婉意微，耐人咀嚼。後者警策生動，顯豁響亮，竦人耳目。隱之妙境，語近情遙，令讀者密詠恬吟，味之再三，餘韵無窮；秀之妙境，精采外揚，令讀者精神振奮，直言中的，探驪得珠，立即懾服。

第二節　隱之修辭方法

隱者，文外之重旨，以複意爲工。文辭貴在含蓄蘊藉，含不盡之意，見於言外。劉勰所謂「情在言外曰隱」，可謂直探本心之論。「隱秀篇」雖殘闕不全，然於「隱」之特質及其妙境，卻頗有闡論：

夫隱之爲體，義生文外，秘響旁通，伏采潛發，譬爻象之變互體，川瀆之韞珠玉也。故互體變爻，而化成四象；珠玉潛水，而瀾表方圓。

隱的特色，其旨意藏乎字面之外，須因其所言，會其所未言。「秘響旁通，伏采潛發」。謂秘而不宣之心聲，可以藉旁敲側擊的方式，有所暗示；伏而不露的辭采，可以用委婉曲折的言辭，有所透露。正好比爻象之交互二體，各成卦象，可就其變化而論卦義。易經卦象，由於互體之變化六爻，而化成實、假、義、用之四象。又譬如河川之韞藏珠玉，崖岸必然潤澤而不乾枯。由於珠玉潛匿水中，而波瀾之呈現非方即圓。黃季剛先生「文心雕龍札記」隱秀篇續文云：「意有所寄，言所不追，理具文中，神餘象表，則隱生焉。」

關於「隱」之產生，可謂源遠流長，其來有自。易經旨遠辭文，言中事隱；詩經藻辭譎諭，溫柔敦厚；春秋婉章志晦，隱義藏用。可見古代經籍莫不崇尚含蓄。唐司空圖「詩品」論「含著」云：「不著一字，盡得風流；語不涉難，已不堪憂。」頗得含蓄之妙旨，各家論含蓄之精言妙語，不勝枚舉。黃海章「劉勰的創作論和批評論」⑧論藝術上的精鍊與含蓄云：

「情在詞外曰隱」，即是有許多情感，並沒有用詞句表現出來，但是我們可以從作者所表現的詞句中，體會出詞句以外的意義。詞句看似簡單，實際上含蓄許多意義。這種簡單而又複雜的境界，劉勰用一個「隱」字來代表他。譬如元稹的「行宮」詩：「寥落古行宮，宮花寂寞紅。白頭宮女在，閒坐說玄宗。」在後兩句寥寥十字中，我們可以體會到受著專制帝王的壓迫，從民間轉到深宮中的女兒們，在淒涼寂寞中，葬送了她們的華年，過著奴隸的生活。她們看過行宮的盛況，看過唐玄宗和楊貴妃荒淫享樂的生涯。可是「漁陽鼙鼓動地來，驚破霓裳羽衣曲。」玄宗倉皇出走，貴妃縊死於馬嵬坡。亂定歸來，感到無限悲傷，行宮已不復臨幸了，從此離宮久閉，台榭荒涼。只餘寂寞宮花，尚在開放而已！那些白頭的宮女們，在這個荒涼寂寞的行宮裡，說到玄宗在位時盛衰的情況，聯系地想到她們過去和現在悲苦的生涯，那是何等傷心！我們讀後，也覺得感慨無窮吧！這種「言有盡而意無窮」的文章，的確是值得我們回味的。簡單說來，只是能做到一個「隱」字。

由此可見，一個「隱」字，囊括了文藝創作的無窮奧妙。綜而論之，「隱」之產生，主要有兩項因素：

㈠由文章之藝術價值而言：文章之美，貴在含蓄。蓋言不盡意，理所當然，要蘊藉，忌太盡；要委婉，忌太直。元王構「修辭鑑衡」嘗言：「文有三等：上焉藏鋒不露，讀之自有滋味；中焉步趨馳騁，飛沙走石；下焉用意庸常，專事造語。」故操觚爲文，明說不如暗說，直說不如曲說，實說不如虛說；要能「義生文外」，使讀者翫味不盡，滋味無窮。

㈡由文章之創作旨趣而言：作者之情，或不忍明言，不敢直抒，則不得不出之委曲婉約之語。又有不可盡言，不能顯言，則唯有假託蘊藉之語。又或無心於言，而自然流露。於是言外之旨，弦外之音，聲有餘響。要能「秘響旁通，伏采潛發。」爲讀者留下以意逆志，深義鑑奧，靈魂在傑作中尋幽訪勝的空間。

「隱」，傳統學者均以爲「含蓄」。自現代修辭學角度而言，隱之爲用甚廣，「隱」相當於「婉曲」—不直截了當地表達本意，而是用委婉曲折的方式，含蘊閃爍的言辭，流露或暗示本意。黃慶萱先生「修辭學」論婉曲⑨云：

> 一件東西隱藏得愈嚴密，人們愈有興趣去尋覓發掘。所以措辭愈委婉曲折，便愈能引起對方的注意和研究的興趣，而看出一組文字表面上所沒有的意義，正是讀者快樂的來源。「婉曲」辭格的心理基礎在此。何況，在效果方面，婉曲的言辭比直接的訴說更容易感動人心，而不致於傷害別人的感情呢！

根據黃永武先生「字句鍛鍊法」的研究，婉曲又可分爲曲折、微辭、吞吐、含蓄四類⑩，以下且分別予以闡明。

壹、曲折

用紆徐的言辭代替直接的表達，故意使文句與含義紆曲的修辭法，是爲「隱」的第一種方式「曲折」。如：

㈠孟武伯問：「子路仁乎？」子曰：「不知也。」又問。子曰：「由也，千乘之國，可使治其賦也；不知其仁也。」「求也何如？」子曰：「求也，千室之邑，百乘之家，可使爲之宰也；不知其仁也。」「赤也何如？」子曰：「赤也，束帶立於朝，可使與賓客言也；不知其仁也。」（論語．公治長篇）

孔子向不輕易以仁許人。就其弟子而言，像顏回那樣賢德，也只讚許他「三月不違仁」，其餘弟子，不過「日月至焉而已」。孟武伯是當時魯國的執政大夫，來問孔子弟子仁不仁。孔子將子路、冉求、公西赤的才能與優點和盤托出，但就是不肯虛譽，一再說：「不知也。」「不知其仁也。」並非直接了當地說子路等未見得仁，而是用閃爍的言辭表達不知道，如此曲折的修辭，可使語意委婉，而不致尖刻傷人。可謂深得「隱」之奧旨。

㈡臣密言：臣以險釁，夙遭閔凶：生孩六月，慈父見背；行年四歲，舅奪母志。祖母劉愍臣孤弱，躬親撫養。（李密：陳情表）

李密上表晉武帝，願乞終養祖母，辭不赴命。文章一開始，敍述自己的遭遇與家庭的困境。

所謂「行年四歲，舅奪母志」，其實就是四歲時母親改嫁。但偏偏不願直言母親改嫁，而說成舅舅强迫母親改變了守節的志願。在古代，女子理當爲夫守節，不能守節而改嫁他人，是一件相當不體面的事。李密在此給皇上上書，既不能有所隱藏不說，又不便直言，只好用「舅奪母志」的曲折文句。

㈢後朞年，齊王謂孟嘗君曰：「寡人不敢以先王之臣爲臣。」孟嘗君就國於薛……。（戰國策・齊策）

齊襄王不想用孟嘗君，又不願意直說，所以用推托的語氣說：「不敢以先王之臣爲臣。」這固然是找藉口，話說得體面，同時也好讓對方有台階可下，不會感覺面子上掛不住。

㈣今夜鄜州月，閨中只獨看。
遙憐小兒女，未解憶長安。
香霧雲鬟濕，清輝玉臂寒。
何時倚虛幌，雙照淚痕乾。（杜甫：月夜）

這首詩通篇皆用側筆。時當安史之亂，杜甫家小在鄜州，他本人卻淪陷在長安。原本是自己懷念妻子兒女，卻沒有一個字是明說懷念家小的。反而跳出現場，想像家中妻子在今夜的月下懷念他。用曲折的筆法，憑豐富的想像，形象化的語言，描繪出一幅想像圖。他設想兒女還小，不懂得思念他，更顯出妻子的孤獨無依。再設想妻子念夫情切，深夜不寐，所以雲鬟濕，玉臂寒：

夜深了，滲著花香的霧露，沾溼了她柔美的秀髮；皎潔淒清的月光，照射著她瑩潔的玉臂。這個時候，傳來一股秋夜的寒氣，經由體膚的觸覺，進入精神的感覺，涼透了寂寞芳心。再設想亂定之後，家庭團聚，夫妻兩人攜手賞月，回想起飽經憂患而重逢的種種苦辛酸楚，不免破涕爲笑。這首詩妙處甚多，如形象化的語言，懸想示現的筆法，但最關鍵的成功之處，仍然是運用側筆，僅係想像妻子思念自己的景象，自己的思念之情，就盡在不言中了。如此曲折的修辭法，堪稱「隱」的最佳典範。

又李商隱的「夜雨寄北」：

君問歸期未有期，

巴山夜雨漲秋池。

何當共翦西窗燭，

卻話巴山夜雨時。

此詩後兩句與杜甫「月夜」的結尾手法相同，如出一轍。杜詩說何時與妻子重逢之後，再對月想起今日飽經離亂月夜相思的情景而掉淚。李詩說何時與妻子相聚之後，再來回味巴山夜雨兩地相思的情景。兩首詩都是運用側筆，設想將來重逢，回味今日的分離。如此曲折的修辭法，更能將迫切思念之情表達得淋漓盡致⑪。

㈤上嘗罷朝，怒曰：「會須殺此田舍翁！」后問誰。上曰：「魏徵每廷辱我！」后退具朝服，立於庭。上驚問其故。后曰：「妾聞主明臣直，今魏徵直，由陛下之明故也。妾敢不賀。」上乃悅。（司馬光：資治通鑑卷一九四）

唐太宗英明能幹，歷史上號稱貞觀之治。輔助唐太宗的賢臣固多，以魏徵最著名，因爲他能直言勸諫，不惜廷爭犯上。其「諫太宗十思疏」，膾炙人口，傳誦天下。這一對明主賢臣，相得益彰的故事，爲人所津津樂道。可是直等到我們讀了資治通鑑的記載，才知道唐太宗與魏徵之間，原本並非一般所想像的如魚得水，相契無間。

以上這段記載，唐太宗在朝廷上被魏徵冒犯，十分惱怒。退朝之後，回到後宮，仍然餘怒未息，越想越氣：「一定要殺了這渾蛋小子！」長孫皇后見皇上憤怒，問爲何人何事而生氣。唐太宗的回答是：「魏徵這傢伙，實在太過份了，屢次在朝廷上當衆給我難堪！」長孫皇后聽了這話，立刻回房換上禮服，出來向皇上道賀：「恭喜皇上洪福齊天，大唐皇朝國運昌隆，自古以來，大臣能在朝廷上與皇上辯論國事，犯顏抗爭的，未之聞也。如此足以證明上有明主，下有賢臣，大唐怎會不國運昌隆呢？」一席話使得唐太宗轉怒爲喜，龍顏大悅。

長孫皇后眞可謂善體人意，充分掌握了人性心理。她在此對唐太宗的言辭，絕非直言勸諫，而是理直氣緩，以曲折的言辭，成功地使得皇上憬悟。假如沒有長孫皇后這段絕妙好辭的「曲折」，恐怕魏徵性命不保！

㈥寫字的人有癮，癮大了就非要替人寫字不可，看著人家的白扇面，就覺得上面缺點什麼，至少也應該有「精氣神」三個字。相傳有人愛寫字，尤其是愛寫扇子。後來腿壞，以至無扇可寫。人問其故，原來是大家見了他就跑，他追趕不上了。如果字眞寫到好處，當然不需腿健，但寫字的人究竟是腿健者居多。（梁實秋·雅舍小品·寫字）

「寫字的人究竟是腿健者居多」，其實就是「寫字者究竟是寫不好的居多。」挖苦人寫字成癮，用曲折的言辭，要比直言數說來得深刻而有趣味。

「隱」之第一種方式—曲折，由以上六個辭例可見一斑。當然，曲折之絕妙好辭，絕非僅於斯。富蘭克林說：「如果你要知道錢的價値，試去借一點，因爲去借錢的人，就等於去尋煩惱。」梁實秋「駱駝」文中說：「公文書裡罷黜一個人的時候，常用『人地不宜』四個字，總算是一個比較體面的下台的藉口。」軍隊作戰失敗，諱言撤退，往往用「我軍轉進某地」—轉個方向進攻，曲折之妙用，不勝枚擧。

貳、微辭

將不願直陳的話，避開正面，由側面來表達，從隱微婉曲的文辭中，透露諷刺不滿的意味，是爲「隱」的第二種方式「微辭」。如：

㈠齊有得罪於景公者，景公大怒。縛置之殿下，召左右肢解之。敢諫者誅，晏子左手持頭，

右手磨刀，仰而問曰：「古者明王聖主，其肢解人，不審從何肢解始也？」景公離席曰：「縱之，罪在寡人！」（韓詩外傳）

國君盛怒之下，要殺人，被殺者罪不至死。此時若直言勸諫，不但無效，反而適足以激怒他。晏子此所謂「古者明王聖主，其肢解人，不審從何肢解始也？」微辭諷勸，點化齊景公，使國君適時憬悟，可謂婉曲之高手。

㈡秦伯使公孫枝對曰：「君之未入，寡人憂之；入而未定列，猶吾憂也；苟列定矣，敢不承命！」（左傳僖公十五年．秦晉韓之戰）

秦穆公幫助晉惠公返國即位，救助其饑荒。惠公歸晉背秦，不但違約不予河西之地，且秦饑坐視不救。秦穆公忍無可忍，出兵伐晉，發生「韓之戰」。此處公孫枝並未直言指斥晉惠公「出因其資，入用其寵，饑食其粟，三施而無報」的種種背信負恩的不當之行為，也不直截了當地宣戰。而以婉曲的方式說：君未入晉，我實為君憂懼；既入而未能定位，我憂猶未釋；苟位定而能合其衆矣，敢不承順君請戰之命乎？如此暗含譏刺的微辭，不失為絕妙之外交辭令，罵人不帶髒字，而語語擊中要害，誠所謂「不著一字，盡得風流」。

㈢佚之狐言於鄭伯曰：「國危矣！若使燭之武見秦君，師必退。」公從之。辭曰：「臣之壯也，猶不如人；今老矣，無能為也已。」公曰：「吾不能早用子，今急而求子，是寡人之過也。然鄭亡，子亦有不利焉！」許之，夜縋而出。（左傳僖公三十年．燭之武退秦師）

「燭之武退秦師」，是「左傳」最膾炙人口的一段故事。秦晉兩個强大的國家，圍攻鄭國一個弱小的國家。依常理而言，鄭國必然無法倖存。但是由於燭之武說服秦穆公退兵，使得鄭國得以轉危爲安。堪稱「弱國有外交」的典範。

以上所引的一段，是鄭文公接受佚之狐的建議，請燭之武出馬當說客，可是燭之武開始卻推辭不肯從命。「臣之壯也，猶不如人；今老矣，無能爲也已。」字面的意思是說：當我年輕力壯的時候，很想爲國家盡力。可惜的是自己才能不足，比不上別人，所以一直沒有報效國家的機會。現在年老力衰，老朽昏庸，恐怕更是心有餘而力不足了。這樣的話，透露一股酸溜溜的不滿之意。其所「隱」藏的弦外之音，是當初鄭文公有眼無珠，不懂得賞識像他這樣的人才，燭之武沒有被重用，一直耿耿於懷。這樣的推辭，並非眞心不願意，而是故作姿態，隱約流露了燭之武多年來受冷落的委屈與不滿。

鄭伯的應對也十分巧妙。「吾不能早用子，今急而求子，是寡人之過也。然鄭亡，子亦有不利焉。」他當然聽得出燭之武所用「微辭」的不滿之意。又何嘗不知道當初冷落了燭之武，對方心懷憤怨，也是人之常情，因此先坦然自責：當年我欠缺知人之明，對您這樣的人才不知道重用，直等到現在國家危急，才來請您出馬，這是我的過錯，請您原諒。但是如果您不能共體時艱，爲國效力。果眞眼睜睜地看著鄭國滅亡，對您個人恐怕也有所不利，還是請您勉爲其難吧！鄭伯這一段話，先自責然後曉以大義與利害。字面上說得好聽是「國家興亡，匹夫有責。」「覆巢之下焉得完卵？」弦外之音，不客氣地說，是在鄭國滅亡前，我就可以先修理你⑫！

燭之武與鄭文公的對話，十分傳神。雙方面都是高手過招，點到爲止，國君不失身份，臣子牢騷也出了氣，見好就收。其主要的關鍵妙處，即賴「微辭」之功。

㈣柳原笑道：「這一炸，炸斷了多少故事的尾巴！」流蘇也怡然，半晌方道：「炸死了你，我的故事就該完了。炸死了我，你的故事還長著呢！」柳原笑道：「你打算替我守節麼？」（張愛玲：傾城之戀）

張愛玲的中篇小說「傾城之戀」，描敍男女主角在香港遭受日軍空襲的情況。女主角流蘇譏刺對方用情不專，卻不直言明斥，「炸死了我，你的故事還長著呢！」是頗具機鋒妙趣的微辭，耐人尋味。

㈤有些道貌岸然的朋友，看見我就要脫離苦海，不免悟出許多佛門的大道理，臉上愈發嚴重，一言不發，愁眉苦臉。對於這朋友我將來要特別借重，因爲我想他於探病之外還適於守屍！（梁實秋：雅舍小品·病）

梁實秋在此對探病者的態度不當，並未直接數落，而是用微辭譏刺，頗能引起讀者會心的微笑。

㈥馬可仕說：「治理菲律賓的國家大政，需要有能力、有經驗的領袖人才。我們豈能將國家大事付託給一個毫無經驗的婦人女子？」他說得也沒全錯。我的確是欠缺經驗，尤其是對於貪污、弄權和暗殺的種種卑鄙手段，我更是毫無經驗。在這些方面，我確實比馬可仕差得太遠啦！（艾奎諾夫人柯拉蓉女士競選菲律賓總統演說辭）

柯拉蓉與馬可仕競選菲律賓總統，雙方面競爭激烈，馬克仕譏刺柯拉蓉沒有行政經驗，原來是擊中要害之語，卻被柯拉蓉以巧妙的微辭移轉矛頭，予以强力的反擊。微辭之功效，於此可見一斑。

參、呑吐

不以直率噴薄的語句來表達辭意，而只在將說未說之時，强自壓抑，用呑多吐少的語句，欲放還收的修辭法，是爲「隱」的第三種方式「呑吐」。如：

㈠手種黃甘二百株，春來新葉遍城隅，方同楚客憐皇樹，不學荊州利木奴。幾歲開花聞噴雪，何人摘實見垂珠。若教坐待成林日，滋味還堪養老夫。（柳宗元：柳州城西北隅種甘樹）

這首詩表面上敍種樹，細細體味，卻是用呑吐的筆法，流露懷鄉思歸之意，正是含不盡之情，見於言外。前半首大意是說，親手種植黃色的柑橘二百株，每到春日，新葉長遍了城曲，我正如同楚客（屈原）般與橘樹相憐相惜，並非學李衡（丹陽太守李衡種柑千株，呼爲千頭木奴，以利貽子孫）種橘謀利。後半首設想未來，不知道幾年之後何人在此聞花香，摘柑橘？如果淹留於此，久謫不返，他的滋味或許還可以滋養我的晚年。姚惜抱「援郭堂筆記」評云：「結句自傷遷謫之久，恐見廿之成林也。而托詞反平緩，故佳。」柳宗元在此强自壓抑自傷遷謫，懷鄉思歸之情，表面上故作寬解慰語，實則內心情思激盪。如此善用「吞吐」之法，已將「隱」的效用充分發揮。

㈡閒尋舊蹤跡，又酒趁哀絃，燈照離席，梨花榆火催寒食。愁一箭風快，半篙波暖，回頭迢遞便數驛，望人在天北。悽惻，恨堆積！漸別浦縈迴，津堠岑寂，斜陽冉冉春無極。念月榭攜手，露橋聞笛。沈思前事，似夢裡，淚暗滴。（周邦彥：蘭陵王）

周邦彥「蘭陵王」全詞共有三疊。第一疊借折柳送別申述久事淹留之苦。以上所錄係二三疊，分敘客中餞別的情景感想與別後的心情。陳廷焯「白雨齋詞話」評云：「閒尋縱跡二疊，無一語不吞吐，只就眼前景物，約略點綴，更不寫淹留之故，卻無處非淹留之苦。直至收筆云『沈思前事，似夢裡，淚暗滴』，遙遙挽合，妙在才欲說破，便自咽住，其味正自無窮。」無一語不吞吐，當然有夸飾之嫌疑，但全詞結語，的確是强自壓抑的吞吐語，頗耐人尋味。

㈢香冷金猊，被翻紅浪，起來慵自梳頭。任寶奩塵滿，日上簾鉤。生怕離懷別苦，多少事，欲說還休。新來瘦，非干病酒，不是悲秋。（李清照：鳳凰台上憶吹簫）

這是「鳳凰台上憶吹簫」的上半闕。一開始先描寫室內蕭條與人的無聊：「香冷金猊」言香冷煙斷，惟有冷銅爐憑添室內的淒涼氣氛。「被翻紅浪，起來慵自梳頭。任寶奩塵滿，日上簾鈎」，以無心整理錦被，懶得梳頭和化妝，顯示女主人心情懶散，無精打采。接著「生怕離懷別苦，多少事欲說還休。」一方面點明女主角的慵懶全係緣於離懷別苦。「欲說還休」，則無限的離情別恨都强自壓抑，按下不表，是典型的「吞吐」。「新來瘦，非干病酒，不是悲秋。」既非病酒，又非悲秋，那是什麼？這當然是前面的「離懷別苦」。李清照不明說爲別後的相思而消瘦，卻拐彎抹角地表示不關病秋，悲秋，正劉勰所謂「情在詞外曰『隱』」。

㈣達生：竹均，怎麼你現在會變成這樣——

白露：這樣什麼？

達生：呃，呃，這樣地好客，——這樣地爽快。

白露：我原來不是很爽快麼？

達生：哦，我不是，我不是這個意思……我說，你好像比以前大方得——

白露：我從前也並不小氣呀！哦，得了，你不要拿這樣好聽的話跟我說。我知道你心裡是不是說我有點太隨便，太不在乎。你大概有點疑心我很放蕩，是不是？（曹禺：曹禺選集．日出）

所謂「好客」、「大方」、「爽快」正是暗示白露的放蕩。但是達生卻不肯直說，一再閃爍其辭，使人隱隱約約地感覺到話中有話，弦外有音。同時，達生講話的語氣一再猶疑，停頓，吞吞吐吐。如此婉曲的表達，不但是典型的將說未說，欲放還收。同時更能呈現出達生的個性、神情與心理上的忐忑不安。而相對地，白露的話，語氣就直截了當，一語道破，個性十分爽快。

㈤當你贊美一位小姐：「你很漂亮！」

中國人的反應是羞紅著臉，低下頭，很不好意思地不作一聲。

美國人的反應是很大方地微笑：「謝謝！」

俄國人的反應是：「我同意你的看法！」

可是現在的中國小姐……。

這段話固然反映不同的民族性，但是末尾卻按下不表，顯示現代中國的小姐們觀念、作風已經與以往大不相同。比較開放、大方、活潑，不再像傳統那樣保守、羞人答答。這按下不表的話，可能是微笑答謝，也可能是「你現在才知道」、「要你管」……等，無論如何，還是用吞吐的方式，不說也罷。

肆、含蓄

以撇開正面，不露機鋒的語句，從側面道出，但並不說盡，使情餘言外，讓讀者自行尋繹，方感意味深長的修辭法，是爲「隱」的第四種方式「含蓄」。如：

㈠行行重行行，與君生別離。

相去萬餘里，各在天一涯，

道路阻且長，會面安可知？

胡馬依北風，越鳥巢南枝。

相去日已遠，衣帶日已緩。（古詩十九首之一）

這是漢代一羣無名作家「古詩十九首」第一首的前半。表達思婦懷人之詞，哀而不怨。其中最得「情在詞外」之奧妙者，在以上所引的末四句，此言遊子在外飄泊不歸，女主角因相思而消瘦。「胡馬依北風，越鳥巢南枝」，是懷戀的詩句。胡馬產自北地，到南方後仍然依戀北風；越鳥生於南方，到北方後仍然築巢向南。「依北風」、「巢南枝」是自然而發的一種戀鄉情懷。本性使然。禽獸尚且依戀眷顧故土，何況人乎！朱筠「古詩十九首說」云：「就胡馬思北，越鳥朝南襯一筆，所謂『物猶如此，人何以堪』也。」作者在此字面上只說胡馬、越鳥，完全不提人，而男主角理應懷鄉思歸之情，卻已「含不盡之情，見於言外」。「相去日已遠，衣帶日已緩」，是相思的詩句，久則思深，女主角因相思而日益消瘦，衣帶也就日益鬆弛。從身體的具體變化中呈現久別思深的精神痛苦。字面只說衣帶緩，而相思之苦與深已經充分透露，如此含蓄之表達方式，何等委婉，何等耐人尋味⑬！

㈡昨夜風開露井桃，未央前殿月輪高。

平陽歌舞新承寵，簾外春寒賜錦袍。（王昌齡：春宮曲）

王昌齡特擅七絕，優柔婉麗，意味無窮。此詩言平陽公主以妙善歌舞得寵。其實，在宴中歌舞，怎知簾外春寒？只緣漢皇恩寵，體貼入微，即使春宴未寒，也唯恐輕寒侵之，噓寒問湲，賜以錦袍。而失寵者慕此殊遇，更加顯得落寞，秋怨愈深。沈德潛「說詩晬語」云：「王龍標絕句，深情幽怨，意旨微茫。『昨夜風開露井桃』一章，只說他人承寵，而己之失寵，悠然可思。此求響於弦指外也。」整首詩在字面上只寫平陽公主得寵之情況，而眞正要表達的「春宮曲」的失寵哀傷，完全一字未提，卻是不怨而怨，宛然可思。如此側寫新人之得幸，弦外之音，即舊人之失寵。含意深曲，蘊藉有餘味，陸時雍「詩鏡總論」云：「王龍標七言絕句，自是唐人騷語，深情苦恨，襞積重重，使人測之無端，玩之無盡。」此詩可爲印證，尤足見其善用含蓄之一斑。

㈢國破山河在，城春草木深。

感時花濺淚，恨別鳥驚心。

烽火連三月，家書抵萬金。

白頭騷更短，渾欲不勝簪。（杜甫：春望）

此爲杜甫最著名的代表作，其所以獨高千古，感人至深者，即在於「含蓄」。司馬光「溫公詩話」評云：「古人爲詩，貴於意在言外，使人思而得之。近世詩人惟杜子美最得詩人之體。如春望詩：『國破山河在，城春草木深。感時花濺淚，恨別鳥驚心。』山河在，明無餘物矣；草木深，明無人跡矣。花鳥，平時可娛之物，見之而泣，聞之而恐，則時可知矣。他皆類此，不可徧舉。」只說山河在、草木深，而國破城空、人烟渺茫的景象都在言外；只說花濺淚、鳥驚心，而憂亂傷春，滿目悽涼的情懷，已充分流露，含不盡之情見於言外，此爲最佳典範之作！

㈣雲母屏風燭影深，長河漸落曉星沈。

嫦娥應悔偷靈藥，碧海青天夜夜心。（李商隱：嫦娥）

這首「嫦娥」一詩，在千古以來詠嫦娥的作品中，堪稱獨占鰲頭之作。一則是體貼入微，將嫦娥的寂寞與悽清充分表達。一則是婉曲含蓄，蘊藉無窮，將天才的孤寂感流露無遺。不僅李商隱和嫦娥同具「高處不勝寒」的感思，更反映了古今才子的心聲，耐人尋味，發人共鳴。首二句「雲母屏風燭影深，長河漸落曉星沈。」狀孤寂之況，曲折盡致。自謂獨倚屏風，燭影轉深，形影相對，落寞已甚。不覺夜已闌珊，銀河漸落，曉星初沈，竟至徹夜難眠。由室內的幽深精美之景，到室外的空曠孤寂之景，即景生情，引領讀者融進詩人所處之情境，體味到詩人的孤寂心境。眞是深情幽怨，意旨微茫。

後二句「嫦娥應悔偷靈藥，碧海青天夜夜心。」則轉以嫦娥相喻，往事歷歷，探懷俱在。至今流落不遇，孑然一身，如廣寒仙子，夜夜寂寥，空對碧海青天，情何以堪？短短二十八字，悽涼孤寂，無限纏綿。此「碧海青天夜夜心」，即景生情，使讀者眼前浮現出嫦娥悽楚孤獨的身影，想見其寂寥的芳心。令人測之無端，玩味無窮。細思之，其所含蘊之情，約有三層：

第一層是流露了嫦娥的孤寂。煢獨的孤影，夜夜空對碧海青天，美麗倩影，有誰欣賞？寂寞芳心，又有誰堪慰憐？

第二層是李商隱自身的寫照。葉嘉瑩「從義山嫦娥詩談起」⑭嘗言：「首句『雲母屏風燭影深』之精美幽深之境界，正以之陪襯『嫦娥偷靈藥』後所得之境界；次句『長河漸落曉星沈』之孤獨寂寞之心情，正以之陪襯『碧海青天夜夜心』之心情。而此『長河』一句實爲全詩之關鍵。有此一句，於是遂自『室內』寫到『室外』，由『詩人』寫到『嫦娥』；而詩人與嫦娥，嫦娥與詩人遂亦由此一句而打成一片。所以第三句之『嫦娥應悔偷靈藥』實可視爲詩人所得之高舉遠慕之理想之境界！」已將詩中所含蘊蓄積之孤寂感闡釋透闢。

第三是泛指天才的孤寂感，從寬廣的層面尋味此詩，李商隱不僅描繪出嫦娥的處境；透露了自己的心聲，更反映了「古今天才的心境。其實，類似的情況，在大家的詩中，也屢見不鮮。如李白「把酒問月」：「白兔擣藥秋復春，嫦娥孤棲與誰鄰？」不正是謫仙孤寂心靈的寫照嗎？杜甫「月」：「斟酌嫦娥寡，天寒奈九秋。」不也正是詩聖的自憐嗎？至於蘇軾的「水調歌頭—丙辰中秋」詞云：「明月幾時有？把酒問青天。不知天上宮闕，今夕是何年？我欲乘風歸去，惟恐瓊樓玉宇，高處不勝寒。」同樣道盡了天才的孤獨與寂寞。

李商隱「嫦娥詩」委婉有深致，隱含幽怨，令人尋繹不盡，此眞善含蓄者！

㈤門隔花深夢舊游，夕陽無語燕歸愁，玉纖香動小簾鈎。　落絮無聲春墮淚，行雲有影月含羞，東風臨夜冷於秋。（吳文英：浣溪沙）

這闋詞是「情在詞外」的典型。陳廷焯「白雨齋詞話」評云：「『浣溪沙』結句貴情餘言外，含蓄不盡。如吳夢窗之『東風臨夜冷於秋』，賀方回之『行雲可是渡江難』，皆耐人尋味。」陳洵「海綃說詞」云：「夢字點出所見，惟夕陽歸燕，玉纖香動，則可聞而不可見矣。是眞是幻，傳神阿堵，門隔花深故也。『春墮淚』爲懷人，『月含羞』因隔面，義兼比興。東風回睇夕陽，俯仰之間，已爲陳迹，即一夢亦有變遷矣。『秋』字不是虛擬，有事實在，即起句之舊游也。秋去春來，又換一番世界，一『冷』字可思。此篇全從張子澄『別夢依依到謝家』一詩化出，須看其游思飄渺，纏綿往復處。」

就其後半闋而言，「落絮無聲春墮淚，行雲有影月含羞。」字面上但寫春墮淚，不寫懷人，但寫月含羞，不說隔面，而懷人、隔面之情宛然想見。「東風臨夜冷於秋」，東風指春風。在具體的體膚觸覺上，秋風當然比春風冷，可是在精神的感覺上，春風就寒冷於秋風了。只言東風臨晚吹來，比秋天還寒冷，懷人隔面的寂寞悽清愁緒，更加含蘊不盡。此種含蓄的筆法，正是劉勰所云：「秘響旁通，伏采潛發」。

伍、隱在傳統修辭中之分類

「隱」，相當於「含蓄」，從現代修辭學而言，是爲「婉曲」，又可分爲曲折、微辭、呑吐、含蓄。如此分類，是比較客觀合理的。但也並非絕對統一的。例如董季棠「修辭析論」即將「婉曲」、「折繞」合爲「曲撓」⑮。又如李裕德「新編實用修辭」列爲「委婉」⑯。至若研究古典詩的學者，則闡論詩貴含蓄，又從論詩的立場，將「隱」──含蓄，作不同之分類，聊舉二家，以爲參考。

一、周振甫「詩詞例話」以爲，含蓄蘊藉的表情法，向來批評家認爲文學正宗。他隱括梁啓超「中國韻文裡所表現的情感」將含蓄蘊藉的表情法分作四類⑰：

㈠第一類的蘊藉表情法，情感正在很强的時候，他却用很有節制的樣子去表現他，不是用電氣來震，却是用溫水來浸，令人在極平淡之中慢慢的領略出極淵永的情趣。這類作品，自然以三百篇爲絕唱。如：

君子于役，不知其期。曷至哉？鷄棲于塒，日之夕矣，羊牛下來。君子于役，如之何其勿思！

（丈夫當兵去遠方，誰知還有幾年當。哪天哪月回家鄉？鷄兒上窠，西山落太陽，羊兒牛兒下山岡。丈夫當兵去遠方，要不想怎麼能不想！）（詩．君子于役）

㈡第二類的蘊藉表情法，不直寫自己的情感，乃用環境或別人的情感烘托出來。

用別人情感烘托的，例如詩經：

陟彼岡兮，瞻望兄兮。兄曰：嗟！予弟行役，夙夜必偕。上（尚）慎旃哉，猶來無死！

（登上那高高的山岡啊，要望我哥在哪方啊。哥說：咳！我弟當差啊東奔西走，日日夜夜不能休。多保重啊多保重，別落得他鄉埋骨頭！）（詩．陟岵）

用環境烘托的，例如……孔雀東南飛，最得此中三昧，蘭芝和仲卿言別，該篇中最悲慘的一段。他却悲呀淚呀……不見一個字，但說：

妾有繡腰襦（齊腰短襖），葳蕤（繡的花下垂）自生光。紅羅復斗帳，四角垂香囊，箱奩六七十，綠碧青絲繫。物物各自異，種種在其中。人賤物亦鄙，不足迎新人。留傳作遺施，於今無會因。

前者不言弟思兄，却說兄思弟。情感自然更深厚。後者專從紀念物上頭講，不說悲，不說淚，倒比說出來的還深刻幾倍。

㈢第三類蘊藉表情法，索性把情感完全藏起不露，專寫眼前實景（或是虛構之景），把情感從實景上浮現出來……此類的眞正代表，如：

東臨碣石（山名），以觀滄海。水何澹澹（波搖蕩），山島竦峙（聳立）。樹木叢生，百草豐茂。秋風蕭瑟，洪波湧起。日月之行，若出其中。星漢燦爛，若出其裡。（曹操：觀滄海）

此詩但寫映在眼中的海景，並未明言悵觸。但讀來却深感作者寬闊的胸襟、豪邁的氣概，一齊流露。

㈣第四類的蘊藉表情法，雖然把情感本身照原樣寫出，却把所感的對象隱藏過去，另外用一種事物來做象徵。……純象徵派之成立起自楚辭，他（屈原）既有極穠溫的情感本質，用他極微妙的技能，借極美麗的事物做魂影，所以著墨不多，便爾沁人心脾。如：

惜吾不及見古人兮，吾誰與玩此芳草。（思美人）

沅有芷兮澧有蘭，思公子兮未敢言。（湘夫人）

二、張夢機「近體詩發凡」論含蓄以爲，詩以語近情遙爲尚，語近則平澹易曉，情遙則聲有餘響，雖著語不多，亦寄興無窮。其中可分六項⑱：

㈠藏鋒不露：律與絕句，貴意在言外，使人思而得之，故字裡行間，須有曖曖之致。無論寫孀閨春怨，塞客鄉思，或炎涼世態，落魄生涯，皆必若隱若現，欲露不露，反復纏綿，終不許一語道破。

㈡善用側筆：詩中之意，貴在無字句處，善用側筆，不犯正位，襯說以取神韻，所謂索之於驪黃之外者，是傳神之妙也。爲江雪獨釣圖者，不難於江上雪景，漁翁垂綸，獨能傳出清朗苦寒之態乃佳，詩家亦須參此機。

㈢託物喻意：詩家設意，皆可於一草一木發之，比物託興，論理似爲不通，但用於抒情，偏得廻環之妙。因方假巧，曲筆達意，得味外味。

㈣裁汰冗意：低手作詩，著題往往不能思力籠蓋，每以擒捉不住，鋪張揚厲，衍爲繁冗之詞，致成拖沓。故作詩貴有剪裁工夫。必使篇中無浮辭，題中無冗意，始爲精練之章，而含蓄之致存焉。如萬綠叢中之著點紅，會心者當能知其奧蘊，見點紅而知嫣紅姹紫已無限在矣。

㈤餘憾生情：昔王湘綺爲人傳記，好從其不得意處寫之。言如此乃能曲傳心事，極唱嘆之致。實則作詩之理亦復如是。蓋無論抒情言事，使能洞悉缺陷，狀莫名之惆悵，言之若有餘憾，其詩必可婉約生情，餘味雋永。

㈥落句虛成：古人作詩，落句輒旁入他意，靈變莫測，最爲警策。故落句貴虛成，收束處頗饒餘韻。

以上二家，均從韵文與詩的角度分析「隱」—含蓄之用，其所分類與修辭學辭格之分類雖有不同之處，然皆能言之成理。且彼此之間，多可相通，足資相互參證，對「隱」之用，或有進一步之認識。

陸、隱在篇章修辭之運用

本節所論「隱」之四種修辭方法，往往從古今名篇中擷取其傑出片段爲證。然而，修辭方法運用得當與否，佳妙之關鍵，端視在整篇文章中產生之效用。茲再舉左傳「秦晉殽之戰」一文中運用「隱」之修辭法爲例，以見其精采與效果。

「秦晉殽之戰」辭令詭譎，曲折盡情

左傳文章，特擅對話。往往以對話來顯現人物之智慧與個性，對話中最精采的，洵屬外交辭令。或剖陳得失，利害畢見；或旁敲側擊，迂迴中的；或委婉曲折，弦外有音；或微辭譏諷，語中帶刺。「秦晉殽之戰」對話占篇中文字之大半，其中最耐人尋味的是三段外交辭令。

一　弦高犒秦師

> 及滑，鄭商人弦高，將市於周，遇之，以乘韋先牛十二犒師，曰：『寡君聞吾子將步師出於敝邑，敢犒從者，不腆敝邑，爲從者之淹，居則具一日之積，行則備一夕之衛。』且使遽告於鄭。

此即著名的愛國商人弦高的故事。鄭國兩次幾遭亡國，都是靠外交轉危爲安。前次秦晉圍鄭，實難倖存，賴燭之武勇於爲國，說服秦伯退兵。這回秦師東征，鄭國並不知情，端賴商人弦高的熱誠愛國，臨時應變。林西仲古文析義評此云：

> 杞子告秦之謀，陰遣一介往來，最爲機密。即師過王城，王孫滿能料其敗，亦不料此行當往何處也。弦高遇之於滑，以滑而東，路出于鄭，蹤跡詭祕可疑。豈敢執定爲襲鄭之計乎！及鄭聞告，察三子所爲叵測，方得其實。若明斥之，又恐事急生變，秦師猝至，難以

兩撐也。故弦高矯命犒師，止謂鄭知有兵至，迎到境內，聽其或居或行，若不知其爲襲鄭而來者。且云居一日之積，示有儲蓄可支；又云備一夕之衛，示有兵力可守。使知無處措手。

林氏所評，頗爲精闢。自現代觀點而分析，弦高是一個愛國而機警的人物。當他發現秦軍朝鄭國進發，行踪可疑，居心叵測，料想極可能是來偸襲。當機立斷，不惜輸財救國，以「乘韋先牛十二犒師」，並「使遽告於鄭」。弦高既非政府官員，更非外交官。卻深感國家興亡，匹夫有責。毫不猶疑地假託君命，客串外交使者。這一段外交辭令，恐怕訓練有素的外交官還沒有他高明！

弦高這一段話，謙恭有禮，分寸拿捏得恰到好處。「寡君聞吾子將步師出於敝邑」，告訴秦軍，我們鄭國已經知道您的行動，用「步師」，字面上是行軍，卻不說破秦軍的目的是襲鄭。其實弦外之音卻很明顯.我們已經洞悉秦師襲鄭的陰謀，最好不要輕擧妄動，以免兩國交惡。鄭國對秦國一向敬重，周到而有禮。「居則具一日之積，行則備一夕之衞。」表明鄭國願意盡地主之誼，竭誠招待遠來的秦軍，鄭對秦以禮待之，希望秦軍不要恩將仇報，輕啓戰端。

鄭弦高的外交辭令，既不冒犯强秦，而又有弦外之音，暗示鄭已有備，不可冀也。這一著緩兵之計，使得秦軍受阻，逡巡不敢進，也使得鄭國有緩衝的準備時間。其反應機警，措辭高妙，十分精采。其實，硬說是秦國來此行軍，勞師動衆，跋涉千里，眞是豈有此理！分明是高手過招，點到爲止，不當面拆穿秦軍的偷襲詭計，雙方都有台階可下，才不會把局面弄僵。

二　皇武子辭秦戍

鄭穆公使視客館，則束載厲兵秣馬矣。使皇武子辭焉，曰：『吾子淹久於敝邑，唯是脯資餼牽竭矣。爲吾子之將行也，鄭之有原圃，猶秦之有具囿也；吾子取其麋鹿，以閒敝邑，若何？』杞子奔齊，逢孫、楊孫奔宋。

鄭穆公接到弦高的報告，尚在半信半疑之間，不便魯莽行事，等到查證——「使視客館，則束載厲兵秣馬矣。」確知秦國裡應外合之陰謀。第一步行動就消除內憂，辭其戍以除內害。皇武子這一段外交辭令，無疑地是下逐客令。用旁敲側擊的方式，委婉地趕走秦戍，此段話可分作三層：

第一層是「吾子淹久於敝邑，唯是脯資餼牽竭矣」，託辭供養不起，難以留客。委婉地下達逐客令。

第二層是「爲吾子之將行也」，硬將杞子的束載厲秣準備內應，說成束裝歸去。委婉而嚴峻地揭露了秦人的陰謀，使杞子等備受壓力。

第三層是「鄭之有原圃，猶秦之有具囿也；吾子取其麋鹿，以閒敝邑，若何」，聽由秦戍自取麋鹿，猶言放對方一條生路，讓他們藉機逃走，免傷和氣。

吳宏一「史傳散文」闡論此外交辭令，頗能鞭辟入裡⑲：

弦高和皇武子說的話，都是軟中帶硬的外交辭令。弦高犒勞秦軍時，鄭國尚無準備，所以弦高之言，是似實而虛。皇武子去見杞子等人時，鄭國已有準備，所以皇武子之言，是實而若虛。他們的說辭都很婉轉，但每句話都說得恰到好處。鄭國比秦國勢力弱小得多，既不能示弱，又不能逞強；示弱則有如開門揖盜，逞強則無異自招後患。所以用婉言相諷，使杞子等人自動逃走，使孟明等人知難而退，可以說是最明智之舉。

皇武子這段外交辭令，既是高明的鬥爭藝術，又是微妙的修辭藝術。每一句話都是話中有話，意在言外。鄭國既不能讓秦戍留下來養癰成患，也不便趕盡殺絕，反目成仇。鄭國傾全國之力殲滅秦戍，是毫無問題的。但那樣逞快一時，與秦國的恩怨就很難了結了。最高明的作法就是表面客氣實則嚴峻地趕他們走路。如此不費力地排除了隱患，留下迂迴的餘地。鄭穆公的明智決策，皇武子的外交辭令，已達爐火純青的化境。

三　孟明謝晉賜

公使陽處父追之。及諸河，則在舟中矣。釋左驂以公命贈孟明。孟明稽首曰：「君之惠，不以纍臣釁鼓，使歸就戮於秦。寡君之以為戮，死且不朽，若從君惠而免之，三年將拜君賜。」

晉襄公既悔釋囚，派陽處父追秦囚。到兩國交界的黃河邊，秦囚已經上船，追之不及。陽處父託言襄公派他來送馬，想要騙秦囚回來受縛，但是孟明也不是省油的燈，不肯上當：「若從君惠而免之，三年將拜君賜。」是言與意反的反諷語，表面上是感恩戴德的客氣話，說得十分漂亮，其實是表示君子報仇，三年不晚。陽處父「釋左驂以公命贈孟明」，固然是言不由衷的違心之論，笑裡藏刀。孟明的謝辭又何嘗不是綿裡藏針，語中帶刺，一方面點破了陽處父誘他入彀的詭計，一方面隱含了雪恥報仇的誓言。

「三年將拜君賜」，謂三年後再來感謝晉君的恩德，一說三年後再來拜領晉君所賜的禮物，實則此反諷語，表面上愈是感謝，內裡愈是怨恨。金聖嘆「才子古文讀本」評此云：「此謝今之不復轉船矣。言三年之後來伐晉，當面謝。今不復被誘轉船矣。讀之令人絕倒。」

事實上，左傳文公二年孟明率師伐晉，以報殽之役，是爲彭衙之戰。文公三年的傳文記載，秦伯用孟明伐晉，「濟河焚舟，取王官及郊。晉人不出，遂自茅津濟，封殽尸而還。」孟明的確是實踐了「三年將拜君賜」的諾言兼誓言。

第三節　秀之修辭方式

秀者，篇中之獨拔，以卓絕爲巧。文辭貴在警策生動，片言以居要，竦人耳目。劉勰所謂「狀溢目前曰秀」，堪稱切中肯綮之論。「隱秀篇」殘闕不全，有關「秀」之闡論，僅第三段殘文云：

凡文集勝篇，不盈十一；篇章秀句，裁可百二，並思合而自逢，非研慮之所課也。

大凡文集中傑出之作品，不足十分之一；而篇章中精采卓絕之秀句，更僅有百分之一二。如此警策生動之秀句，緣於文思偶合天機，自然而遭逢神來之筆，要視靈感與才情的交會，並非單靠研思苦慮就能產生。誠所謂「文章本天成，妙手偶得之。」又「隱秀篇」贊云：

言之秀矣，萬慮一交。動心驚耳，逸響笙匏。

「言之秀矣，萬慮一交」，言「秀」之產生，文辭之挺拔特異者，由於萬般才情與自然天籟之偶一相契，當那交會時互放的光亮。正所謂「並思合而自逢」，妙手偶得，出乎自然，不能勉力強求。「動心驚耳，逸響笙匏」，言秀之特色及效用，契合天機之警策秀句，足以竦動世人，驚心動聽，令人感覺精神振奮，就如同吹奏笙匏，著實不同凡響。黃季剛先生「文心雕龍札記」隱秀篇續文云：「意有所重，明以單辭，超越常音，獨標苕穎，則秀生焉。」

關於「秀」，一般均以「警策」論之。傅庚生「中國文學欣賞舉隅」論警策[20]云：

呂氏童蒙訓云：「陸士衡文賦云：『立片言而居要，乃一篇之警策。』此要論也。文章無警策則不足以傳世，蓋不能竦動世人。如老杜及唐人諸詩，無不如此；但晉宋間人專致力於此，故失於綺靡，而無高古氣味。老杜詩云：『語不驚人死不休』，所謂驚人語，即警策也。」譬諸御車長路漫漫中，馬意倦矣，則施之以警策；文章若不能如此，必使覽之者昏昏將入睡矣。

傅隸樸「中文修辭學」論「警策」[21]云：

警義爲驅動，策義爲馬鞭，以警策喻文，始於陸機之賦，其言曰：『立片言而居要，乃一篇之警策。』夫御者雖六轡在手，而千里之馳，必須振長策以御之。文章雖浮藻聯翩，而名山之效，實藉片言以居要。御馬御文，術雖殊途，理實一貫。若以畫龍爲喻，則警策者，實文章點睛之術也。葉夢弼草堂詩話云：『文章無警策，則不足以傳世，蓋不能竦動世人，如杜子美及唐人諸詩無不如此，但晉宋間人專致力於此，故失於綺靡，而無高古氣味。』是知此格自有其利弊，運用時必須加以權衡也。

黃海章「劉勰的創作論和批評論」論「秀」[22]云：

「狀溢目前曰秀」，即是說，所描寫的景物，活靈活現，好像擺在我們眼前。王國維人間詞話說：『雲破月來花弄影，著一弄字，而境界全出矣。紅杏枝頭春意鬧，著一鬧字，而境界全出矣。」的確在所引的第一例中，我們恍惚看見花枝在月下擺動的姿態。在第二例中，我們恍惚看見如荼如火的杏花，在枝頭怒放的情形。字句非常簡單，景物却非常活現，那只是能做到一個「秀」字。

兩傳氏之論，從傳統出發，立論、引證多屬雷同。黃氏之論，則據王國維人間詞話的境界說，論「秀」之作用奇偉。要言之，劉勰所謂「秀也者，篇中之獨拔者也，秀以卓絕爲巧。」乃指文辭秀句之精采外揚，要言破的，竦人耳目，不同凡響，是爲警策之體。

秀之工者，妙比天成，俊逸而特出。或直探本心，氣盛意足，竦人耳目；或絕妙好辭，不同凡響，出人意外；或出語精警，巨細靡遺，引人矚目。誠探驪得珠，畫龍點睛之警策。如果從現代修辭學的角度，分析「秀」之形成，有多種修辭方法，均可造成卓絕獨拔之「秀」。茲擧其最具效用者而言，約有映襯、示現、層遞、頂眞四種辭格，茲撮要論之。

壹、映襯

在語文中，將兩種不同的，特別是相反的觀念或事實，對立比較，從而使語氣增强，意義顯明的修辭方法，是爲「秀」之第一種方式「映襯」。

「映襯」在現代修辭專書中，又有不同的分類：陳望道「修辭學發凡」分爲「反映」與「對襯」㉓，黃永武「字句鍛鍊法」分爲「反襯」與「正襯」㉔，黃民裕「辭格匯編」則取名「對比」，分爲「一物相反的兩個方面的對比」與「兩個相反事物的對比」㉕。茲依黃慶萱「修辭學」㉖之分類，約爲對襯、雙襯、反襯三種。

一、對襯

對兩種不同的人、事、物，從兩種不同的觀點加以形容描寫，是爲「對襯」。如：

㈠昔我往矣，楊柳依依。
今我來思，雨雪霏霏。
行道遲遲，載渴載饑。
我心傷悲，莫知我哀。（詩經·小雅·采薇）

「采薇」一敍出征戰士久役歸來，以上所錄，爲其中之第三章。「昔我往矣，楊柳依依。今我來思，雨雪霏霏。」針對當初出征與今日歸來兩種不同的情境，予以描寫，形成强烈的對比。短短的四句話，只有十六個字，時間上的今與昔，季節上的春與冬，景物上的楊柳與雨雪，人情上的散與聚。時空轉移，人事倥傯，征人久役的悲歡離合之情，躍然紙上。此種對襯之運用，寓情於景，意象鮮明，是典型之警策秀句。又「昔我往矣，楊柳依依」，以樂景寫哀，在楊柳飄蕩美好歡樂春光中，被迫出征，更加悲傷；「今我來思，雨雪霏霏」，以哀景寫樂，在雨雪紛飛的苦境中趕路，心情卻反倒愉快，不以爲苦。如此對比的程度更加强烈，予讀者的印象更加深刻。

㈡親賢臣，遠小人，此先漢所以興隆也；親小人，遠賢臣，此後漢所以傾頹也。先帝在時，每與臣論此事，未嘗不歎息痛恨於桓、靈也。侍中、尚書、長史、參軍，此悉貞良死節之臣，願陛下親之信之，則漢室之隆，可計日而待也。（諸葛亮：出師表）

此爲「出師表」之第三段，諸葛亮擧貞良死節之臣，勉後主親賢臣，遠小人，以復興漢室。先闡明先漢興盛之原因、後漢衰亡之原因，借古爲鏡，然後落實到現實人事上，列擧操守堅貞、品行善良而能爲國家效命之賢臣，盼望後主親信重用，則漢室之興隆，有厚望焉。諸葛亮之文，對後主懇切叮嚀，諄諄告誡，列擧人事，志盡文暢。黃季剛「文心雕龍札記」將之列爲文心雕龍所謂「顯附」文章風格之典型範例。其言曰：「語貴丁寧，義求周洽，皆入此類，若諸葛亮出師表，曹冏六代論之流是也。」文中流露老臣謀國之意，一片苦心孤詣，深深感動人心。此所謂「親賢臣，遠小人，此先漢所以興隆也；親小人，遠賢臣，此後漢所以傾頹也。」將西漢、東漢兩種不同的政治情況——「興隆」與「衰頹」，由兩種不同之作風——「親賢臣，遠小人」與「親小人，遠賢臣」，兩相對列比較。作風迥異，結局相反，使得文章語氣增强，意義明顯，給讀者留下深刻的印象。誠爲映襯法中「對襯」之典型範例，更爲傳誦千古之警句㉗。

㈢皓天舒白日，靈景耀神州。
列宅紫宮裡，飛宇若雲浮。
峨峨高門內，藹藹皆王侯。

自非攀龍客，何爲欻來游？

被褐出閶闔，高步追許由。

振衣千仞岡，濯足萬里流。（左思：詠史八首之五）

西晉詩人左思，以「三都賦」馳名於世，爭相傳鈔，使得洛陽紙貴。其實他最傑出的代表作還是詠史詩。三都賦目前已經很少讀者，詠史八首卻一直傳誦廣遠，爲人所津津樂道。其中最膾炙人口的警語就是「振衣千仞岡，濯足萬里流。」這首詩前半部寫西晉京城洛陽宮殿壯麗，顯貴鼎盛：明亮的天空中陽光四射，普照著中國的神洲大地，耀眼生輝。皇宮裡成排的建築，飛簷如雲，豪華壯觀。高大的府第中，有許多王侯卿相，達官貴人。宮殿羅列，上與浮雲齊；高門林立，大人物多如過江之鯽，好一幅富麗堂皇的熱鬧景況！

後半部寫左思自覺非富貴利達中人，決定離開此熱鬧繁華之地，隱居高蹈。「自非攀龍客，何爲欻來游。」意謂自己無意攀龍附鳳，追求功名，爲何逗留於此？因此毅然絕然地「被褐出閶闔，高步追許由。」還是穿著粗布衣服，離開皇都，效法許由而遠行隱遁吧！「振衣千仞岡，濯足萬里流。」到高山上抖衣，到長河裡洗足，以滌除人世間的俗塵！立身高岡，放眼長河，好一幅清虛高蹈，特立獨行的氣象，眞是神清氣爽，不受塵埃半點侵！

左思胸懷高曠，筆力雄邁，題名詠史，事實上卻是在詠懷。這首詩前半部與後半部相對。從皇城的富麗堂皇景象中，幡然憬悟，擺脫世俗追求功名利祿的窠臼，塑造了一個志節高尚而不趨炎附勢的隱者形象。全詩的評價甚高，但其中最能開拓詩的境界與氣象，使讀者精神振奮的卻是末二句的「振衣千仞岡，濯足萬里流。」由此使全篇神情氣勢爲之一振。且成爲傳誦千古的警句名言，誠陸機所謂「立片言而居要，乃一篇之警策」。就對襯之角度而言，不但前半首與後半首形成强烈之對比，且「振衣千仞岡，濯足萬里流」，情境對比，高聳入雲，蔚爲傳誦千古之「秀」句㉘。

㈣時維九日，序屬三秋，潦水盡而寒潭清，煙光凝而暮山紫。儼驂騑於上路，訪風景於崇阿。臨帝子之長洲，得天人之舊館。層台聳翠，上出重霄；飛閣翔丹，下臨無地。鶴汀鳧渚，窮島嶼之縈迴；桂殿蘭宮，列岡巒之體勢。披繡闥，俯雕甍。山原曠其盈視，川澤紆其駭矚。閭閻撲地，鐘鳴鼎食之家；舸艦迷津，青雀黃龍之舳。虹銷雨霽，彩徹區明。落霞與孤鶩齊飛，秋水共長天一色。漁舟唱晚，響窮彭蠡之濱；雁陣驚寒，聲斷衡陽之浦。（王勃：秋日登洪府滕王閣餞別序）

自古登臨之作，王勃「滕王閣序」爲傳誦廣遠之名篇。王勃才情絕高，擺脫了一般駢文雕琢藻飾，模山範水的窠臼，將豪宕超逸的情致，融入綺麗辭采與生動描繪之中。「層台聳翠，上出重霄；飛閣翔丹，下臨無地。」短短十六字，滕王閣之氣勢形貌，狀溢目前。「落霞與孤鶩齊飛，秋水共長天一色。」更是秀絕人寰的絕妙好辭，是最佳之警策語。王定保「唐摭言」卷五：「勃雖在座，而閻公屬子婿孟學士者爲之，已宿構矣。及以紙筆巡讓賓客，勃不辭讓。公大怒，拂衣而起，專令人伺其下筆。第一報云：『南昌故郡，洪都新府。』公曰：『亦是老生常談。』次云：『是分翼、軫，地接衡、廬。』公曰：『故事也。』又報云：『襟三江而帶五湖，控蠻荊而引甌越。』公聞之，沈吟不語。俄而數吏沓報至，公頷頤而已。至『落霞與孤鶩齊飛，秋水共長天一色。』公矍然而起曰：『此眞天才，當垂不朽矣。』頃而文成大悅，極歡宴，臨行贈以五百縑。」

這樣的傳說，當然不盡可信，但是「落霞與孤鶩齊飛，秋水共長天一色。」的確是鋒發韻流的絕妙好辭：

第一，將滕王閣的景色，概括在兩句十四字之中，從嚴整的對偶，絢麗的文辭中，氣象奔放而自然，句法靈動而有致。

第二，「落霞與孤鶩齊飛」，敍紅霞在天空飄動，白鴨翱翔乎其間，在色采上藍天中紅白對映，在動態上有生命的飛鳥與無生命的晚霞並舉齊飛，構成一幅鮮活的畫面，眞是「狀溢目前」[29]！

第三，「秋水共長天一色」，在這水天共色，一片青碧之中，再加上前句的紅霞、白鳥，點綴出一幅秀色可餐的畫面，呈現出一片曠遠的境界，實足以竦人耳目，怎能不「遙襟俯暢，逸興遄飛」？

如果以前人狀物的名篇秀句相較：

晉袁宏「東征賦」：「即雪似嶺，望水若天。」

梁吳均「與宋元思書」：「風烟俱靜，天山共色。」

梁元帝蕭繹「蕩婦秋思賦」：「天與水相通，山與雲共色。」

北魏庾信「馬射賦」：「落花與芝蓋齊飛，楊柳共春旗一色。」

魏釋僧懿「平心露布」：「旌旗共雲漢齊高，鋒鍔共霜天比淨。」

「唐德州長壽寺舍利碑」：「浮雲共嶺松張蓋，明月與巖桂分叢。」

無論寫景造境之高曠，造句摛藻之自然和諧，均以王勃之「落霞與孤鶩齊飛，秋水共長天一色」，精采絕倫，藝冠羣才。洵屬探驪得珠，畫龍點睛之筆，卓爾高峙，傳誦千古，良有以也㉘。

如此公認的佳句，景象鮮明而意蘊豐富。「落霞與孤鶩齊飛」是作者的外射投影，「秋水共長天一色」是時空悠悠無限連綿，兩相對照，作者生命的孤獨、徬徨，以及光彩之行將消逝，形體之行將隕落的自覺，透過對襯的筆法，狀溢目前，躍然紙上。

㈤形庭所分帛，本自寒女出。鞭撻其夫家，聚歛供城闕。聖人筐篚恩，實欲邦國活。臣如忽至理，君豈棄此物？多士盈朝廷，仁者宜戰慄！況聞內金盤，多在衞霍室。中堂有神仙，煙霧蒙玉質。煖客貂鼠裘，悲管逐清瑟。勸客駝蹄羹，香橙壓金橘。朱門酒肉臭，路有凍死骨！榮枯咫尺異，惆悵難再述。（杜甫：自京赴奉先詠懷五百字）

「奉先詠懷」爲杜甫五古長篇之傑作，時當天寶十四年，安史之亂即將爆發，杜甫身在長安爲官，家眷寄住在奉先（陝西蒲城縣），請假回奉先探親。因明皇奢蕩失度，楊貴妃、楊國忠紊亂朝綱，感亂事將興而作。以上所錄，自「彤庭所分帛」，至「仁者宜戰慄」，旨在譏皇上濫用賞賜。朝廷所聚歛的錦帛，乃鞭撻民衆，從各地搜括而來，應當珍惜，不可揮霍浪費。天子賞賜之意，本在鼓勵羣臣，努力國事。臣子若忽略此意，則非賞賜本意，理應戰慄思報。羅大經「鶴林玉露」評云：「此段即爾俸爾祿，民脂民膏之意也。士大夫誦此，亦可以悚然懼矣。」㉚

自「況聞內金盤」至「惆悵難再述」，旨在諷刺后戚奢侈無度，其中「朱門酒肉臭，路有凍死骨。」二句，爲篇中之警策。將貴族之奢侈與百姓之困苦，以對比映襯的筆法，濃縮在短短十個字中，予人强烈深刻的印象。「朱門」用借代修辭法，以富貴者的特徵——朱紅色的大門，代富貴人家，意象浮現。用「凍死骨」而不用「餓死骨」，乃是配合前面的「本自寒女出」，暗示凍死者即爲獻帛之人。由此二句，將當時社會上不公平的現象，具體呈現，表現了强有力的控訴。杜甫之爲「詩聖」、「詩史」，因素固然不止一端，但善用竦動人心的警策語，實爲其中關鍵所在。

㈥這兩個老大學，似乎把學生當成生物，讓生物生長；別的大學，似乎把學生當成礦物，讓礦物定型。（陳之藩：古瓶）

英國的牛津大學和劍橋大學，傳統優良，舉世聞名。尤其是開放自由的學風與啓發式的教學，爲各國年輕學子所欽羨而心嚮神往。陳之藩「古瓶」一文，以對話爲主體，暢談牛津、劍橋的風味，是當代膾炙人口的名作，其中最爲人所津津樂道的就是以上所引這段話。「把學生當成生物，讓生物生長」與「把學生當成礦物，讓礦物定型」，兩種作風，形成强烈的對比，前者的開放自由，洋溢著生機，與後者的閉鎖、制式，一片沉寂。不但對襯顯明，印象深刻。更足以發人深省。

㈦自由世界最大的缺點：是有錢不能共享；共產社會最大的優點：是有苦必須同當。（邱吉爾名言）

二次大戰後，東歐許多國家，被共產黨統治，淪入鐵幕。東西方形成兩大集團，展開冷戰。英國首相邱吉爾創造了許多名言，形容共產社會，入木三分，例如「鐵幕」。以上這一段話，以「最大的缺點——有錢不能共享」與「最大的優點——有苦必須同當」，將自由世界與共產社會的特色，以對襯的方式，一語道破。眞是顯豁響亮，警闢意深。

二、**雙襯**

針對同一個人或同一件事、物，從兩種不同的觀點予以形容描寫，恰成强烈的對比，是爲「雙襯」。如：

㈠（孟子）曰：「有復於王者曰：『吾力足以舉百鈞，而不足以舉一羽，明足以察秋毫之末，而不見輿薪。』則王許之乎？」

（齊宣王）曰：「否！」

（孟子）曰：「今恩足以及禽獸，而功不至於百姓者，獨何與？然則一羽之不舉，爲不用力焉；輿薪之不見，爲不用明焉；百姓之不見保，爲不用恩焉。故王之不王，不爲也，非不能也。」（孟子：梁惠王上）

孟子見齊宣王，論王天下之道，諷刺齊宣王對禽獸尚且施以恩惠，可是對人民卻不知愛護，是不爲也，非不能也。爲了加強說服力，孟子運用類比的方式，舉了兩個極端的例子。

1.「力足以舉百鈞，而不足以舉一羽。」

2.「明足以察秋毫之末，而不見輿薪。」

此二例證，均極爲有力。令齊宣王不得不折服。自映襯的角度而言，即爲典型的雙襯。針對同一個人，只要願意去做，則「力足以舉百鈞，明足以察秋毫之末」，如果不肯去做，則「不足以舉一羽，不見輿薪」。同樣的道理，只要肯用心，則能力足以愛護禽獸，如不肯用心，則當然沒有能力照顧百姓。同一個人，所以如此迥異，端視「爲與不爲」的一念之間。如此雙襯的運用，警句傳世，足以竦人耳目，發人深省。

(二)誓掃匈奴不顧身，
五千貂錦喪胡塵。
可憐無定河邊骨，
猶是春閨夢裡人。（陳陶：隴西行）

此詩藉李陵喪師辱身發端，言將士用命誓掃匈奴，奮不顧身，傷亡慘重，五千勇士喪身異域。後二句落實到閨怨的傷痛：戰士已化身無定河邊的枯骨，可是在春閨夢裡，卻是日夜思念的活生生的良人！歷來對此詩的鑑賞評析，以黃永武「中國詩學」㉛最爲精闢：「河邊白骨與閨中良人，在眞實的世界裡，該是分隔在二個不同的時間和不同的空間中，憑著詩人的想像和閨人的夢境，將這不同的時空，溶合到眼前的片刻中來。照通常的寫作法則，主角既成了枯骨，已經沒有可寫的東西了，陳綯卻利用不同時空的疊映，死中求活，產生了妙意。再則由於『無定河』三字，除了河名之外，還有潰沙急流，深淺不定的歧義性，這歧義使整個畫面也產生動盪的感覺。」

黃氏的闡析，淋漓盡致，如果從修辭學的角度而言，則「可憐無定河邊骨，猶是春閨夢裡人。」如此傳誦千古，猶勝「一將功成萬骨枯」的警句，實乃典型之雙襯。自現實角度而言，良人已成無定河邊枯骨；可是在家中思婦的心目中，仍爲日夜夢寐以思活生生的良人。針對同一個人，自不同的角度而予以描寫，枯骨與良人，恰成强烈的對比。如此强烈的對比，適足以表現深刻强烈的悽慘傷痛！

㈢客亦知夫水與月乎？逝者如斯，而未嘗往也；盈虛者如彼，而卒莫消長也。蓋自其變者而觀之，則天地曾不能以一瞬；自其不變者而觀之，則物與我皆無盡也。（蘇軾：前赤壁賦）

此「赤壁賦」第四段之警句，讀之發人深省，耐人尋味。水月似變化而從未變化，人生雖短暫而生生不息，薪盡火傳，生之洪流，永無窮盡。江水依舊，明月萬古，由水、月、人，乃至於世間的萬事萬物，變的只是表面現象，本體與眞理是永遠不變的！宇宙與人性的奧秘，眞是令人感慨萬千！物與我的壽命雖然有盡——曾不能以一瞬，非常短暫，但是天地之間，日月運轉，四季變化，萬物榮枯，生生不息，代代無已。人類永遠是宇宙間生之洪流，薪火相傳，永無止境，卻是永遠不變的——物與我皆無盡也[32]。

此針對同一項主體——物與我，自兩種不同的角度而予以描述，一則「自其變者」而觀之，則天地曾不能以一瞬；一則「自其不變者」而觀之，則物與我皆無盡也。變與常，兩種觀察角度，結局迥然相異，形成强烈的對比。由於雙襯法的運用巧妙，不但使得語氣增强，意義明顯，更流露了人性與宇宙內在的矛盾。至於「赤壁賦」第三段之「哀吾生之須臾，羨長江之無窮。」則為典型之對襯。雙襯描寫同一種人、事、物，對襯描寫兩種人、事、物。其中的差別，於此可見一斑。

㈣那是最好的時代，
　也是最壞的時代；
　那是智慧的時代，
　也是愚蠢的時代；
　那是信仰的時代，

也是懷疑的時代；
那是光明的時季，
也是黑暗的時季；
那是有希望的春天，
也是絕望的冬天；
我們的前途有著一切，
我們的前途什麼也沒有；
我們大家一直走向天堂，
我們大家一直走向地獄。（狄更斯：雙城記）

此「雙城記」開端的名言，鏗鏘有力，發人深省。全世界的讀者都感覺竦人耳目，印象深刻。然而，其中的妙處何在？爲何如此警策生動？那就頗堪玩味了。

略加分析，此段文字可分爲七組，每組前一句是往好處論，後一句是往壞處論。觀點不同，角度相反，說法就大異其趣，恰成强烈的對比。從修辭學而言，狄更斯運用的技巧是「對同一個人或同一件事物，從兩種迥然不同的觀點予以形容描寫的『雙襯』法。在唐代詩人陳綯的筆下，無定河邊的白骨與春閨夢裡的良人，是指同一個男主角。在英國小說家狄更斯的筆下，智慧的時代與愚蠢的時代，是同一個時代；光明的時季與黑暗的時季，是指同一個時季。從兩種不同的角度描述同一個人或同一件事物的雙襯法，除了對比强烈之外，其內在意蘊，頗值得尋思。

㈤美其名曰「大器晚成」，事實上只是「晚不成器」。美其名曰「老驥伏櫪」，事實上無非「馬齒徒增」。（余光中：迎七年之癢）

余光中用「大器晚成」、「老驥伏櫪」與「晚不成器」、「馬齒徒增」形容同一個人。描述的主角沒有兩樣，分從好壞的不同角度著眼，結果就適得其反。如此雙襯的警句，除了予人深刻的印象之外，當然有耐人尋味之處，類似的辭例，在現代社會往往可見，如：

1. 美其名曰不計較，其實是窩囊廢；美其名曰寬宏大量，事實上是姑息養奸！

2. 美其名曰「勇敢果決」，實際上是「心狠手辣」。有若干自認機警能幹的人，其實祇不過是狡猾之徒罷了。

3. 與其説是「處變不驚」，不如説是面臨變局的「茫然無措」。

4. 酒後往往吐眞言，其實也常常是妄言！

㈥我曾經對高密東北鄉極端熱愛，曾經對高密東北鄉極端仇恨。長大後，我終於領悟到，高密東北鄉無疑是地球上最美麗最醜惡，最超脫最世俗，最聖潔最齷齪，最英雄好漢最王八蛋，最能喝酒最能愛的地方！（莫言：紅高粱）

狄更斯連續用七個雙襯，莫言在此也是連續用五個雙襯，將他對故鄉的既愛又恨之情，表達得淋漓盡致。雙襯的妙用，在於同一個人或同一件事物，觀察角度不同，結局迥異。有時侯善惡好壞，純繫乎一念之間，端視我們如何著眼。聯合報「黑白集——衝擊」（七十六年二月廿六日）有一段妙喻：

一顆石頭，拋入一泓池水，引發了一陣衝擊，這情形可從各種不同的意義來看：

一是擾亂了清靜與安寧。

一是破壞了水池的如鏡景象。

一是驚嚇了池中之魚。

但是，也可以說——

一是注添了池中的氧氣。

一是激發了水池的生氣。

一是爲池水之美增添了動態。

所以，外在衝擊之來，有破壞的力量，也有激濁揚清的作用；主要的是要看我們如何去迴應，去思考。

由此可以聯想到：當別人對我們有意見時，如果你認爲是善意，不但可以化干戈爲玉帛，更可以得到啓示與警省，得到助力與友誼；如果你認爲是惡意，不但善意常轉爲惡意，更可能遭致煩惱與怨尤，徒增阻力與敵意。

這個世界往往就是這樣，有人認爲生命無限美好，生活中有永遠發掘不完的樂趣；有人認爲生命無限痛苦，生活中有永遠驅除不了的煩惱。其實，美好與痛苦，樂趣與煩惱，只不過繫於我們自己心中的一念之間。

從孟子的「明察秋毫，不見輿薪」，蘇軾的「客亦知夫水與月」，到狄更斯的「光明與黑暗」，乃至於莫言的「極端熱愛與極端仇恨」。種種雙襯的絕妙好辭，在警策生動的背後，往往含蘊宇宙人生的至理。這次第，怎一個「秀」字了得！

三、反襯

針對某一事物，用恰恰與其現象或本質相反的詞語予以描寫，是為「反襯」。如：

㈠舉秀才，不知書；舉孝廉，父別居；寒素清白濁如泥；高第良將怯性如黽。（古詩源·古謠諺錄引後漢書逸文）

此描述東漢靈帝獻帝時，閹宦弄權，小人猖狂，危害忠良，國家選才失當。以「不知書」來形容秀才，以「父母別居」形容孝廉，以「濁如泥」形容清白，以「怯如黽（蛙）」形容良將。所用的詞語與被形容的人物理應具備的本質恰恰相反。如此反襯的運用，頗有警策與諷刺的效果。

㈡淵明作詩不多，然其詩質而實綺，癯而實腴，自曹、劉、鮑、謝、李、杜諸人，皆莫及也。（蘇軾·與蘇轍書）

蘇東坡對陶淵明的贊美，用「質而實綺」，「癯而實腴」。言陶詩表面讀起來樸質清癯，其實質卻是綺麗豐腴。「綺」與「質」的本質相反，「腴」與「癯」的本質相反。如此反襯的運用，更加彰顯出陶詩的特色。而「質而實綺，癯而實腴」，遂成為評陶之名言。

㈢寶玉道：「我呢？你們也替我想一個。」

寶釵笑道：「你的是早有了，『無事忙』三字恰當得很！」（曹雪芹：紅樓夢卅七回）

襲人笑道：「怪不得人說你無事忙，這會子關了門，人倒疑惑起來，索性再等一等。」

寶玉說：「關了門罷！」

（同上，六十三回）

㈣蕭金鉉道：「今日對名花，聚良朋，不可無詩，我們即席分韻何如？」

杜愼卿笑道：「先生，這是而今詩社裡的故套。小弟看來，覺得雅得這樣俗，還是淸談為妙。」（吳敬梓：儒林外史廿九回）

「無事忙」是薛寶釵譏誚賈寶玉的話，給他套上這麼一個號。以「無事」形容「忙」；「雅得這樣俗」也語含諷刺，以「這樣俗」形容「雅」。都是用與事物的現象或本質恰恰相反的詞語予以描寫。「無事忙」與「雅得這樣俗」，不但是典型的「反襯」警語，且含有譏誚諷刺的意味。類似的辭例，如沙烏地國王費瑟被刺後，有人形容他執政是「開明的專制」。林海音「書桌」有一段話：「當這位倒楣的主人回家時，發現他的親切的雜亂，已被改為荒謬的條理了。」「開明的專制」、「親切的雜亂」、「荒謬的條理」，都是典型的「反襯」，適足以捕捉讀者的注意力，發出會心的微笑。

㈤沙粒之中觀宇宙，

野花朵裡見天堂，

用手掌握無限，

刹那捉住永恆。（勃萊克：天眞的徵兆）

英國詩人勃萊克在此連用四句反襯語，頗耐人尋味。沙粒很細微，卻可以窺見宇宙之大；野花很平凡，卻可以發現天堂；區區小手竟能掌握無限；極短的片刻，却能捕捉永恆。除了是無理而妙的警策語之外，其中的道理更值得我們深思。勃萊克的詩句，與我國的古語「胸中自有丘壑」、「尺幅千里」，以及佛家的「一刹中千百劫」、「納須彌於芥子」，頗具異曲同工之妙。還有俞樾的詩：「花落春仍在，鳥鳴山更幽。」也與此同理。花落春殘，是正常的現象，鳥鳴適足以打破山間的寂靜，也屬理所當然。可是俞樾卻以「春仍在」形容花落，以「山更幽」形容鳥鳴。他所運用的語詞與被描述的事物現象或本質恰恰相反，當然是典型的反襯。

㈥我達達的馬蹄是美麗的錯誤

我不是歸人，是個過客……（鄭愁予：錯誤）

㈦從此對思果這種「迷人的嘮叨」頗有戒心，不過既然迷人，也就防不勝防。……思果「單身」的時候，既是我家的常客，我家的四個女孩也認爲他「嘮叨」，卻又忍不住要聽下去，且聽入了迷。嘮叨爲什麼會迷人，確也費解。大概因爲他娓娓而談的時候，面部表情不但複雜，而且總略帶誇張，話裡的意義乃大爲加强，又常在上下兩句之間安上許多感嘆詞。總而言之，這是散文家隨風咳唾，筆下既已如此，舌底也不會太走樣的。……（余光中：沙田七友記）

㈧如今，世界各國的少年犯罪問題嚴重，其中的主要原因之一，是今天婦女大多不願留在家裡做母親，而在可能範圍內，儘量離開子女，到外面找一份「可以使人感到她更能幹」的職業，而忽視了做母親的神聖義務。所以，有人說，現在的孩子們，有許多是「父母俱全的孤兒」……（祝振華：向母親敬禮）

以上三段文字，各有一句竦人耳目的警策語，同時卻又令人感到納悶：①美麗的錯誤，②迷人的嘮叨，③父母雙全的孤兒。如此詭譎的文句，著實費思量，傷腦筋。錯誤應該是不好的，卻用「美麗」來形容；嘮叨原本惹人厭煩，卻用「迷人」來形容。眞是豈有此理！父母俱全，怎會變成孤兒？表面上不通，其實卻是「不通之通，是謂大通」。因爲他背後都蘊藏了深刻的意義，發人省思。從修辭學的角度而言，這都是「無理而妙」的「反襯」語，也就是劉勰在「隱秀篇」中「以卓絕爲巧」的警策語。篇章秀句，裁可百二。難怪要竦人耳目，使讀者爲之精神振奮了。

貳、示現

透過豐富的想像，運用形象化的語言，將某一個人或某件事物描繪得活靈活現，狀溢目前，讓讀者如身歷其境，親聞親見的修辭方法，是爲「秀」的第二種方式「示現」。示現的對象，或追述，或預言，或懸想，不受時間空間的限制，可以將異時、遠方或實際上並不存在的事物播映到讀者面前㉝。如：

㈠暮春三月，江南草長，雜花生樹，羣鶯亂飛。見故國之旗鼓，感平生於疇日。撫弦登陣，豈不愴悢！所以廉公之思趙將，吳子之泣西河，人之情也！將軍獨無情哉？想早勵良規，自求多福。（丘遲：與陳伯之書）

此爲千古勸降文之壓卷作，一封書信，兵不血刃，化干戈爲玉帛，使陳伯之擁兵八千歸降梁朝。其所以幡然悔悟，棄暗投明，端賴丘遲之文章精采絕倫，足以打動對方的內心。這封書信膾炙人口，傳誦一千五百年，爲人所津津樂道者，緣於其感染力足以竦動人心。喻之以理，不如動之以情。文中最爲人所贊頌者，於利害相喻之時，忽然插入「暮春三月，江南草長，雜花生樹，羣鶯亂飛，見故國之旗鼓，感平生於疇日。撫弦登陣，豈不愴悢！」一般警策文字，所以江南美景，動其鄉思，緩脅迫之勢，俾以情動之。「將軍獨無情哉？」此「秀」之典型範例，掌握了人性之微妙處——情關，攻心爲上，一舉破解了對方的心防。此文動人因素固多，最精采的關鍵處，即爲善用「示現」筆法，將江南美景與對方撫弦登陣的愴恨之情景描繪得狀溢目前，躍然紙上。

㈡八月秋高風怒號，卷我屋上三重茅。茅飛渡江灑江郊。高者掛罥長林梢，下者飄轉沈塘坳。

南村羣童欺我老無力，忍能對面爲盜賊。公然抱茅入竹去，脣焦口燥呼不得。歸來倚杖自嘆息。

俄頃風定雲墨色，秋天漠漠向昏黑。布衾多年冷似鐵，嬌兒惡臥踏裡裂，牀牀屋漏無乾處，兩脚如麻未斷絕。自經喪亂少睡眠，長夜沾濕何由徹。

安得廣廈千萬間，大庇天下寒士俱歡顏，風雨不動安如山。嗚呼！何時眼前突兀見此屋，吾廬獨破受凍死亦足！（杜甫：茅屋爲秋風所破歌）

此詩之妙處，在推開自家，向大處作結，於極潦倒中頗有興會。不顧自己饑寒凍餒，而能心念天下寒士。情懷何等深厚，襟期何等高遠！杜公身在困境，而能超脫困境爲天下寒士設想，這是他的過人處。要是以怨天尤人，感慨嗟歎的牢騷作結，就落之下乘了！

就寫作技巧而言，通篇皆用「示現」的筆法，第一段描繪秋高風怒，茅飛屋破。第二段敍天災人禍，惡少欺陵。第三段敍夜雨侵逼，長夜無眠。第四段敍忽發奇想，廣廈千萬。前三段屬追述之示現，描繪低沈的悲情，他個人所遭遇的苦難躍然紙上，狀溢目前，宛如在讀者面前發生。末段則爲「懸想示現」。在極窮困潦倒的景象之中，跳出現場，以懸想廣廈庇寒士作結。「安得廣廈千萬間，大庇天下寒士俱歡顏，風雨不動安如山！嗚呼！何時眼前突兀見此屋，吾廬獨破受凍死亦足！」翻空立奇，將描寫的鏡頭由現場困境轉向理想的虛境。杜甫發揮豐富的想像，訴諸形象化的生動文字，時間空間上騰挪變化，將虛幻的情景播映到讀者面前。我們雖明知此爲懸想之幻境，仍然深深感到狀溢目前，好像那些千萬間廣廈，那幅貧困書生歡天喜地的景象就在面前。如此「懸想示現」的技巧，不僅將詩藝發揮到極致，更由於傳誦千古之警句，充分流露了杜甫廣大的同情㉞。

㈢六王畢，四海一。蜀山兀，阿房出。覆壓三百餘里，隔離天日。驪山北構而西折，直走咸陽。二川溶溶，流入宮牆。五步一樓，十步一閣；廊腰縵回，檐牙高啄；各抱地勢，鈎心鬥角。盤盤焉，囷囷焉，蜂房水渦，矗不知幾千萬落。長橋臥波，未雲何龍？複道行空，不霽何虹？高低冥迷，不知西東。歌台暖響，春光融融；舞殿冷袖，風雨凄凄。一日之內，一宮之間，而氣候不齊。（杜牧：阿房宮賦）

阿房宮是中國歷史上最大的宮殿，爲秦始皇所建，故址在今陝西長安西北。據說秦始皇滅六國，圖畫了各國宮殿，在咸陽照樣建造。共有一百四十五處宮室，收藏宮女萬餘人。後來，項羽入關，火燒阿房宮，燒了三個月。杜牧作此文時，阿房宮早已化爲灰燼。他根據史料再加上豐富的想像，用辭賦體寫下此傳誦千古的美文，借秦諷唐。基本筆法是追述性的「示現」，鋪采摛文，眞是狀溢目前。以上所錄爲第一段，分從外景、內景、氣象，將阿房宮的壯觀勝景播映到讀者面前。

從「六王畢」到「流入宮牆」，是描繪阿房宮的外貌。「三百餘里」，以見其綿長，「隔離天日」，以見其廣大。山則起伏不斷，水則滔滔不絕。煞是壯觀。

從「五步一樓」至「幾千萬落」，是刻畫阿房宮的內景。「五步一樓，十步一閣」亟言樓閣之密；「廊腰縵回」突顯曲線美；「勾心鬥角」呈現結構美。「盤盤焉，囷囷焉，蜂房水渦」，描繪樓閣的種種形態。盤旋曲折，迂迴環繞，像邃密的蜂房，紆回的漩渦。

從「長橋臥波」到「氣候不齊」，則渲染阿房宮的氣象。縱筆馳騁，極盡鋪敍的能事。樓台矗峙，長橋橫臥；複道淩空，流丹飛閣；丰姿盛態，駁雜紛呈，令人目炫神迷，眞是美不勝收。至於「歌台暖響，春光融融；舞殿冷袖，風雨淒淒。」台上歌聲充滿暖意，一片春光融融；殿中舞袖飄拂，帶來寒氣，恍如風雨交加一片淒冷㉟。

如此追述性的「示現」筆法，極態盡妍，將讀者引領到切身實感的境域，誠如劉勰「夸飾篇」所云：「壯辭可得喻其眞。」此誠警策之「壯辭」。

㈣先君子嘗言，鄉先輩左忠毅公視學京畿。一日，風雪嚴寒，從數騎出，微行，入古寺。廡下一生伏案臥，文方成草。公閱畢，即解貂覆生，爲掩戶。叩之寺僧，則史公可法也。……公辨其聲，而目不可開，乃奮臂以指撥眥，目光如炬。怒曰：「庸奴！此何地也，而汝來前！國家之事，糜爛至此，汝復輕身而昧大義，天下事誰可支拄者！不速去，無俟姦人構陷，吾今即撲殺汝。」（方苞：左忠毅公軼事）

方苞爲文謹嚴雅潔，重視義法，世推爲桐城派之祖。本文落筆即跳出前人窠臼。「公閱畢，即解貂覆生，爲掩戶。」短短十一個字，將左光斗的知人之明與愛才之心，呈現出來，自然流露，不用虛飾，正所謂「不著一字，盡得風流」。試想，左光斗在京師近畿視導學政，偶然到古廟遇見史可法。乘史伏案小睡時看了他的文章，驚爲當世奇才，隨即脫下名貴的貂皮大衣，蓋在史可法的身上，並且把門帶上，深怕他受到風寒。透過追述「示現」的筆法，將左光斗憐惜人才之愛心與觀文知人的眼光點現無遺。如此極精省的文字，極生動的描敘，予讀者極鮮明的印象，狀溢目前，深刻傳神㊱！

後段敍史可法探獄之情節，也是極佳的示現，敍左公之聲音盈盈在耳，動作歷歷在目，而師生之情，忠義之心，均躍然紙上，足以感人肺腑。

㈤自此，嚴監生的病，一日重似一日，再不回頭。諸親六眷都來問候。五個姪子穿梭的過來陪郎中弄藥。到中秋以後，醫家都不下藥了。把管莊的家人都從鄉裡叫了上來。病重得一連三天不能說話，晚間擠了一屋子的人，桌上點著一盞燈。嚴監生喉嚨裡痰響得一進一出，一聲不倒一聲的，總不得斷氣；還把手從被單裡拿出來伸著兩個指頭。大姪子上前問道：「二叔，你莫不是還有兩個親人不曾見面？」他就把頭搖了兩三搖。二姪子走上前來問道：「二叔，莫不是還有兩筆銀子在那裡，不曾吩咐明白？」他把兩眼睜得的溜圓，把頭又狠狠的搖了幾搖，越發指得緊了。奶媽抱著哥子插口道：「老爺想是因兩位舅爺不在跟前，故此記念。」他聽了這話，把眼閉著搖頭，那手只是指著不動。趙氏慌忙揩揩眼淚，走上前道：「爺，別人都說的不相干，只有我曉得你的心事。你是爲那盞燈裡點的是兩莖燈草，不放心，恐費了油，我如今挑掉一莖就是了。」說罷，忙走去挑掉一莖。衆人看嚴監生時，點一點頭，把手垂下，登時就沒了氣。（吳敬梓：儒林外史第五回「嚴監生疾終正寢」）

這一段文字，用「示現」的修辭法，敍嚴監生之死。將嚴監生這個守財奴吝嗇的個性描繪得淋漓盡致。「儒林外史」是中國最著名的諷刺小說，此處寓譏諷於詼諧之中，難免誇張其辭，使情節頗具戲劇化的色彩。吳敬梓善用示現，將嚴監生的動作擧止，臨終前與家人的應對，寫得栩栩如生，宛在面前。臨要斷氣，念念不忘的，是油燈裡點著兩莖燈草，深恐費了油；直到由姨太太扶正的趙氏去挑掉一莖，這才安心瞑目而去，好像這個世界上唯一最値得他關心的事就是省那麼一點點油錢，其他再也沒有什麼更重要的事了。如此繪聲繪影，形象具體生動，嚴監生的動作、神情、個性，一一浮現在我們面前，而絲毫不帶任何褒貶，使人由衷感覺，嚴監生眞是天底下最吝嗇的守財奴了。

㈥她又擦了一根，火柴燃起來了，發出亮光來了。亮光落在牆上，那兒忽然變得像薄紗那麼透明，她可以一直看到屋裡。桌上鋪著雪白的台布，擺著精緻的盤子和碗，肚子裡塡滿了蘋果和梅子的烤鵝正冒著香氣。更妙的是，這只鵝從盤子裡跳下來，背上插著刀和叉，蹣跚地在地板上走著，一直向這個窮苦的小女孩走來。這時候，火柴滅了，她面前只有一堵又厚又冷的牆。（安徒生：賣火柴的小女孩）

「賣火柴的小女孩」是世界兒童文學大師安徒生的名作。小女孩又冷又餓，坐在一座房屋的牆角，她什麼也沒有，孤獨無依，求助無門，實在很可憐。她餓得頭腦發昏，兩眼發花。「桌上的烤鵝」，會向她走過來，是精神恍惚中的幻覺。安徒生用「懸想示現」的筆法，寫得十分逼眞。正因爲如此懸想示現，等到火柴滅了，回到冷酷的現實，她面前只有一堵又厚又冷的牆。如此更適足顯示出賣火柴的小女孩的可憐、孤獨、無助，令讀者激發出無限的同情。

參、層遞

說話行文時，針對至少三種以上的事物，依大小輕重，本末先後等一定的比例，依序層層遞進的修辭方法，是爲「秀」的第三種方式「層遞」。層遞由於上下句意義的規律化，具有一貫的秩序，易於了解記憶，且可重點突出，給予讀者强烈而深刻的印象[37]。如：

㈠摽有梅，其實七兮。求我庶士，迨其吉兮！
摽有梅，其實三兮。求我庶士，迨其今兮！

摽有梅，頃筐塈之，求我庶士，迨其謂之！（詩經．摽有梅）

此詩主角是一位尚未出嫁的姑娘，以第一人稱的口吻道出她渴望及時成婚的心聲，全詩分為三章，藉梅子的成熟黃落，喻青春早逝，年華老大。整首詩採取層遞的表達方式：

第一層即首章：梅子落啦，樹上的果實還剩七成。想起自己已到成婚之年，同輩的女伴們也有三分之一的人出嫁了。不禁要表示：有意追求我的男士們，請勿遲疑，要趕快選擇良辰吉日採取行動啊！

第二層即次章：梅子落啦，樹上的果實還剩三成，想起自己年華老大，同輩的女伴們已經三分之二以上的人成婚了，不禁心底著急：有意追求我的男士們，不必猶豫，現在正是好時候，切勿錯過良機！

第三層即末章：梅子落啦，樹上的果實全掉下來了，得拿個筐子來滿載而歸。想起自己已婚期延誤，同輩的女伴們一個個全都結婚生子，只剩下我孤伶伶的一個人，眞是懊惱：有意追求我的男士們，只要你開口，我馬上答應嫁給你！

如此由以上三層，層層遞進，越來越迫切，將女子渴望及時成家的焦灼之情，表達得十分生動㊳。

㈡客有歌於郢中者，其始曰下里巴人，國中屬而和者數千人；其為陽阿薤露，國中屬而和者數百人；其為陽春白雪，國中屬而和者不過數十人；引商刻羽，雜以流徵，國中屬而和者，不過

數人而已；是其曲彌高，其和彌寡。（宋玉：對楚王問）

此即「陽春白雪，曲高和寡」典故之來歷：有客到楚國的都城唱歌，最先唱下里、巴人之類的俗曲，城裡頭跟著唱和的有好幾千人；接著唱陽阿、薤露之類稍高尚的曲子，跟著唱和的也有數百人；再唱陽春、白雪之類的高雅曲調，跟著唱和的就只剩下幾十個人；最後演奏商調羽調，配合著流徵，此時能跟著唱和的，不過寥寥數人而已。如此分四層，循序以進，表達得十分生動，成為傳世警言。

㈢乃下令：「羣臣吏民能面刺寡人之過者，受上賞；上書諫寡人者，受中賞；能謗譏於市朝，聞寡人之耳者，受下賞。」令初下，羣臣進諫，門庭若市；數月之後，時時而間進；期年之後，雖欲言，無可進者。（戰國策齊策：鄒忌諷齊威王納諫）

此段文字由兩組層遞所構成，分則各有三層。第一組是①羣臣吏民，能面刺寡人之過者，受上賞。②上書諫寡人者，受中賞。③能謗譏於市朝，聞寡人之耳者，受下賞。第二組是①令初下，羣臣進諫，門庭若市。②數月之後，時時而間進。③期年之後，雖欲言，無可進者。

此二組層遞均屬有因果關係的複式層遞。乙現象視甲現象的層遞，也自成層遞狀態，由面刺到上書，乃至於謗譏於市朝（甲現象），勸諫的程度，依一貫秩序而有輕重之異，因此有上賞、中賞、下賞（乙現象）。由令初下到數月之後，乃至於期年（甲現象），時間依序增長，而諫議從門庭若市、時時而間進，乃至無可進者（乙現象），依序遞減。均屬有因果關係之複式層遞。

其句法之靈活生動，條理之層次清楚，意義之顯豁深刻，已將層遞之妙用，發揮得淋漓盡致㊴。類似的例子，如西洋T．摩爾的名言：

對長輩謙恭，是本份；

對平輩謙虛，是和善；

對晚輩謙遜，是高貴。

同樣是有因果關係的複式層遞。可見層遞之妙用，古今同轍，中外無異。

㈣太上不辱先，其次不辱身，其次不辱理色，其次不辱辭令；其次詘體受辱，其次易服受辱，其次關木索被箠楚受辱，其次剔毛髮嬰金鐵受辱，其次毀肌膚斷肢體受辱，最下腐刑極矣！（司馬遷：報任少卿書）

司馬遷因李陵之禍，慘遭宮刑，此文對老友任安一吐胸中積憤，至情感人。以上所錄敍己身遭辱之慘痛。前四句「不辱」，是秩序遞降的層遞，將所強調的「不辱先」放在開端。後六句「受辱」，是秩序遞升的層遞，將最重大受辱「最下腐刑極矣」放在末端。遞降的「不辱」與遞升的「受辱」，分別循序漸進，層次井然，具有一貫的秩序。且接連使用，使語勢踵接，文氣健勁，適足以表達司馬遷遭受奇恥大辱的不平之情。

㈤環滁皆山也。其西南諸峯，林壑尤美。望之蔚然而深秀者，琅邪也。山行六七里，漸聞水聲潺潺，而瀉出於兩峯之間者，讓泉也。峯回路轉，有亭翼然臨於泉上者，醉翁亭也。（歐陽

脩·醉翁亭記）

此敍醉翁亭之位置，層層剝筍，由大而小，由外而內，循序以進，共分爲五層：

第一層「環滁皆山也」。要言不繁，用一句話說明滁州四面都是山。

第二層「其西南諸峯，林壑尤美」。將描寫的鏡頭轉向林木、溪谷特美的西南諸峯。

第三層「望之蔚然而深秀者，琅邪也」。再由西南諸峯縮小到望過去一片青葱，草木茂盛而景色幽深清麗的琅邪山。

第四層「山行六七里，漸聞水聲潺潺而瀉出於兩峯之間者，讓泉也」。前三層已將描寫的焦點由四周的羣山逐步凝聚到琅邪山。此又幾經曲折，由外表景觀進入到琅邪山的內部，點出了讓泉。只有山而沒有水，總覺遺憾，此處既有靈山，又見秀水，庶幾不負「仁者樂山，智者樂水」之衷。

第五層「峯回路轉，有亭翼然臨於泉上者，醉翁亭也」。幾經轉彎抹角，醉翁亭終於呼之而出。有山又有水，仍然好像欠缺了什麼，直到看見一亭，頂簷如鳥之翅膀，展翼飛臨泉水之上，這才算功德圓滿。

歐陽脩寫醉翁亭的位置，不但層次井然，而且極盡迂廻曲折之妙。他不是靜態的說明醉翁亭的位置，而是採取空間壓縮，鏡頭移轉的方式，帶領讀者，依序層層遞進，來到醉翁亭。如此層遞法的運用，已進入不落痕跡的化境[41]。

㈥少年聽雨歌樓上，紅燭昏羅帳，壯年聽雨客舟中，江闊雲低，斷雁叫西風。而今聽雨僧廬下，鬢已星星也。悲歡離合總無情，一任階前點滴到天明（蔣捷：虞美人）

整闋詞採層遞的方式，時間上是三層，少年、壯年、晚年，循序漸進。心境上也是三層：浪漫、飄泊、悽涼，層層遞進。而全闋詞僅以「聽雨」一事的時間與場景，即已概括了作者的一生，從少年的浪漫生活，到中年的飄泊天涯，乃至於最後的晚景淒涼。

依時間、心境的層遞表達的作品甚多，又如張潮「幽夢影」：

少年讀書，如隙中窺月；

中年讀書，如庭中望月；

老年讀書，如台上玩月；

皆以閱歷之淺深，爲所得之淺深耳。

㈦曹元朗料想方鴻漸認識的德文跟自己差不多，並且是中國文學系學生，更不會高明—因爲在大學裡，理科學生瞧不起文科學生，外國語文系學生瞧不起中國文學系學生，中國文學系學生瞧不起哲學系學生，哲學系學生瞧不起社會系學生，社會系學生瞧不起教育系學生，教育系學生沒有誰可以給他們瞧不起了，只能瞧不起本系的先生。（錢鍾書：圍城）

這段文字描述抗戰時大學裡熱門科系與冷門科系的情況，從理科、文科、外文系、中文系、哲學系、社會系、教育系的學生，乃至於教育系的老師，有規律而帶著一貫性，依序層層遞進地瞧不起別人，於趣味之中，頗帶諷刺性。

用層遞的方式，諷刺俗世瞧不起人的情況，頗爲常見。梁實秋「雅舍小品」裡有兩段頗絕妙好辭，頗能使讀者爲之傾倒：

客人常被分爲若干流品，有能啓用平夙主人自己捨不得飲用的好茶者，有能享受主人自己日常享受的中上茶者，有能大量取用茶滷沖開水者，饗以「玻璃」者是爲未入流。至於座處，自以直入主人的書房繡闥者爲上賓，因爲屋內零星物件必定甚多，而主人略無防閑之意，於親密之中尚含有若干敬意，作客至此，毫無遺憾；次焉者廊前簷下隨處接見，所謂班荊道故，了無痕跡；最下者則肅入客廳，屋內只有桌椅板櫈，別無長物，主人著長袍而出，寒喧就座，主客均客氣之至。在廚房後門佇立而談者是爲未入流。（客）

誤入仕途的人往往養成這一套本領。對下司道貌岸然，或是面部無表情，像一張白紙似的，使你無從觀色，莫測高深。或是面皮綳得像一張皮鼓，臉拉得驢般長，使你在他面前覺得矮好幾尺。但是他一旦見到上司，驢臉得立刻縮短，再往癟裡一縮，馬上變成柿餅臉，堆下笑容，直線條全變成曲線條。如果遇見更高的上司，連笑容都凝結得堆不下來，未開言嘴唇要抖上好大一陣子，臉上作出十足的誠惶誠恐之狀。簾子臉是傲下媚上的主要工具，對於某一種人是少不得的。（臉譜）

梁實秋對世俗人情，洞察幽微。他描述主人以茶待客之道，分爲四層：①啓用主人捨不得的好茶，②享用與主人同樣的上等茶，③取茶滷沖開水，④白開水。描述主人待客之座處，也分爲四層：①書房繡闥，②廊前簷下，③肅入客廳，④後門佇立。此種差別的方式，出以層層遞進的表達方式，井然有序，有條不紊之中，令讀者發出會心的微笑。至於描述若干官場中人的臉譜，以對下屬、上司、更高的上司，三種人，三種態度，迥然不同，刻畫人性眞是淋漓盡致，令人拍案稱絕。其所以能如此「狀溢目前」的緣故，除了世事洞明、人情練達、觀察入微之外，「層遞」之修辭法，功不可沒[41]。

肆、頂眞

後句的開端，與前句的結尾，運用同樣的字詞，使文章前後頂接，蟬聯而下，使得文章緊湊而有上遞下接的趣味的修辭方法，是爲「秀」的第四種方式「頂眞」。頂眞包括段與段之間的頂眞、句與句之間的頂眞與句中頂眞三種[42]，茲分別略予闡明：

一、段與段之頂眞（連環體）

段與段之間的頂眞，又名「連環體」，是指文章上一段的末句，與下一段的開端，用同樣的句子或字詞，如：

㈠文王在上，於昭于天。周雖舊邦，其命維新。有周不顯，帝命不時。文王陟降，在帝左右。

（右第一章，言周受天命而興，而由文王之德以成之，文王之神明以佑之也。）㊸

亹亹文王，令聞不已。陳錫哉周，侯文王孫子。文王孫子，本支百世。凡周之士，不顯亦世。

（右第二章，言文王勉力修德，善譽長播，凡周之士，皆大顯赫而永世不墜也。）

世之不顯，厥猶翼翼。思皇多士，生此王國。王國克生，維周之楨。濟濟多士，文王以寧。

（右第三章，言周傳世之必能大顯，以其猷謀能恭敬戒愼也。有此衆多美士，故文王賴以安寧。）

穆穆文王，於緝熙敬止。假哉王命，有商孫子。商之孫子，其麗不億。上帝既命，侯于周服。

（右第四章，言文王能持續其光明而不已，故爲衆所敬也。上帝既有天命，商之孫子維臣服於周矣。）

侯服于周，天命靡常。殷士膚敏，祼將于京。厥作祼將，常服黼冔。王之藎臣，無念爾祖！

（右第五章，言彼殷之臣服于周者，以天命之無定也。我之藎臣，能不念爾祖文王承天命之難而戒慎其事乎！）

無念爾祖，聿修厥德。永言配命，自求多福。殷之未喪師，克配上帝。宜鑒於殷，駿命不易。

（右第六章，言能無念爾祖文王之德乎！當脩其德。宜以殷爲鑒，知天命之難得，實應愼之也。）

命之不易，無遏爾躬。宣昭義問，有虞殷自天。上天之載，無聲無臭。儀刑文王，萬邦作孚。（詩·大雅·文王）

（右第七章，言天命不易守，故必戒愼，無自絕天命於爾身，但效法文王，則萬邦信服，天命可永矣。）

此述文王之德，言天命之不易，告周之子孫，戒愼守成。全詩共分七章。除首章外，皆用頂眞之「連環體」，前章之末與後章之首，字句相同，如二章以「不顯亦世」結，三章以「世之不顯」起；三章以「文王以寧」結，四章以「穆穆文王」起；四章以「侯于周服」結，五章以「侯服于周」起；五章以「無念爾祖」結，六章以「無念爾祖」起；六章以「駿命而不易」結，七章以「命之不易」起。如此前章之末句，與後章之首句，疊用相同之字句。有上遞下接的趣味，而一路貫串而下。如此頂眞的形式，與內涵上天命不易，再三叮嚀之意，有微妙的契合。詩經大雅，除以上「文王」之外，運用連環體筆法的，另有「下武」、「既醉」二篇，頗具異曲同工之妙。

㈡謁帝承明廬，逝將返舊疆。清晨發皇邑，日夕過首陽。伊洛廣且深，欲濟川無梁。汎舟越洪濤，怨彼東路長。顧瞻戀城闕，引領情內傷。

（以上第一章，寫初離京師時的眷戀之情。）㊹

太谷何寥廓，山樹鬱蒼蒼。霖雨泥我塗，流潦浩縱橫。中逵絕無軌，改轍登高岡。修坂造雲日，我馬玄以黃。

（以上第二章，寫渡過伊、洛二水後，因霖雨不止，道路淤塞而登高涉險，人馬不堪其苦。）

玄黃猶能進，我思鬱以紆。鬱紆將何念？親愛在離居。本圖相與偕，中更不克俱。鴟梟鳴衡軛，豺狼當路衢。蒼蠅間白黑，讒巧令親疏。欲還絕無蹊，攬轡止踟躕。

（以上第三章，說明兄弟之所以不得相親，是由於小人從中離間。）

踟躕亦何留？相思無終極。秋風發微涼，寒蟬鳴我側。原野何蕭條，白日忽西匿。歸鳥赴喬林，翩翩厲羽翼。孤獸走索羣，銜草不遑食。感物傷我懷，撫心長太息。

（以上第四章，寫秋原日暮淒涼景象和作者的離情別緒。）

太息將何爲？天命與我違。奈何念同生，一往形不歸。孤魂翔故城，靈柩寄京師。存者忽復過，亡沒身自衰。人生處一世，去若朝露晞。年在桑榆間，影響不能追。自顧非金石，咄唶令心悲。

（以上第五章，由悲悼任城王的暴死而引起人生無常的哀歎。吳淇說，題是贈白馬，非弔任城也。於彼兄弟有生死之感，益於此兄弟有離合之悲。）

心悲動我神，棄置莫復陳。丈夫志四海，萬里猶比鄰。恩愛苟不虧，在遠分日親。何必同衾幬，然後展殷勤。憂思成疾疢，無乃兒女仁。倉卒骨肉情，能不懷苦辛？

（以上第六章，慰曹彪，亦自慰。對於分手離別猶可以萬里比鄰的豪語相勉勵，對於骨肉暴死則不能克制其悲辛。）

苦辛何慮思？天命信可疑。虛無求列仙，松子久吾欺。變故在斯須，百年誰能持？離別永無會，執手將何時？王其愛玉體，俱享黃髮期。收淚即長路，援筆從此辭。

（以上第七章，謂人生無常，後會無期。但望彼此保重，最後寫贈詩惜別的情意。）

（曹植：贈白馬王彪）

曹丕、曹植兄弟不和，「本是同根生，相煎何太急？」曹丕即位爲文帝後，對曹丕之迫害甚烈。這首詩作於黃初四年，曹植與同母弟任城王曹彰、異母弟白馬王曹彪同至京城朝見文帝曹丕。曹彰被曹丕下毒，暴斃京師。曹植想跟曹彪同路東歸封地，又爲奸小所阻。曹植恨兄弟無情，曹彰已死，曹彪又不得相聚，既傷逝惜離，復又憂讒懼禍，憤激而作此詩。全詩共有七章，除了第一章之外，二至七章均用段與段之頂眞「連環體」。二章以「我馬玄以黃」結，三章以

「玄黃猶能進」起；三章以「踟躕」結，四章以「踟躕」起；四章以「太息」結，五章以「太息」起；五章以「心悲」結，六章以「心悲」起；六章以「苦辛」結，七章以「苦辛」起。如此連環頂眞，不但使得詩的章與章之間頂接緊湊，流露了激動的情緒，更顯現了愁腸曲折，悲情鬱結之情境與氣氛。梁章鉅「退庵隨筆」學詩六一云：「曹子建贈白馬王彪詩、顏延之秋胡行，皆次章首句蟬聯上章之尾，此本大雅文王、下武、既醉三篇章法也。而蔡中郞飮馬長城窟行，晋西洲曲，復施法於一章之中，纏綿委折，而節拍更緊，遂極文情之妙。」梁氏以爲，曹植此詩章法，取法於詩經，自頂眞而言，當然有明顯的軌迹可循。但無論如何，同樣具備了「文情之妙」，成爲警策之文。

㈢鼎湖當日棄人間，破敵收京下玉關。慟哭六軍俱縞素，衝冠一怒爲紅顏。紅顏流落非吾戀，逆賊天亡自荒讌。電掃黃巾定黑山，哭罷君親再相見。

（以上第一段，揭示本詩主旨：衝冠一怒爲紅顏。）

相見初經田竇家，侯門歌舞出如花；許將戚里箜篌伎，等取將軍油壁車。

（以上第二段，敍吳三桂與陳圓圓結識之處。）

家本姑蘇浣花里，圓圓小字嬌羅綺。夢向夫差苑裡遊，宮娥擁入君王起。前身合是採蓮人，門前一片橫塘水。

（以上第三段，敍陳圓圓之出身。）

橫塘雙槳去如飛，何處豪家强載歸？此際豈知非薄命，此時只有淚沾衣。薰天意氣連宮掖，明眸皓齒無人惜。奪將永巷閉良家，教就新聲傾坐客。

（以上第四段，敍圓圓入侯門之遭遇。）

坐客飛觴紅日暮，一曲哀絃向誰訴？白皙通侯最少年，揀取花枝屢迴顧。早攜嬌鳥出樊籠，待得銀河幾時渡？恨殺軍書抵死催，苦留後約將人誤。

（以上第五段，敍圓圓與三桂初識，兩情相悅。）

相約恩深相見難，一朝蟻賊滿長安。可憐思婦樓頭柳，誤作天邊粉絮看。徧索綠珠圍內第，强呼絳樹出雕欄。若非壯士全師勝，爭得蛾眉匹馬還？

（以上第六段，敍圓圓爲李自成所劫，吳三桂大怒而返師救美。）

蛾眉馬上傳呼進，雲鬟不整驚魂定。蠟炬迎來在戰場，啼妝滿面殘紅印。專征簫鼓向秦川，金牛道上車千乘。斜谷雲深起畫樓，散關月落開妝鏡。（吳偉業·圓圓曲）

（以上第七段，敍圓圓與三桂團聚，隨軍西征。）

吳偉業「圓圓曲」爲清初歌行體名篇。全詩共十一段，以上所錄爲前七段。第一段到第三段採取倒敍的方式，從崇禎帝殉國回溯到吳三桂守山海關，再回溯到吳三桂與陳圓圓在周奎家見面，再回溯到陳圓圓的出身。第四段到第七段採取順敍的方式，敍陳圓圓離開姑蘇到北京，遇見吳三桂，吳三桂出征，李自成破北京，陳圓圓陷落賊手，幸得追回重聚。除二三段之間外，每段之間均採取連環頂眞：首段與二段之間以「相見」重疊，三四段之間以「橫塘」重疊，四五段之間以「坐客」重疊，五六段之間以「約」相重疊，六七段之間以「蛾眉」相重疊。如此連環體之頂眞，藉重複重要字詞以連繫的手法，不但秩序井然，且連貫之中頗見匠心巧思。

㈣那榆蔭下的一潭，
　不是清泉，是天上的虹；
揉碎在浮藻間，
　沈澱著彩虹似的夢。
尋夢？撐一支長篙，
　向青草更青處漫溯；
滿載一船星輝，
　在星輝斑斕裡放歌。
但我不能放歌，
　悄悄是別離的笙簫；
夏蟲也爲我沈默，

沈默是今晚的康橋！（徐志摩·再別康橋）

徐志摩的「再別康橋」爲中國新詩名篇，其中流露了柔美的音律、秀麗的景色、依依的離情，以及作者蕭灑的襟懷，都令讀者陶醉而神往。全詩共有七章，以上所錄爲其中的四五六三章。讀起來感覺特別和諧，就是因爲善用頂眞。第四章以「夢」結，第五章以「尋夢」起；第五章以「放歌」結，第六章以「放歌」起。如此連環體的頂眞，頂接的字詞重疊，造成極佳的橋樑作用。將讀者眼前的景象，由康河的美景，推移到作者的行事，再由作者的行事進入離情別緒之中。如此牽引了讀者的思緒，融進作者所塑造的情境和氣氛中。「頂眞」在篇章中之效用，由此可見一斑。

其實，再別康橋，不只是章與章之間的頂眞。各章之中的句與句的聯珠頂眞，也頗具奇效。如第五章三句末尾與四句開端以「星輝」重疊，第六章三句末尾與四句開端以「沈默」重疊。不但具有前後轉接的橋樑作用，更能使語言和諧，誦讀起來，尤增情韻之美。如此連環體的各章之中，又分別兼用聯珠法的情況，也相當常見。即以前面所列舉三篇作品而論，「詩·大雅·文王」第二章：「侯文王孫子，文王孫子。」第三章：「生此王國，王國克生。」……「贈白馬王彪」第三章：「我思鬱以紆，鬱紆將何念？」「圓圓曲」第一章：「衝冠一怒爲紅顏，紅顏流落非吾戀。」即不乏其例。

二、句與句之頂眞（聯珠格）

句與句間之頂眞，又名「聯珠格」，是指前一句的結尾與後一句的開端，用同樣的字詞。如：

㈠（燭之武）見秦伯曰：「秦晉圍鄭，鄭既知亡矣。若亡鄭而有益於君，敢以煩執事。越國以鄙遠，君知其難也，焉用亡鄭以陪鄰？鄰之厚，君之薄也。若舍鄭以爲東道主，行李之往來，共其乏困，君亦無所害。（左傳：燭之武退秦師）

「燭之武退秦師」爲左傳中極精采的一段文字。燭之武憑三寸不爛之舌，說服秦穆公退兵，解除了鄭國的危機，堪稱「弱國有外交」的典範。他這一段外交辭令，剖陳利害，立論精闢，使秦穆公怦然心動。在千古以來說客中獨占鰲頭。其中相當重要的技巧，就是在關鍵字句處運用「頂眞」──「秦晉圍『鄭』，『鄭』既知亡矣。」「焉用亡鄭以陪『鄰』，『鄰』之厚，君之薄也。」前一句的結尾，用作下一句的起頭。上下句首尾蟬聯，文句緊湊，增強了說服力。所以金聖嘆評云：「其文皆作連鎖不斷之句，一似讀之急不得斷者。」[45]

㈡天下之佳人，莫若楚國；楚國之麗者，莫若臣里；臣里之美者，莫若臣東家之子。東家之子，增之一分則太長，減之一分則太短，著粉則太白，施朱則太赤；眉如翠羽，肌如白雪，腰如束素，齒如含貝，嫣然一笑，惑陽城，迷下蔡。然此女登牆闚臣三年，至今未許也。（宋玉：登徒子好色賦）

宋玉描述東家之子的美麗：先說天下之佳人，以楚國爲最；再說楚國之麗者，以宋玉所居住之地區爲尤；最後說宋玉所居住地區之美人，又以他隔壁東家之女獨占鰲頭。如此點出東家之子美冠天下。然後才形容其美貌，頗饒情味。從修辭角度分析，他所運用的是頂眞兼層遞法，自第二句至七句，連續三處頂眞。自天下、楚國、臣里、東家之子，層層遞進，共有四層。如此頂眞兼層遞的句法，自然使得文章警策生動，竦人耳目。

㈢秦王謂軻曰：「取舞陽所持地圖。」軻既取圖奏之。秦王發圖，圖窮而匕首見。因左手把秦王之袖，而右手持匕首揕之。未至身，秦王驚，自引而起，袖絕；拔劍，劍長，操其室。時惶急，劍堅，故不可立拔。荊軻逐秦王，秦王環柱而走。……卒惶急，不知所爲。左右乃曰：「王負劍！」負劍，遂拔以擊荊軻，斷其左股。荊軻廢，乃引其匕首以擿秦王。不中，中銅柱。秦王復擊軻，軻被八創。（司馬遷·史記·刺客列傳）

史記這段文字，根據戰國策燕策而來，文字略有刪節。但其中的頂眞處，幾乎全同。讀起來，使人頗具心理壓迫感，籠罩了一股緊張氣氛。如此緊湊的文字節奏，由頂眞句法造成。用「圖」字頂「圖」字，「劍」字頂「劍」字，「秦王」頂「秦王」，「負劍」頂「負劍」，「中」字頂「中」字，「軻」字頂「軻」字。凡情勢緊張之中，六用連珠頂眞，文句踵接，使得劍及履及的迫促情況，躍然紙上，狀溢目前，讓人心驚不已。如此頂眞句法，使文章之形式技巧與文章之內容情境，緊密契合，遂成傳誦千古之絕妙好辭。

㈣青青河畔草，綿綿思遠道；遠道不可思，宿昔夢見之。夢見在我旁，忽覺在他鄉；他鄉各異縣，展轉不相見。

枯桑知天風，海水知天寒。入門各自媚，誰肯相爲言！

客從遠方來，遺我雙鯉魚。呼兒烹鯉魚，中有尺素書。長跪讀素書，書中竟何如？上言加餐食，下言長相思。（蔡邕：飲馬長城窟行）

蔡邕「飲馬長城窟行」是思婦懷人之辭。敍女主角懷念在遠方作客的丈夫，情思哀婉。首敍因相思而入夢，中敍夢醒後想像更切，末敍得到遠方的來書。其中迭用連珠頂眞：「綿綿思遠道，遠道不可思」的「遠道」，「宿昔夢見之，夢見在我旁」的「夢見」，「忽覺在他鄉，他鄉各異縣」的「他鄉」。如此字句上的聯珠頂眞，表現了廻環相生，連綿不絕之美，與青草綿綿引發的綿綿情思，形式與內容配合得十分巧妙，使思婦懷念遠人之情，纏綿宛轉，尤足動人。又如末段「長跪讀素書，書中竟何如」的「書」字頂眞，可見女主角捧書即欲速讀內容的迫切之情。

㈤河曲智叟笑而止之，曰：「甚矣，汝之不惠！以殘年餘力，曾不能毀山之一毛，其如土石何？」

北山愚公長息曰：「汝心之固，固不可徹；曾不若孀妻弱子！我雖死，有子存焉；子又生孫，孫又生子；子又有子，子又有孫；子子孫孫，無窮匱也；而山不加增，何苦而不平？」河曲智叟無以應。（列子：愚公移山）

這是馳名的「愚公移山」寓言故事，愚公反駁智叟的話，理直氣壯，直指對方見識固陋，不通事理。「汝心之固，固不可徹」的「固」字頂眞，使得文辭更加緊湊有力。「子又生『孫』，『孫』又生『子』，『子』又有『子』，『子』又有孫。」二句緊扣一句，句句頂接，環環緊扣，除了顯示子子孫孫，綿延無窮外；另有一股銳不可當之氣勢，適足以顯示愚公移山的決心與信心，不可搖撼。

㈥車轔轔，馬蕭蕭，行人弓箭各在腰。耶孃妻子走相送，塵埃不見咸陽橋。牽衣頓足攔道哭，哭聲直上干雲霄。

道旁過者問行人，行人但云點行頻。或從十五北防河，便至四十西營田。去時里正與裹頭，歸來頭白還戍邊。邊庭流血成海水，武皇開邊意未已。君不聞漢家山東二百州，千村萬落生荊杞。縱有健婦把鋤犂，禾生隴畝無東西。況復秦兵耐苦戰，被驅不異犬與雞。

長者雖有問，役夫敢伸恨？且如今年冬，未休關西卒。縣官急索租，租稅從何出？信知生男惡，反是生女好；生女猶得嫁比鄰，生男埋沒隨百草。君不見青海頭，古來白骨無人收。新鬼煩怨舊鬼哭，天陰雨溼聲啾啾！（杜甫：兵車行）

杜甫此詩敍窮兵黷武帶給民衆的困苦。全詩分為三段：首段敍送別征夫難分難舍之情。末二句「牽衣頓足攔道哭，哭聲直上干雲霄。」以「哭」字頂眞，彷彿使天地之間充滿哭聲。場面十分悽慘。

中段敍征夫連年在外征戰，農村殘破之情。「道旁過者問行人，行人但云點行頻。」「行人」頂眞，適足以表達行人回答過者之惶急匆促情況。「歸來頭白還戍邊，邊庭流血成海水。」「邊」字頂眞，文句緊湊，表現行人對玄宗開邊之不滿。

末段敍催租之急，生男不如生女。「縣官急索租，租稅從何出？」「反是生女好；生女猶得嫁比鄰。」所用來頂眞的字詞「租」、「生女」均屬篇中重要關鍵處，適足以顯示役夫之內心怨痛，一幅民不聊生的慘狀圖，狀溢目前。

全詩共有五處聯珠頂眞，散見首中尾三端。蕭滌非「學習人民語言的詩人—杜甫」評此詩云：「共五處使用了接字的辦法，使讀者眞有『纍纍如貫珠』之感，覺得非常順溜，非常動聽，從而也就加强了詩的感染力。」[46]蕭氏所謂「接字」，即「頂眞」。杜甫之爲詩聖，頂眞之運用，已出神入化。

杜詩除近體外，頂眞頗爲常見，即以三吏三別而言，如：

府吏昨夜下，次選『中男』行；『中男』絕短小，何以守王城？（新安吏）

室中更無人，惟有乳下『孫』，『孫』有母未去，出入無完裙。（石壕吏）

自嗟貧家女，久致『羅襦』裳。『羅襦』不復施，對君洗紅妝。（新婚別）

如此頂眞，均能顯示詩中主角的激越緊迫之情，讀之令人心酸。

㈦自余爲僇人，居是州，恆惴慄。其隙也，則施施而行，漫漫而游。日與其徒，上高山，入深林，窮廻溪，幽泉怪石，無遠不到。到則披草而坐，傾壺而醉，醉則更相枕以臥。臥而夢，意有所極，夢亦同趣。覺而起，起而歸。以爲凡是州之山水有異態者，皆我有也，而未始知西山之怪特。（柳宗元：始得西山宴游記。）

「始得西山宴游記」爲柳宗元「永州八記」之第一篇，以上所錄係其文之第一段，其中迭用「到」、「醉」、「臥」、「起」四處連珠頂眞，黃慶萱「始得西山宴游記析評」評此云：「簡短的句法與登山時短促的呼吸相配合，頂眞的句法與登山時緊湊的步伐相配合。」㊼將文章所用形式與所寫內容之微妙契合處，闡析得鞭辟入裡，眞是體貼入微。如果再仔細思量，則如此緊湊句法，也適足以表現柳宗元之率性即興之情。

㈧惟歛繁就簡之術，非皆下筆自成，實由錘鍊而致。如作記事之文。初藁但求盡賅事實，而後視全篇有無可刪之章，每章有無可節之句，每句有無可省之字；必使篇無閒章，章無贅句，句無冗字；乃極簡鍊之能事。（劉師培：漢魏六朝專家文研究·學文四忌·文章最忌繁冗）

劉師培論文章歛繁就簡之術，兩度運用「章，章」「句，句」之聯珠頂眞句法，使得上下句頭尾蟬聯，文章緊湊，文氣貫串，自然能加强說服力。至於從篇、章、句、字，循一貫次序，層層遞進，則又是頂眞兼層遞。如此用法，其實在劉勰「文心雕龍」書中，已屢見不鮮，如「章句篇」首段云：「夫人之立言，因字而生句，積句而爲章，積章而成篇。篇之彪炳，章無疵也；章之明靡，句無玷也；句之清英，字不妄也；振本而末從，知一而萬畢矣。」同樣是運用「句，句」「章，章」之頂眞句法，且由字、句、章、篇，同時兼用層遞。

在口語中，頂眞兼層遞，也不乏其例，如：

沒有功勞有苦勞，沒有苦勞有疲勞！

頭髮由黑而灰，灰而白，白而疏，疏而無！

頂眞在形式上以同一語詞貫串上下句，層遞却以數句意義的關聯爲主。前者著重一個中心觀念；後者著重的是比例與因果。兩者都講究秩序與層次。因此，頂眞與層遞，有同有異。同時兼用的情況也頗爲常見⑱。

三、句中頂眞

句中頂眞，是指文句中片語與片語之間用同一字來頂接，貌似疊字，其實字疊而語析，如：

㈠出門採紅蓮，採蓮南塘秋，蓮花過人頭，低頭弄蓮子，蓮子青如水。置蓮懷袖中，蓮心徹底紅。憶郎郎不至，仰首望飛鴻。飛鴻滿西洲，望郎上青樓；樓高人不見，盡日闌干頭；闌干十二曲，垂手明如玉。（沈約：西洲曲）

此詩迭用聯珠頂眞，共有六處：「採紅蓮、採蓮」「頭、低頭」「蓮子、蓮子」「飛鴻、飛鴻」「青樓、樓」、「闌干頭、闌干」。如此一路貫串而下，恰似一串珍珠，頗有上遞下接的趣味。但是，在此我們要注意的是其中「憶郎郎不至」，此句實屬句中頂眞，在「憶郎」與「郎不至」兩個片語中，以「郎」字頂接，顯示了急切的思念之情。此詩包括了句中頂眞與聯珠頂眞，尤增情趣。黃永武「說詩的强度」列舉杜牧的「湖州正初招李郢秀才詩」：「行樂及時時已晚，對酒當歌歌不成！」與楚石的詩：「遣愁愁不去，認愁愁不眞；誰知遣愁者，正是自愁身！」以為將兩個愁字頂接在一起，節拍更見迫促，如此激動的語氣，可以增加詩的強度。㊾同樣的道理，「憶郞郞不至。」，以兩個「郞」字頂接在同一句中，在語氣上、情感上均顯示了女主角的激越之情。

㈡棄我去者昨日之日不可留，亂我心者今日之日多煩憂！長風萬里送秋雁，對此可以酣高樓！

蓬萊文章建安骨，中間小謝又清發。俱懷逸興壯思飛，欲上青天覽明月。

抽刀斷水水更流，舉杯消愁愁更愁。人生在世不稱意，明朝散髮弄扁舟。（李白：宣州謝眺樓餞別校書叔雲）

此詩可分三段，首段餞別起興，歲月如流，煩憂不斷。中段懷古思今，賓主惺惺相惜。末段送別抒感。其中最動人的警句是末段的「抽刀斷水水更流，舉盃消愁愁更愁。」此二句意興湍飛，膾炙人口，以水更流的「水」字頂接抽刀斷水，以愁更愁的「愁」字頂接舉杯消愁，是為句中頂眞的典範。不但文句緊湊有力，而且當句翻疊，情致清新，鋒發韵流，傳誦古今。類似的句中頂眞，頗不乏其例：

有意栽花花不發，無心插柳柳成蔭。

春風吹花花怒開，春風吹人人老矣。

酒不醉人人自醉！

只有天才才能善用譬喻！

㈢眼看客愁愁不醒，無賴春色到江亭。

即遣花開深造次，便教鶯語太丁寧。（杜甫：絕句漫興九之一）

杜甫此詩寫江邊春色，花開鶯語，一片春光燦爛。起句以「愁不醒」頂接「眼看客愁」，將旅況愁苦因而惱春之情，生動地表出，頗稱奇警。杜甫詩中，句中頂眞，往往可見[50]：

安得萬丈梯，爲君上上頭。（鳳凰台）

誰重斷蛇劍，致君君未聽。（奉酬薛十二丈判官見贈）

湖城城東一開眼，駐馬偶識雲卿面。（湖城過孟雲卿）

浣花溪水水西頭，主人爲卜林塘幽。（卜居）

楚公畫鷹鷹戴角，殺氣森森到幽朔。（姜楚公畫角鷹歌）

冬至至後日初長，遠在劍南思洛陽。（至後）

陰山驕子汗血馬，長驅東胡胡走藏。……至今今上猶撥亂，勞心焦思補四方。」（憶昔二之一）

其中如以「水」字連貫「浣花溪水水西頭」的上下片語，而帶出「主人爲卜林塘幽」。以「鷹」字連貫「楚公畫鷹鷹戴角」的上下片語，而帶出「殺氣森森到幽朔」。不但有上遞下接的趣味，且與林塘的幽景、畫鷹之威武，情境上微妙契合，頗饒情韻。

㈣庭院深深深幾許？楊柳堆烟，簾幕無重數。玉勒雕鞍遊冶處，樓高不見章台路。雨横風狂三月暮，門掩黃昏，無計留春住。淚眼問花花不語，亂紅飛過秋千去。（歐陽脩：蝶戀花）

此屬惜春之作，感傷春暮，追懷舊遊，由殘春之景興起寂寥虛空之情。首末均用句中頂眞。「庭院深深」與「深幾許」兩個片語用「深」頂接，充分顯示庭院的幽寂，引出春深似海的感覺與無限幽邃的想像。「淚眼問花」與「花不語」兩個片語用「花」頂接，適足以表達情景交融，一片渾然之境。如此句中頂眞，一個深字，一個花字，爲全詞憑添了幾許情韻！相似的句中頂眞，在詞中頗爲常見，如：

昨夜夜半，枕上分明夢見。（韋莊：女冠子）

幾許傷春春復暮，楊柳清陰，偏礙游絲度。（賀鑄：蝶戀花）

庭院深深深幾許，雲牕霧閣常扃。（李清照：臨江仙）

惜春春去，幾點催花雨。（李清照：點絳唇）

夢裡尋秋秋不見，秋在平蕪遠渚。（劉過：賀新郎）

年年躍馬長安市，客舍似家家似寄。（劉克莊：玉樓春）

如此句中頂眞，迭用夜、春、深、秋、家，可見詞中的傷感之情。

伍、秀在傳統修辭之分類

篇章之秀句傑出，鋒發韻流，往往膾炙人口，傳誦廣遠，津津樂道。「秀」，相當於警策，說得通俗些，即佳句。謝榛「四溟詩話」云㊿：「凡作近體，誦要好，聽要好，觀要好，講要好。誦之行雲流水，聽之金聲玉振，觀之明霞散綺，講之獨繭抽絲。此詩家四關。使一關未過，則非佳句矣。」此謂秀句須文字清暢，鏗鏘悅耳，色彩明麗，饒有韻味。從文章外在的聲色之美到內在的情性之美，均須卓絕獨秀。

在古典詩詞中，「秀」之佳句特多，艾治平「古典詩詞藝術探幽」將「佳句」之表現，歸納為四方面㊾：

㈠一曰：體物入微，寫出特點。寫山光水色，花鳥蟲魚的作品，在古典詩詞裡很多，佳句也比比皆是。如「江流天地外，山色有無中。」（王維「漢江臨眺」）人們稱其佳，主要是指後句。這兩句是說漢水浩渺，似從天外而來；眺望江上山色，明滅閃現，似有似無。一句寫水，一句寫山：水則烟波浩渺，山則若有若無，一顯一現，映帶成趣，更見出漢水「郡邑浮前浦，波瀾動遠空」的氣勢，充分表達出漢江之勝概。王維的「山色有無中」，向被稱為佳句，是和上句「江流天地外」搭配得好，而又與全詩珠聯璧合分不開的。

㈡二曰：情景交融。「情景名為二，而實不可離。神於詩者，巧合無垠。巧者則情中景，景中情。」(「薑齋詩話」)比如「柳塘春水漫，花塢夕陽近。」(嚴維「酬劉員外見寄」)綠柳成蔭，垂拂岸畔，春水搖漾，瀰漫池塘；花塢向晚，霞暉掩映，這時連夕陽也遲遲而不願下落！「留連光景惜朱顏」。作者的「春之戀」，情溢紙面，景中含情，不見痕迹。杜荀鶴「春宮怨」：「風暖鳥聲碎，日高花影重。」據「苕溪漁隱叢話」引諺語稱：「杜詩三百首，惟在一聯中：『風暖鳥聲碎，日高花影重』是也。」風暖，則鳥聲細碎而多；日當亭午，花影交映重疊。這位宮女對鳥聲花影體會如此入微，可見其心境之無聊。「碎」、「重」不僅用字工切，情景融洽，而且人的心聲可聞。「含風鴨綠粼粼起，弄日鵝黃裊裊垂。」(王安石「南浦」)一寫春水之綠，一寫春柳之黃。鵝黃嫩綠，物華撩人，以景傳情，詩人對南浦是滿懷喜悅的。「映階碧草自春色，隔葉黃鸝空好音。」清聲悅耳。但「入一『自』字『空』字，便悽清之極，二語是但見祠堂而無丞相也。」(金聖嘆語)即景成章，而杜甫對諸葛亮的眷念之情，深寓其中。這些都可堪稱爲情景交融的佳句。

㈢三曰：借景自況。謝榛說：「韋蘇州曰：『窗裡人將老，門前樹已秋。』白樂天曰：『樹初黃葉日，人欲白頭時。』司空曙曰：『雨中黃葉樹，燈下白頭人。』三詩同一機杼，司空爲優：善狀目前之景，無限淒感，見乎言表。」(「四溟詩話」)司空曙「喜外弟盧綸見宿」有「雨中黃葉樹，燈下白頭人」句。夜雨敲窗，黃葉飄墜，這是室外景；孤燈照壁，白頭相對，這是室內景。室外室內，情景和諧。而這雨中的黃葉樹，不正是孤燈之下的白頭人的象徵麼！此外，如

「竹憐新雨後，山愛夕陽時」（錢起「谷口書齋寄楊補闕」），「野曠天低樹，江清月近人」（孟浩然「宿建德江」），「岸花飛送客，檣燕語留人」（杜甫「發潭州」），「蕭蕭遠樹疏林外，一半秋山帶夕陽」（寇準「書河上亭壁」），「綠蔭不減來時路，添得黃鸝四五聲」（曾幾「三衢道中」），等等。

㈣四曰：**警闢意深**。如：「朱門酒肉臭，路有凍死骨」（杜甫「自京赴奉先詠懷五百字」），「是歲江南岸，衢州人食人」（白居易「輕肥」），深刻地揭露了社會現實；「王師北定中原日，家祭毋忘告乃翁」（陸游「示兒」），「人生自古誰無死，留取丹心照汗青」（文天祥「過零丁洋」），表現了詩人對國家的忠誠與關心；「新松恨不高千尺，惡竹應須斬萬竿」（杜甫「將赴成都草堂途中而作」），「斬除元惡還車駕，不同登壇萬戶侯」（岳飛「題新塗古寺壁」），表現出愛憎分明與純潔無私的强烈感情，這種言淺意深的佳句，感人至深，銘刻在人們的心頭。

艾氏所論，頗能言之成理。他在歸納四類「秀」之佳句之餘，同時强調，詩人在煉字、煉句的同時，也應該注意煉意。「句清意新，斯爲上矣。而藝術的魅力也會更大。」一詩句之佳，主要看其能否眞實生動地表達出特定的詩旨和意境。」其實，無論詩、文，乃至於其他各種文學作品，莫不皆然。

陸、秀在篇章修辭之運用

本節所論「秀」之修辭方法，往往從古今名作中擷取傑出片段為證，然而，文章之「卓絕為巧」，固不僅限於映襯、示現、層遞、頂真之有形方法；且篇中之獨拔者，佳妙之關鍵，端視在整篇文章中產生之效用。茲再舉蔡邕「郭有道碑」、范仲淹「岳陽樓記」二文為例，以窺秀在整篇修辭之運用。

一、「郭有道碑」勁氣警策，文采卓絕

蔡邕「郭有道碑」為古人碑銘之壓卷作。劉師培「漢魏六朝專家文研究」以為勁氣貫中，風骨自顯[53]：

> 凡文章有勁氣，能貫串，有警策而文采傑出（即文心雕龍隱秀篇之所謂「秀」）者乃能生動。否則為死。蓋文有勁氣，猶花有條幹（即陸士衡文賦所謂「理扶質以立幹，文垂條而結繁」）。條幹既立，則枝葉扶疏；勁氣貫中，則風骨自顯。如無勁氣貫串全文，則文章散漫，猶如落樹之花，縱有佳句，亦不足為此篇出色也。蔡中郎文無論有韻無韻皆有勁氣。

綜觀「郭有道碑」之所以膾炙人口為讀者所津津樂道者，乃在勁氣貫串，獨軼羣倫。而勁氣

者，即劉勰所云：「秀也者，篇中之獨拔者也，秀以卓絕爲巧。」亦即陸機所云：「立片言而居要，乃一篇之警策。」文句之精采外揚，要言破的，使全文生氣活現，風骨自顯，是爲警策。「郭有道碑」言簡意賅，篇無閒章，章無贅句，句無冗字，極簡鍊之能事，固無論矣。尤貴在每段均有警策，以氣舉詞，光彩和雅。試分別略加闡析：

(一)貞固足以幹事，隱括足以矯時。收文武之將墜，拯微言之未絕。

「郭有道碑」首段敍郭泰之爲人，分從資質、德行、胸襟多端著筆，而以「貞固足以幹事，隱括足以矯時」總括其人。使文章神情氣勢爲之一振。敍郭泰之爲學，以「收文武之將墜，拯微言之未絕」作結。意象鮮明，斬釘截鐵地予以定評。使郭泰之學行呼之即出，且就文章之轉折而言，有馳驟、有頓挫，有生氣，見精采，足見郭泰誕膺天衷，學行高遠。

(二)于時纓緌之徒，紳佩之士，望形表而影附，聆嘉聲而響和者，猶百川之歸巨海，鱗介之宗龜龍也。

第二段敍郭泰之風範，受萬衆崇仰，如影附形，如響斯應。以極靈動之文字，譬喻形容，狀溢目前。使讀者爲之眉飛色舞，心嚮神往。而錘鍊字句，清新平易，出之以形象化的語言，活潑潑如生鐵鑄就。讀之齒頰留馨，傳芳千古，蔡邕文章迥非時人所及，豈其偶然哉？

(三)將蹈鴻涯之遐迹，紹巢許之絕軌，翔區外以舒翼，超天衢以高峙。

第三段敍郭泰之潛隱，以黃帝時的仙人鴻涯，唐堯時的隱士巢父、許由相比，狀其天子不得臣，諸侯不得友，寧靜淡泊的自得之情。再以鴻飛冥冥，翺翔世外，述其峙立天路之氣概。旁人都是用兩條腿走路，郭泰卻是長著翅膀飛的，豈只是「振衣千仞岡，濯足萬里流」而已？簡直是不受塵埃半點侵。此描繪郭泰物外天全，爲其生命史上最光輝燦爛之巔峯，也是本文最精采的高潮。宋葉夢弼草堂詩話：「文章無警策，則不足以傳世，蓋不能竦動世人。」此爲警策中之警策，足以竦動讀者，使經綸世務者爲之清心。

(四)俾芳烈奮乎百世，令聞顯於無窮。

第四段敍郭泰之後事。以整齊典雅之偶句作結，頗見淵穆之光。文彩彬蔚，寓意深長。其實，非僅郭泰「緣盡情未了」，風範絕響，永垂不朽；蔡邕此文，也同樣鋒發韵流，傳誦千古。

全文頭緒雖繁，事蹟自明，轉折自具；奇偶相生，清詞巧義，層出不窮；鎔鑄經誥，淵懿靜穆，文氣貫串；音節和雅，清濁通流，脣吻調利；文簡意賅，虛實並用，有華有質。不僅爲碑銘之壓卷作，且有風格有生氣兼有辭采，在敍事體中，堪稱高華之極致！

二、「岳陽樓記」先憂後樂，警策絕倫

先天下之憂而憂，後天下之樂而樂！

范仲淹的「岳陽樓記」，不但文章高妙，興會獨絕，更由於人文精神的投射，神遊物外，心與景接，使巴陵勝景增色生輝，千古名勝與一代奇文相得益彰，竝垂不朽。不但襟期高遠，胸懷

天下，更由於人格精神的感召，警句傳世，竦動人心，爲知識分子奠立典範，昔賢雖歿而芳烈令聞鋒發韵流，風範長存！

「岳陽樓記」末段轉爲議論，抒發先憂後樂，心念天下的懷抱。中部雨悲晴喜兩大段雖然精采動人，只不過借來翻出後文憂樂耳。眞正彰顯文章主旨，眞正使文章傳世不朽的卻是末端的警語：

先天下之憂而憂，
後天下之樂而樂！

陸機文賦云：「立片言而居要，乃一篇之警策。」此即本篇之警策。范公「岳陽樓記」中部所敍「感極而悲」，「其喜洋洋者」，無非常人行徑，末段翻轉新意。「古仁人之心，或異二者之爲」。就其消極方面而言，是「不以物喜，不以己悲」。不以外物環境美適而喜悅，不以個人處境困窮而悲傷。就其積極方面而言，是「先天下之憂而憂，後天下之樂而樂。」無論窮通進退，其心常懷天下。在衆人尚未發現災禍之前，要洞燭機先，遠慮未來，消弭憂患於無形；在天下百姓都能安居樂業之後，自己才眞正能心安理得，感覺精神舒坦心情愉快。

這種大胸襟，大情懷，表面上指的是「古仁人之心」，實際上卻是范仲淹的「夫子自道」。

李扶九編選・黃紱麟書後「古文筆法百篇」[54]云：

君子之所以異於人者，以其存心也。心可即境而存，心不可隨境而變。其所存於中者大，斯其所遇於外者小也。文正此記，前半爲岳陽樓寫景繪情，經營慘淡，已到十分。而其中或悲或喜，處處隱對子京，即處處從謫守著想。故末以憂樂二字，易悲喜二字，歸到仁人身上，見得境雖變心不與之俱變，心所存道即與之俱存。出憂其民，處憂其君，仁人之心，自有其所以異者在也。通幅不矜才，不使氣，使自己胸襟顯得磊磊落落，正大而光明，非其存於中者大而果能若是乎！

黃氏以爲，范公胸襟光明磊落，其存於中者大而果能若是。可見「先憂後樂」不僅爲范公夫子自道，且誠於衷形於外者。歐陽脩「范文正公神道碑銘」云：「慨然有志於天下，常自頌曰：『士當先天下之憂而憂，後天下之樂而樂。』」年譜謂「蓋允蹈之言也。」考諸「范文正公文集」，類此之語，亦頗爲常見：

文以鼓天下之動，學以達天下之志。（上張右丞書）

慨然有益天下之心，垂千古之志。（同上）

不以一心之戚，而忘天下之憂。（上執政書）

凡此足證「先天下之憂而憂，後天下之樂而樂」，乃范公平素蘊積於胸臆，且能躬行允蹈之理想。藉「岳陽樓記」以抒發，乃自然流露，噴薄脫口而出，非矜矯使氣，故意標榜口號。至其用心，固不僅與滕子京共同勉勵，且進而期盼天下同道共此存心。

從內容意境上探究，「先天下之憂而憂，後天下之樂而樂」，不跼蹐於悲喜之常，而放懷於天地之大，是人類最高境界的精神昇華。雨悲晴雨，固人情之常，范公由此超脫出來，在精神上有所突破與提昇，不以物喜，不以己悲，而胸懷天下。其立意高遠，器量弘深，姿度廣大，何其峻偉！此乃范公整個精神人格之投射凝聚。與歐陽脩「人知從太守遊而樂，不知太守之樂其樂也。」張載：「為天地立心，為生民立命；為往聖繼絕學，為萬世開太平！」同為士人所宗，而范公之警句最為響亮，傳誦最廣！

「先天下之憂而憂，後天下之樂而樂！」上接古仁人之心，下啓後來者之志。為中國知識分子樹立最佳典範，足以恢宏志士之氣，千載之後讀之，仍令人精神振奮，意志提昇！使我們從個人的利害得失中跳脫而出，不再斤斤計較眼前的處境順逆，而超然豁達，意念泱泱！先憂後樂，心懷高遠，如此豪情壯志，如此寬廣胸襟，正是所有讀書人所心嚮神往的高境。文學的意義並不只是反映社會人生而已，更可貴的是在於描繪人性所能達到的高貴境界。范公雖逝，精神感召，千古不朽！

從形式技巧上探究，「先天下之憂而憂，後天下之樂而樂」，是典型的「豹尾」。喬夢符論套曲作法有言：「曰鳳頭、豬肚、豹尾是也。」「岳陽樓記」首部美麗，中部浩蕩，固無論矣。以先憂後樂之語作結，精警有力，足以提振全文之精神氣勢，實乃一篇之警策。

綜觀「岳陽樓記」全文，其所以膾炙人口為讀者所津津樂道者，因素固不在一端。然而關鍵處卻在於結語警策卓絕，獨軼羣倫。劉勰「文心雕龍」「隱秀篇」云：「秀也者，篇中之獨拔者也。……秀以卓絕爲巧。」秀謂篇章中之突出精語，警策動人。以語句之裁詞卓異，絕響非凡爲極致。「先天下之憂而憂，後天下之樂而樂。」適足以當之無愧。此二句精采外揚，要言破的，不但使「岳陽樓記」生氣活現，風骨自顯；更使范公人格活現，風範長存，謂之爲千古文章警策之壓卷，也不爲過甚。

范公「嘗求古仁人之心」，「先天下之憂而憂，後天下之樂而樂」，並非純然獨造，而是自古仁人心中而來，典出於「孟子」「梁惠王下」：

齊宣王見孟子於雪宮。王曰：『賢者亦有此樂乎？』孟子對曰：『有。人不得，則非其上矣。不得而非其上者，非也；爲民上而不與民同樂者，亦非也。樂民之樂者，民亦樂其樂；憂民之憂者，民亦憂其憂。樂以天下，憂以天下，然而不王者，未之有也。』

由此可見，范仲淹將孟子「樂以天下，憂以天下」八字，引申擴充爲「先天下之憂而憂，後天下之樂而樂」十四字。他擷取孟子原意，善加改造。使得意義更加顯豁深入，語調上更加響亮有力，成功地塑造了傳誦千古的警句名言。兩者相比較，其用心相近，可是在文章效果上，就大不相同。孟子的「樂以天下，憂以天下」，當然也很不錯，但是視范仲淹「先天下之憂而憂，後天下之樂而樂」的警策絕倫，始終不如。

范仲淹「岳陽樓記」，乃應滕子京所請爲岳陽樓而作，同時慰勉知己於遷謫之中。但其所以警策卓絕，獨高千古者，實由於自抒胸懷天下之襟期；尤有勝者，在鼓勵天下同道共此先憂後樂之存心，故以古仁人心地聖賢學問發爲才子文章。哲人雖逝，風範長存，其奇文警句與湖山勝景競輝，竝垂不朽。范公先憂後樂的精神感召，足以恢宏志士之氣，與中華民族泱泱之風，長相左右，永存於世！

第四節　隱秀之原則

隱謂文章之情理內蘊，伏采潛發，餘韻無窮；秀謂文章之精采外揚，絕響非凡，探驪得珠。隱以複意爲工，文外重旨，情在詞外，醞藉而幽深，令讀者密詠恬吟，翫味不盡；然或失之晦塞，雖奧非隱。秀以卓絕爲巧，篇中獨拔，狀溢目前，片言而居要，令讀者神往情移，驚策竦世；然或失之雕削，雖美非秀。至若其運用之原則，則劉勰在「隱秀篇」末段已有明言：

> 或有晦塞爲深，雖奧非隱；雕削取巧，雖美非秀矣！故自然會妙，譬卉木之耀英華；潤色取美，譬繒帛之染朱綠。朱綠染繒，深而繁鮮；英華耀樹，淺而煒燁。隱秀之所以照文苑，蓋以此也。

此論隱秀之要。首先從消極方面指陳隱秀失當之弊病——「或有晦塞爲深，雖奧非隱；雕削取巧，雖美非秀矣！」或有以文句晦澀生硬爲內涵深奧，表面上文章深奧，其實卻非眞正的「隱」。或有以雕琢刻削爲形式巧妙，表面上文辭美麗，其實卻非眞正的「秀」。

其次從積極方面揭櫫隱秀得當之準則——「故自然會妙，譬卉木之耀英華；潤色取美，譬繒帛之染朱綠。」文章本天成，妙手偶得之。創作自然而巧會天機者，譬如草木之顯耀奇葩異采；文章潤飾而修辭美妙者，好比絲綢之渲染朱紅碧綠。

劉勰在此論隱秀之弊病與隱秀之原則，最關鍵的觀念，乃自然合度，也正是「隱秀篇」第三段所謂「思合而自逢，非研慮之所課。」文章當然要追求隱秀，使「情在詞外，狀溢目前。」可是刻意强求，遺神取貌，徒傷眞美，絕非隱秀之旨。劉永濟「文心雕龍校釋」[55]於此頗有闡發：

> 隱秀之義，張戒「歲寒堂詩話」所引二語，最爲明晰：「情在詞外曰隱，狀溢目前曰秀。」與梅聖俞所謂「含不盡之意見於言外，狀難寫之景如在目前」，語意相合。然言外之意，必由言得，目前之景，乃憑情顯；言失其當，則意浮漂而不定；情喪其用，則景虛設而無功。言當者，作者之情懷雖未盡宣，而讀者之心思已足領會，此中蓋有自然之軌度：太過則傷淺，不及則犯晦，至如何而後合此軌度，又視人之造詣而定。故雖元白之詩，東坡以爲淺露，義山之作，遺山病其晦澀；元白好盡言，義山喜追琢也。
>
> 至狀物之功，首在善感，感入精微，心生眼處，自能擷其菁英，棄其瑕穢，故能物象昭晰，光景如新。然則深造者得表情之極軌，善感者操寫象之玄機，斯二者即隱秀之所由成也。惟是深造非一蹴而至，善感豈頃刻所能，胥有待乎學養。學養之功既至，操翰之際，自然靈妙。故曰「思合自逢，非由研慮」。若不明此旨，謂率爾爲天籟，詡鹵莽爲自然，則失之毫釐，謬以千里矣。

劉氏以爲，隱秀有自然之軌度，又視人之造詣而定。所謂「深造者得表情之極軌，善感者操寫象之玄機，斯二者即隱秀之所由成也。」洵屬切中肯綮之論。他强調學養，「學養之功既至，操翰之際，自然靈妙」。平素如能多讀書、多觀察、多體驗、有會於心，所謂「資之深，則取之左右逢其原」，則隱秀之境，不難有津逮可循。

據劉勰「隱秀篇」所論，隱秀之基本原則，約可歸納爲「自然會美與晦塞爲深」、「動心驚耳與雕削取巧」二端。茲分別予以闡論。

壹、自然會美與晦塞爲深

「隱」——含蓄美，爲中國文學之傳統特色，在劉勰之前，早已屢見闡論。「易經」「繫辭下」云：「其旨遠，其辭文，其言曲而中，其事肆而隱。」所論雖非文學，但要求「旨遠」，「事隱」，其言曲而中，即婉曲含蓄之意。「孟子」「盡心」下：「言近指遠，善言也；守約而施博者，善道也。」所謂：「言近指遠」，即語言含蓄。「史記」「太史公自序」：「夫詩書之隱約者，欲遂其志之思也。」之「隱約」當然與含蓄相通。

然而，唯有劉勰善防流弊，特別指出「晦塞爲深，雖奧非隱」。隱之運用，言貴得當，正劉永濟所謂「太過則傷淺，不及則犯晦。」必須求其恰到好處，無過與不及。以下分三點予以討論：

一、宜於含蓄而不宜晦澀

「隱」貴在蘊蓄幽深，而丰神獨遠。語意模稜，晦澀難懂的作品，不能視爲含蓄；造語生硬，故弄玄虛，尤非隱的本旨。吳曾祺「涵芬樓文談」論「含蓄」[56]云：

> 文有不肯一說而盡，而詘然輒止，使人自得其意於語言之外者，則以含蓄爲妙。然語盡於此而意見於彼，凡使人思索而不得者非善含蓄也。

含蓄與隱晦迥異，「思索而不得」，有流於晦澀之嫌。但是也須「因其所言，會其所未言」。假如讀者學養淺薄，不了解作品的語言和典故，不肯深入熟翫，細心體會，畏難裹足，誣含蓄爲晦澀，使得「深廢淺售」，並非中肯之論。

二、宜於蘊藉而不宜淺露

「隱」既不能流於晦澀，又不能流於淺露。「凡使人思索而不得者」固非善含蓄，相對而言，「使人不待思索而即得者」亦非善含蓄。沈謙「塡詞雜說」[57]云：

> 詞要不亢不卑，不觸不悖，驀然而來，悠然而逝。立意貴新，設色貴雅，搆局貴變，言情貴含蓄，如驕馬弄銜而欲行，粲女窺簾而未出，得之矣。

「隱」貴在呼之欲出而未出，只聞樓梯響，不見人下來。蘊藉深厚，以有限蘊無限，意在筆先，神餘言外。正陳廷焯「白雨齋詞話」所謂「必若隱若現，欲露不露，反復纏綿，終不許一語道破。」陳氏又嘗舉例以證(58)：「飛卿詞如『懶起畫蛾眉，弄妝梳洗遲。』無限傷心，溢於言表。又『春芳正關情，鏡中蟬鬢輕。』淒涼哀怨，眞有欲言難言之苦。又『花落子規啼，綠窗殘夢迷。』又『鸞鏡與花枝，此情誰得知？』皆含深意。」

此所謂「驕馬弄銜而欲行，粲女窺簾而未出。」即「不許一語道破」，若弄銜而行，窺簾而出，直接說破，難免流於淺露。

三、宜於委婉而不宜直陳

文似看山不喜平，往往是高手過招，點到爲止。中國民族性溫柔敦厚，論事往往語意婉轉，不喜尖刻傷人。如此言外存旨，頗見功效。劉向「新序」有一段故事：

> 魏文侯與士大夫坐，問曰：「寡人何如君也？」羣臣皆曰：「君，仁君也。」次至翟黃，曰：「君非仁君也。」曰：「子何以言之？」對曰：「君伐中山，不以封君之弟，而以封君之長子。以此知君非仁君。」魏文侯怒而逐翟黃，翟黃起而出。次至任座，對曰：「君，仁君也。」曰：「子何以言之？」對曰：「臣聞之：其君仁者，其臣直。向翟黃之言直，臣以是知君仁君也。」文侯曰：「善！」復召翟黃入，拜爲上卿。

在專制時代，臣下應對國君，必須委婉，直言指斥，不但不易奏效，甚且惹禍上身。翟黃直言魏文侯非仁君，任座卻婉言魏文侯仁君。其實翟黃、任座均為魏國之忠臣。假若任座直言翟黃乃直臣，不當見逐，必易遭文侯之反感。改以婉曲的方式，只說「其君仁者，其臣直」，委曲陳詞，魏文侯怒氣頓消。如今民主時代，應對委婉，仍有其必要，庶可避免尖刻傷人，促進人類關係之和諧。

劉勰在「隱秀篇」贊云：「文隱深蔚，餘味曲包。」文辭含蓄而多采，言外之意餘韻無窮，不但耐人尋味，而且言近指遠。誠如葉燮「原詩」所云：「妙在含蓄無垠，思致微渺，其寄托在可言不可言之間，其指歸在可解不可解之會。」[59]無論作文說話，善用之奧妙無窮。

貳、動心驚耳與雕削取巧

「秀」——警策美，在劉勰之前，陸機「文賦」即已明言：「立片言而居要，乃一篇之警策。」駕車馳騁千里，馬意困倦，必須振長策以御之。同樣的道理，文章雖浮藻聯翩，讀者目眩神迷，必須藉片言以居要，提振文氣。世所謂畫龍點睛，絕妙好辭、詩眼、文中通篇結穴處，均與警策相通。

然而，唯有劉勰善防流弊，特別指出「雕削取巧，雖美非秀。」秀之運用，言貴得當，並非刻意雕琢矯飾所得。「明詩篇」嘗言：「儷采百字之偶，爭價一句之奇；情必極貌以寫物，辭必窮力而追新，此近世之所競也。」對於雕削取巧，頗有非議之意。所以他在「隱秀篇」提出「並思合而自逢，非研慮之所課。」「秀」之所成，依王夢鷗「古典文學的奧秘——文心雕龍」的闡述⑥：是由思緒的推展，觸發了靈機而構成的。警策的語句——當是整段或整篇文章的眼目，亦為使人興奮的語句，但它之所以成為『警策』，並非突然冒出，必須前扶後擁，使語勢突出，而成為最惹眼的詩句。又繆俊杰「文心雕龍美學」以為⑥，小說中的「奇峯突起」，戲劇中的「高潮」，詩歌中的「警句」，均屬一篇之警策。

「秀」的原則，可分三點予以探討：

一、畫龍點睛，絕妙好辭

警策須竦動世人，驚心動目，精警奇絕，探驪得珠。「世說新語」有絕妙好辭的軼事，「名畫記」更有畫龍點睛的故事：相傳南朝梁時張僧繇，在金陵安樂寺壁上畫四條龍，不畫眼睛，自謂點睛後龍會飛走。衆人不信，請他畫眼睛，忽而雷電大作，兩條點睛的龍破壁乘雲而飛，兩條未點睛的龍尚留在壁上。如此畫龍點睛，破壁而飛的神奇故事，自不必盡信，但以之喻詩眼、文眼等文章之關鍵處，卻相當傳神。洪邁「容齋隨筆」嘗列舉如此畫龍點睛之筆，一字得力，通篇光彩：

范文正公守桐廬，始於釣台建嚴先生祠堂，自為記。其歌詞云：「雲山蒼蒼，江水泱泱；

先生之德，山高水長。」既成，以示南豐李泰伯。泰伯讀之，三嘆味不已，起而言曰：「公之文一出，必將名世，某妄意輒易一字，以成盛美。」公瞿然握手扣之，答曰：「雲山江水之語，於義甚大，於詞甚溥，而『德』承之，乃似趢趚，擬作『風』字如何？」公凝坐頷首，殆欲下拜。

王荊公絕句云：「京口瓜州一水間，鍾山祇隔數重山；春風又綠江南岸，明月何時照我還？」吳中士人家藏其草，初云「又到江南岸」，圈去「到」字，注曰「不好」，改爲「過」字，復圈去「過」字而改爲「入」，旋改爲「滿」，凡如是十餘字，始定爲「綠」。

「先生之風，山高水長。」「春風又綠江南岸。」皆傳誦千古之警策名句。以「風」易德，是改死爲活；又「綠」使江南岸生氣盎然，色彩鮮明。此皆一字傳神，通篇響亮，誠點鐵成金之絕妙好辭。又王國維「人間詞話」云：「『紅杏枝頭春意鬧』，著一『鬧』字而境界全出；『雲破月來花弄影』，著一『弄』字而境界全出矣。」一筆點睛，則破壁而飛，動心驚耳，頓成警策。至若陶淵明「飲酒詩」：「採菊東籬下，悠然見南山。」用「見」字，天機自然，境與意會，妙絕古今。白居易仿作「時傾一壺酒，坐望東南山。」一個「望」字，雕削取巧，則改活爲死，神氣索然。

二、秀句傑出，鋒發韻流

杜甫「江上值水如海勢聊短述」詩云：「爲人性僻耽佳句，語不驚人死不休。」文章警策，苟能一言而巨細咸該，片語而洪纖靡漏，往往造成傳世名言。嘉言懿訓，要旨精意，識見深闢，出人頭地，秀句傑出，鋒發韻流。傅庚生「中國文學欣賞舉隅」論「警策與夸飾」，列舉李璟、張先二辭例，可見一斑。

元宗樂府辭云：「小樓吹徹玉笙寒」，馮延巳有「風乍起，吹皺一池春水」之句，皆爲警策。元宗嘗戲延巳曰：「吹皺一池春水，干卿何事？」延巳曰：「未如陛下『小樓吹徹玉笙寒』。」（南唐書馮延巳傳）

有客謂子野曰：「人皆謂公張三中，即心中事，眼中淚，意中人也。」公曰：「何不目之爲張三影？」客不曉。公曰：「雲破月來花弄影，嬌柔懶起，簾壓捲花影，柳徑無人，墮風絮無影；此余平生所得意也。」

「小樓吹徹玉笙寒」、「雲破月來花弄影」、「簾壓捲花影」、「墮風絮無影」，此皆詞中之警策佳句，警切動人，不同凡響。又林逋之「疏影橫斜水清淺，暗香浮動月黃昏。」詠梅佳句，則膾炙人口，卓絕不可及。至若駱賓王「爲徐敬業討武明空檄」，則秀句佳出，尤稱精警：

班聲動而北風起，劍氣沖而南斗平。喑嗚則山岳崩頹，叱咤則風雲變色。此以制敵，何敵不摧，以此圖功，何功不克？

駱文氣壯山河，威攝人心，足以竦世驚俗。難怪武后讀之動容，曰：「宰相之過也。人有如此才，而使之流落不遇乎！」又此文末句：「請看今日之域中，竟是誰家之天下！」與右達開「討胡檄文」：「忍令上國衣冠，淪爲夷狄，相率中原豪傑，還我河山！」同樣警策絕世。

三、警策絕倫，提振全文

警策之用，片言可以明旨義。陸機所謂「立片言而居要，乃一篇之警策。」由於片言明義，可以彰顯對主題的理解；由於居要中肯，可以竦人耳目，突出主題。往往警策絕倫，足以提振全文。劉師培「漢魏六朝專家文」「論文章有生死之別」云：

文章有生死之別，不可不知。有活躍之氣者爲生，無活躍之氣爲死。……凡文章有勁氣，能貫串，有警策而文采傑出（即文心雕龍隱秀篇之所謂「秀」）者乃能生動。否則爲死。蓋文有勁氣，猶花有條幹（即陸士衡文賦所謂「理扶質以立幹，文垂條而結繁」）。條幹既立，則枝葉扶疏；勁氣貫中，則風骨自顯。如無勁氣貫串全篇，則文章散漫，猶如落樹之花，縱有佳句，亦不足爲此篇出色也。蔡中郎文無論有韻無韻皆有勁氣。陸士衡文則每篇皆有數句警策，將精神提起，使一篇之板者皆活。如圍棋然，方其布子，全局若滯，而一著得氣，通盤皆活。

警策絕倫，提振全文之範例，以范仲淹「岳陽樓記」之「先天下之憂而憂，後天下之樂而樂」，顯豁響亮高絕古今，又歐陽脩「醉翁亭記」中之通篇結穴處：「醉翁之意不在酒，在乎山水之間也。」「人知從太守遊而樂，不知太守之樂其樂也。」韻味久長，流露藹然仁者胸懷，皆蔚爲千古警句與千古奇文。又秦觀「鵲橋仙」：

纖雲弄巧，飛星傳恨，銀漢迢迢暗度。金風玉露一相逢，便勝卻人間無數。柔情似水，佳期如夢，忍顧鵲橋歸路？兩情若是久長時，又豈在朝朝暮暮！

牛郎織女一年一度相會，別多聚少，秦觀卻謂但待兩情久長，不在朝朝暮暮，意奇句秀，自拓新境，化腐朽爲神奇，堪稱警策之最[62]！

尤可貴者，范公、歐公、秦公之警策絕俗，提振全文，皆偶值天機，妙手偶得，動心驚耳，絕響非凡，使人讀之眉飛色舞，絕非雕削取巧所及。

附註

① 詳見拙著「文心雕龍之文學理論與批評」第四章「創作理論」第一節「創作之準備」。（華正書局）

② 見范文瀾「文心雕龍注」「隱秀第四十」注㈠。（明倫出版社）

③ 見黃侃「文心雕龍札記」「隱秀第四十」。（香港新亞書院）

④ 見劉永濟「文心雕龍校釋」「隱秀第四十」釋義。（華正書局）

⑤ 見黃侃「文心雕龍札記」「隱秀第四十」。前有數行文字，申明作此補文之緣由云：「夫隱秀之義，詮明極難。彥和既立專篇，可知於文苑爲最要。但篇簡佚空，微言遂閟。是用仰窺劉旨，旁緝舊聞，作此一篇，以備搴採。然褚生續史，或見哂於通人；束晳補詩，聊存思於舊制。」

⑥ 見劉永濟「文心雕龍校釋」「隱秀第四十」釋義。

⑦ 見李曰剛「文心雕龍斠詮」「隱秀篇」題述。（國立編譯館中華叢書編審委員會）

⑧ 黃海章「劉勰的創作論和批評論」，載「中國文學批評研究論文集——文心雕龍研究專集。」（中國語文學社編）

⑨ 見黃慶萱「修辭學」第十章「婉曲」概說。（三民書局）

⑩ 參考黃永武「字句鍛鍊法」㈠「怎樣使文句靈動」：5.曲折、6.微辭、7.吞吐、8.含蓄。（洪範書局）。

⑪ 杜甫「月夜」與李商隱「夜雨寄北」兩詩的分析，參考周振甫「詩詞例話」「婉轉」。（南琪出版社）。拙著「神話·愛情·詩——中國古典詩比較評析」「從『雙照淚痕乾』到『共翦西窗燭』」。（尚友出版社）

⑫ 參考拙作「『燭之武退秦師』評析」。（「明道文藝」月刊九十二期）

⑬ 參見拙作「哀而不怨的古典情詩——析『行行重行行』」，載「神話·愛情·詩」書中。

⑭ 葉嘉瑩「從義山嫦娥詩談起」。（「文學雜誌」三卷四期）

⑮ 見董季棠「修辭析論」第十九章「曲繞」。（益智書局）

⑯ 見李裕德「新編實用修辭」第四章「選擇修辭法」。（北京出版社）

⑰ 詳見周振甫「詩詞例話」「婉轉」。（南琪出版社）

⑱詳見張夢機「近體詩發凡」第二章「論含蓄」。（中華書局）
⑲見吳宏一「史傳散文」「秦晉殽之戰」。（桂冠圖書公司）
⑳見傅庚生「中國文學欣賞舉隅」十一「警策與夸飾」。（地平線出版社）
㉑見傅隸樸「中文修辭學」第四章「取勁」。（星加坡友聯出版社）
㉒見黃海章「劉勰的創作論和批評論」，載「中國文學批評研究論文集——文心雕龍研究專集」書中。
㉓見陳望道「修辭學發凡」第五篇五「映襯」。（學生出版社）
㉔見黃永武「字句鍛鍊法」「怎樣使文句華美」三「映襯」。（洪範書店）
㉕見黃民裕「辭格匯編」五「對比」。（湖南人民出版社）
㉖見黃慶萱「修辭學」第十五章「映襯」。
㉗參見拙作「出師表評析」，載「案頭山水之勝境」書中。（尚友出版社）
㉘參見拙作「振衣千仞岡的聯想」。（台灣日報副刊，七十一年五月十五日）
㉙參考孫昌武「滕王閣序評析」，見吳功正主編「古文鑑賞辭典」。（江蘇文藝出版社）
㉚見羅大經「鶴林玉露」卷八。（源流出版社）
㉛見黃永武「中國詩學——設計篇」「詩的時空設計——時空的溶合」。（巨流圖書公司）
㉜詳見拙作「赤壁賦評析」，載「案頭山水之勝境」書中。（尚友出版社）
㉝示現的界說參考黃慶萱「修辭學」第十九章「示現」。黃民裕「辭格匯編」二八「示現」。（湖南人民出版社）
㉞詳見拙作「中國文學的呈現語態」，載「期待批評時代的來臨」書中。（時報文化出版公司）
㉟參考吳文「阿房宮評析」。見吳功正主編「古文鑑賞辭典」書中。

㊱詳見拙作「左忠毅公軼事評介」，載「案頭山水之勝境」書中。（尚友出版社）
㊲參考黃慶萱「修辭學」第二十五章「層遞」，程希嵐「修辭學新編」第五章「辭格」五、「層遞」。（吉林人民出版社）
㊳詳見拙作「詩經中的層遞藝術」。（中央日報副刊，七十三年二月八日）
㊴詳見拙作「鄒忌諷齊王納諫評析」。（明道文藝九十六期，民國七十三年三月）
㊵詳見拙作「兩幅案頭山水之勝境——從寫景、意境比較評析岳陽樓記與醉翁亭記」，第三屆全國古典文學會議論文，載「古典文學」第四集。（學生書局）
㊶詳見拙作「雅舍小品的修辭藝術」，原載中央日報副刊（民國七十三年一月二十四日——二十五日），收入「七十三年文學批評選」書中。（爾雅出版社）
㊷頂眞之界說，參考黃永武「字句鍛鍊法」、黃慶萱「修辭學」、程希嵐「修辭學新編」。（吉林人民出版社）
㊸每章大義，據王靜芝「詩經通釋」。（輔仁大學文學院）
㊹每章大義，據北京大學中國語言文學系中國文學史教研室主編「魏晉南北朝文學史參考資料」。（泰順書局）
㊺見金聖嘆「才子古文讀本」「左傳」。（老古出版社）
㊻蕭滌非「學習人民語言的詩人——杜甫」，載人民出版社編輯部編「唐詩研究論文集」。（新華書店）
㊼黃慶萱「始得西山宴游記析評」，見黃慶萱．許家鸞合著「中國文學鑑賞學隅」書中。（東大圖書公司）
㊽參考黃慶萱「修辭學」第二十六章「頂眞」概說。

㊾詳見黃永武「中國詩學——設計篇」「談詩的強度」。（巨流圖書公司）

㊿林春蘭「杜詩修辭藝術之探究」對杜甫各體詩中之頂眞句法，曾詳作歸納探討。（高雄師院國文研究所七十四年碩士論文）

(51)見謝榛「四溟詩話」卷一。收在丁仲祜訂「續歷代詩話」第五册。（藝文印書館）

(52)見艾治平「古典詩詞藝術探幽」「爲人性僻耽佳句」。（學海出版社）

(53)見劉師培「漢魏六朝專家文研究」七「論文章有生死之別」。（中華書局）

(54)見李扶九編選·黃紱麟書後「古文筆法百篇」卷七「小中見大」。（文津出版社）

(55)見劉永濟「文心雕龍校釋」卷下「隱秀」。（華正書局）

(56)見吳曾祺「涵芬樓文談」「含蓄第三十四」。（商務印書館）

(57)清沈謙「塡詞雜記」，載唐圭璋編「詞話叢編」第二册。（廣文書局）

(58)詳見傅庚生「中國文學欣賞擧隅」二十「剪裁與含蓄」。（地平線出版社）

(59)見葉燮「原詩」，載丁仲祜編「清詩話」（藝文印書館）

(60)詳見王夢鷗「古典文學的奧秘——文心雕龍」「雕龍之術」「隱秀」。（時報出版公司）

(61)見繆俊杰「文心雕龍美學」「文之英蕤，有隱有秀」（新華書店北京發行所）

(62)詳見拙作「兩情若是久長時，又豈在朝朝暮暮——從牛郞織女神話論秦少游的『鵲橋仙』」，原刊中國時報人間副刊，七十年八月六日，收在「神話、愛情、詩——中國古典詩比較評析」書中。（尙友出版社）

第五章 結論

對於爲學的基本概念，我一向執著的有四點：理想的目標、恢宏的胸襟、精審的態度、當代的意識。

對於文心雕龍的研究，我一向標榜三點：首則洞明章句，尋味義蘊，以印證作品；次則上探淵源，下究影響，以貫串源流；再則通變古今，斟酌中西，以鎔鑄新說。

對於修辭學的研究，我一向有兩點期盼：㈠由字句修辭邁向篇章修辭；㈡由修辭方法的探討進而從事文學批評。

「文心雕龍修辭方法探究」就是基於以上的認知而述作。在此有兩點必須予以闡明：

第一、劉勰在文心雕龍中有關修辭理論與方法之闡述，當然不僅止於本書所探討的「比興」、「夸飾」、「隱秀」三篇。其他如「麗辭篇」論對偶，「事類篇」論用典，「諧讔篇」論雙關，乃至於消極修辭的許多精闢之見，仍有待探討。但無可置疑，本書所探討之比興、夸飾、隱秀，不但是劉勰修辭論中最主要之核心，且爲現代修辭學中最重要的辭格。

第二、劉勰之文學理論與批評，固然體大思精，洵屬空前之作。但仍有其不足之處；同樣的道理，劉勰書中所論辭格，並不能涵蓋現代修辭學中的辭格。劉勰有關比興、夸飾、隱秀之理論，也不是盡善盡美，周密無缺。但可以確定的是其理論精闢，適足以爲現代修辭學理論與方法奠定基礎。

因此，本書之探討，旨在結合文心雕龍與現代修辭學，固不限於劉勰比興、夸飾、隱秀三篇，而是從文心雕龍整體著眼，尤不限於劉勰的理論。對修辭方法之探討，亦不限於已有之分類與理論。而是斟酌去取，發潛德之幽光，再進而有所闡發，一方面賦古典以新貌，一方面關顧當代文壇，以劉勰之理論充實修辭學之內涵，藉以貢獻棉薄，爲現代修辭學開疆闢土，增添若干嶄新的花果。

就本書的實際研究成果與期望而言，在此可歸納爲三方面，茲分節予以闡明。

第一節　從古典理論到現代辭格

修辭方法之分類，各家不盡相同，如陳望道「修辭學發凡」列舉三十八種辭格①，黃民裕「辭格滙編」列舉七十八種辭格②，黃慶萱「修辭學」列舉三十種辭格③等。盱衡諸家分類，以黃氏較爲適當。劉勰文心雕龍所論辭格，約有比─譬喻，興─象徵，夸飾，隱─婉曲（曲折、微辭、吞吐、含蓄），秀─映襯、示現、層遞、頂真，諧讔─雙關，麗辭─對偶，事類─引用。本書針對其中的八種修辭方法，經過深入探討，大體上有兩點認知：

壹、澄清文心雕龍之疑義

文心雕龍體大思精，深得文理，辭采華贍，蘊蓄深厚。但在表達之精確暢達上，往往有文字障與理論障。王夢鷗先生「文心雕龍質疑」④，嘗列舉㈠文辭上的陷阱，㈡理論上的窮巷。因劉勰書中常有語意模稜，言辭游移之處：或詞義欠穩，界說未明；或一詞數義，異詞同義。讓讀者如墜五里霧中，須用心揣摩，深識鑒奧，方能突破障礙，掌握其旨。

就本書所探討之「比興」而言，比顯而興隱。劉勰在比興篇中雖有相當中肯的闡論，仍難免混淆之處。歷代研究比興者，解說紛歧，現代研究文心雕龍、修辭學者，也有不同的意見；或以爲「興也是一種譬喻，不過這種譬喻是用委婉回環的方式來寄托諷刺之情。」[5]「興之用專在取義，然則以事喻義的方法，仍然是比喻法的一種。」[6]或以爲「就廣義而言，象徵可以包括在比喻之內。」[7]「象徵是篇章的比喻。」[8]

如此歧說在本書第二章第一節論比興之異同及第四節論譬喻與象徵之迴異，均詳加辨明，且歸納出五點結語[9]。對於文心雕龍比興之疑義及修辭方法譬喻、象徵之異同，在觀念上有所澄清。

再如比興篇贊語云：「詩人比興，觸物圓覽。物雖胡越，合則肝膽。擬容取心，斷辭必敢。攢雜詠歌，如川之澹。」這八句的意義，七句都沒有問題，唯獨「擬容取心」，頗有異說。台灣地區的學者，以李曰剛先生[10]、王更生先生[11]爲代表，將「擬容取心」視爲一體，解釋爲「比擬形容，求取合乎人心，必須注意合乎常情。」大陸地區的學者，以周振甫[12]、陸侃如[13]爲代表，將「擬容」「取心」分開，「容指事物的形象，心指事物的實質」，解釋作「模擬外形，採取含義。」

如此迴異的解說，當然是由於劉勰文辭上的陷阱所造成。然而，本書從寬廣的角度予以衡視，對劉勰的理論與修辭學內涵作整體觀照，則將「擬容取心」解釋爲[14]：

無論是模擬形貌的「擬容」，擷取含義的「取心」，都必須要求精確得體；以比（譬喻）

而論，切至為貴，避免不倫不類的牽强比附；以興（象徵）而論，必須出自理性的關聯，社會的約定，或透過作者的經營設計，受上下文控制，避免不合理的機械附會。

可見台灣學者與大陸學者的歧見，並非絕對矛盾衝突，而是可以兼容並蓄，相輔相成。如此彌綸羣言，唯務折衷，俾澄清文心雕龍的若干疑義。

貳、奠定修辭理論的基礎

由本章的前言中可知，劉勰文心雕龍所論辭格，並未周備。但大體而言，最重要的幾種，已在比興、夸飾、隱秀等諸篇中論及。最值得探究的，是文心雕龍中對於辭格之運用原則，有極為精闢的闡論，擷取其精華，再加闡揚，作為現代修辭理論之借鏡，已奠定相當的基礎。

如第二章第四節論比興之原則，歸結為㈠比顯興隱，環譬託諷。㈡擬容取心，切至為貴。㈢隨時起情，依微擬議。第三章第三節論夸飾之得失：㈠濫用之失——虛用濫形，事義睽刺。㈡善用之得——成狀得奇，披瞽振聾。第四節論夸飾之原則：㈠主觀感覺與客觀眞實。㈡夸過其理與飾而不誣。第四章論隱秀之原則：㈠自然會美與晦塞為深。㈡動心驚耳與雕削取巧。

如此以劉勰之理論，為現代修辭奠定理論基礎，已獲致相當具體的成效。在此有兩點予以闡明：

第一、以往研究文心雕龍的學者，罕見致力於劉勰修辭理論的專精探討。研究修辭學的著作中，雖偶有酌取劉勰之理論著，並未作整體精密的觀照。因此，本書在徹底研究之後，斟酌去取，條分縷析，作系統化的歸納整理，足見文心雕龍的修辭理論精闢透徹，不僅可為借鏡，直可以為現代修辭學奠定理論基礎。

第二、本書在探究文心雕龍修辭理論時，除了以劉勰意見為核心之外，並不偏限於文心雕龍比興、夸飾、隱秀等篇，亦不偏限於文心雕龍一書。而是從古今文論乃至中外修辭理論，博參廣考，入乎其內，出乎其外，再針對修辭學的內涵予以深入辨析。是以廣遠的視野，精審的態度，對劉勰的理論有所闡揚、補充。雖才學識見有限，不敢自詡「平理若衡」。然而在修辭理論的建樹上，已初步顯見規模。

第二節　從字句修辭到篇章修辭

文心雕龍修辭方法探究，有兩項重點，一則是以劉勰的修辭理論奠定現代修辭學的理論基礎；一則針對劉勰所論之辭格作深入探討。因此，本書針對現代修辭方法中的譬喻、象徵、夸飾、婉曲、映襯、示現、層遞、頂眞等，作了一番徹底的檢討。其間雖貌似兩條軌道，但誠如劉勰比興篇所稱「合則肝膽」。因爲修辭理論與方法，唯有在實際創作中產生效果，才具有意義。修辭理論的各種辭格分類，實際運用的辭例，乃至於運用之原則，必須相互印證，相輔相成。

在本書從文心雕龍的理論與現代修辭學的角度，檢討闡論辭格的過程中，大體上可以獲得三項認知：

壹、修辭方法的辨析

修辭方法的分類，是爲了研究創作技巧，整理歸納前人的修辭成果，初無定論。由於修辭學的研究發展，主要的修辭方法大致上已有相當共識，爲衆所確認。然而，仍然有若干異說，也有若干未盡精當之處。本書在修辭方法的辨析方面，在前人的基礎上，繼續往前邁進，成果雖不盡理想，然難掩收穫之情。聊舉數端，以見一斑。

例如譬喻之分類，自從陳騤「文則」分爲十類⑮以來，迭經學者探討，至黃慶萱「修辭學」分爲五類，黃民裕「辭格滙編」分爲十二類。本書斟酌去取，採納黃慶萱的明喻、隱喻、略喻、借喻，列爲譬喻之基本類型，删除黃氏所列假喻（其實不是譬喻），另增博喻、諷喻兩類，列爲譬喻的變化類型。如此分法，當較爲適切合理。

又如象徵是否視爲一種修辭方法，前輩學者，意見分歧。且象徵之界義曖昧不明，分類亦不盡妥切。本書基於修辭上的象徵以事物象徵爲主，將象徵理論重新予以釐清，分爲普遍的象徵與特定的象徵。一則以現代修辭學與文學理論將象徵的界義、分類從亂絲中理出若干頭緒，一則以劉勰及傳統的比興說，闡揚其「隨時起情」、「依微擬議」之作用，須有深厚的內蘊，對讀者具啓發鼓舞之特殊效用。自此以後，象徵的糾纏，當可迎刃而解。

再如夸飾之方法，依題材分爲空間、時間、物象、人情、數量五種，依夸飾之方式分爲放大與縮小兩類。隱秀之修辭方法，劉勰在隱秀篇並未明言，針對現代修辭學將婉曲列入隱，映襯、示現、層遞、頂眞等列入秀，雖未盡當，或相去不遠矣。至若頂眞，以往修辭學的著作中，分爲連環體與連珠格，在此復針對修辭現象增列句中頂眞……等。對於現代修辭理論與辭格分類，不無微薄之貢獻。

貳、篇章修辭之運用

任何一種修辭方法的探討，主要大概有三部分：首先是確立界義，其次是分類舉辭例以印證，再次是闡明運用之原則。本書於舉例部分，列舉各種辭例近五百則。在辭例的選取與闡析方面，著力的目標有三點：

一、取例廣遠精審

在現有數十種修辭學著作中，各家所引列舉的辭例，固然琳瑯滿目，美不勝收。但泰半係輾轉錄引，又取例或偏於古典文言，或偏於現代白話。其中以黃慶萱先生「修辭學」蒐羅最豐富，黃氏在該書[16]中曾標榜「從社會各階層人士的談話中，從古今中外文學名著中，覓取實例，分析比較，使修辭學有更多更大的實用價值。」黃氏的確也實踐了此項理想，他在書中採用八百餘位現代作家的作品為辭例。而且包括商業廣告、新聞標題、方言俚語等。

本書在黃氏的基礎上，更進而開拓領域，兼採最近十餘年台灣地區現代文學的實例，並選取了若干大陸作家的實例。且從現實生活中取材，如婚禮竹子的象徵意義、將軍錶的象徵意義、菲律賓總統柯拉蓉的競選演說辭、阿根廷老作家評英阿福島之戰等。在此有兩點須加闡明：

第一，本書的重心非限於辭格一端，故取例以精審為尚，不必求全。因此，在四百餘則辭例中，不求以多取勝，而是儘量擷取精采絕倫，具代表性的典型辭例。第二，本書所取辭例，雖有同乎舊說者，然誠如劉勰序志篇所稱「非雷同也，勢自不可異也。」最重要的，是泰半以上係筆者自行擷取的第一手辭例。

第三，本書選擇辭例，博觀約取，無論古今。傳統修辭學之著作，多取古詩文之辭例，近年來大陸地區的修辭學著作，又多取白話文學之辭例，兩者各有所偏。本書力求避免如此偏頗，庶幾兼容並蓄，相輔相成。

二、闡析力求透徹

前人修辭學著作中列舉辭例，多半未加闡釋，即使偶有說明，也多語焉不詳。讀者固可以直覺地感受辭例之美，但若求其所以巧妙之緣由，往往莫名其妙。修辭學之研究在少數學者心目中，以為乃小道，難登大雅之堂，固緣於對修辭學欠缺了解；亦由於若干修辭之論著，僅分類指出何者為譬喻，何者為映襯，而未能進而探索其運用之奧妙與內涵意蘊。有鑒於此，本書特重辭例之闡釋分析。基於賦古典以新貌、關顧當代文壇的理想目標下，凡基本辭例，乃至於四百餘則辭例中之泰半，均有所闡釋分析，力求深入透徹。聊舉二例，以見一斑：

如第四章論對襯第四個辭例：王勃之「落霞與孤鶩齊飛，秋水共長天一色」。如此鋒發韻流的絕妙好辭，良有以也：1.將滕王閣的景色，概括在兩句話之中，對偶嚴整，文辭絢麗，句法靈動而有致，氣象奔放而自然。2.「落霞與孤鶩齊飛」，紅霞在天空飄動，白鴨翱翔乎其間，色彩上藍天中紅白對映，動態上有生命的飛鳥與無生命的晚霞並舉齊飛，構成一幅多采多姿的鮮活畫面，難怪劉勰要說「狀溢目前曰秀」！3.「秋水共長天一色」，水天共色，青碧交映之中，再加上前句的紅霞、白鴨，點綴出一幅絢爛奪目的彩色世界，呈現出一片曠達高遠的境界，足以竦人耳目，爲之神往情移，怎能不「遙襟俯暢，逸興遄飛」？又與前人狀物的名篇秀句比較，評定王勃的名句，景象鮮明而意蘊豐厚，作者的外射投影與時空的連綿悠悠，兩相交映，不僅是映襯的絕妙好辭，更是將「秀」之奧妙發揮到極致的厭卷作！

又如第二章論普通的象徵第四個辭例：孟郊的「誰言寸草心，報得三春暉？」「春暉」象徵母愛，意象之佳妙，內涵之豐美，可以分作三層：1.春暉象徵母愛的慈祥溫馨，無微不至。春陽普照大地，賦予萬物光與熱，顯示母愛的光輝與溫暖，澤被廣遠。2.春暉象徵母愛無所偏私。天無私覆，日頭照好人，也照歹人；顯示母親對子女的愛，無論賢愚，不分軒輊，手心也是肉，手背也是肉，3.春暉象徵母愛是無條件的付出，不求回報。春暉普照大地，讓萬物成長、茁壯，並沒有求取任何代價，顯示母愛出乎天性，沒有條件，不計代價。如此以具體的意象—春暉，象徵抽象的情感—母愛，不但意象具體鮮明，且將母愛的特質顯現得淋漓盡致，描繪了人性中最高貴的情操。世界上只有一種感情，能如此無微不至，無所偏私，不求回報，那就是母愛！在古今中外歌頌母愛詩篇中，孟郊此意象堪稱厭卷！

由此可見，在修辭學的研究中，如果能針對許多精采的辭例，予以精闢透徹的闡析，則不僅能名其妙而識其所以妙，且爲修辭的研究開拓更廣遠的空間。

三、特重篇章修辭

在現有的修辭學著作中，多闡述字句之修辭，而鮮見修辭方法在篇章中運用情況之探討。字句之美，固然佳妙，但某一句之所以工巧，某一字之所以傳神，往往要視字句在篇章中之地位與照應，從整篇文章的角度來作整體的觀照，才能更充分領略修辭方法眞正的運用之妙。

篇章修辭的問題，前人已曾注意到，例如：

夏宇衆「修辭學大綱」「結論」⑰：

本篇所論列者，暫止於以上各節，至於各種辭格之綜合比較的研究，篇章組織之義例，與夫各種專題之討論，均一一於續編中詳之。

夏氏「修辭學大綱」原係北平師範大學講義，其書第十二章「謀篇與修辭」，曾簡略言及修辭在謀篇中之地位。他能注意及此，又想到要進而致力各種辭格之綜合比較研究，眼界高遠，殊屬難能，可惜續編始終未見問世。

黎運漢．張維耿「現代漢語修辭學」第五章「修辭方式」⑱：

象徵也可以是成篇的文學作品，如茅盾的「白楊禮贊」是。這就提出了一個問題，辭格以語句或語段為單位，能否以篇為單位呢？我們認為，就絕大多數情況來看，辭格是存在於語句之內，並且以句子為基礎來發揮其修辭作用的。有些辭格本身就是句子，如對偶、設問、層遞等。因此辭格宜以句子作為基本結構單位，有些可以擴展到段，如段落排比。至於成篇運用的可以作為藝術手法來處理。

藝術手法與修辭方式有密切的關係，但也有明顯的區別。修辭方式屬於語言運用的範疇，指的是語言表達的藝術。藝術手法屬於文學創作的範疇，是指塑造形象使用的種種表現手法，如想象、象徵、虛構、誇張、諷喻、諷刺、白描、烘托、起興、比擬、對照以及托物寄情、側面描寫等等。藝術手法和修辭方式有相通之處，有的藝術手法包含了某些修辭方式的運用，……但把藝術手法當作修辭方式，會使修辭學的研究範圍不恰當地擴大。

黎、張二氏闡明修辭方式與藝術手法之別。可見若干修辭學家將修辭學的研究範疇設定在字句，而罕言及篇章。但是，我個人却認為，即使修辭方法設定在字句，然而字句修辭之佳妙，如果能從篇章的角度，作整體的觀照，也深具意義。因此，本書特重篇章修辭之探討分析，聊補前賢研究之不足。

本書在舉辭例時，凡短篇之作，儘量列舉全文，或完整之一段。又在每種修辭方法的分類舉例闡釋之後，列舉此種修辭方法在篇章修辭中之運用實例。如譬喻以「古詩十九首」[19]、「讀書的妙喻」[20]為例，象徵以周敦頤「愛蓮說」[21]、「嫦娥奔月」[22]為例，夸飾以李白「蜀道難」[23]

爲例，隱以「秦晉殽之戰」[24]爲例，秀以「郭有道碑」[25]、「岳陽樓記」[26]爲例等。

透過如此之評析，一方面對修辭方法之奧妙，有更深刻的體會，豹之一斑固然彪炳，全豹更爲可觀。且篇章分析或不僅止於修辭方法，兼及整體藝術手法，尤可見修辭方法之探討，對於實際的文學創作與批評，貢獻良多。

第三節　現代修辭學研究之展望

透過本書之探究，回顧以往的研究成果，瞻望今後修辭學的研究方向，在此要提出三點展望。

第一，修辭學之專題研究：修辭學所涉及的辭格是如此衆多，修辭學之理論是如此豐富，撰述一本泛泛的修辭學，作概要式的介紹，固然有相當意義。但學術研究之所以能日新月異，一代勝過一代，即在於在某一範疇的各種領域，作專精深入的探討，才能在前人的基礎上往前邁進。目前各種修辭學的專題研究，並不常見，如「陳望道修辭論集」[27]，中國修辭學會編「修辭學論文集」[28]，胡永林主編的「文學比喻辭典」[29]，如筆者曾指導高雄師院研究生林春蘭撰「杜詩修辭藝術之探究」等，有關某一辭格的專門探討，各種辭格之綜合比較研究，修辭方法與藝術手法之關係探討，文學名著、名篇之修辭分析等等，有待墾拓之處仍然很多。

第二，修辭學之整體研究：修辭學探討的題材包括有口語修辭與文辭修辭，修辭學的內涵又有消極修辭與積極修辭兩大範疇。目前修辭學的研究對象，以文辭爲主，常忽略了口語修辭。今後應該在口語修辭上再加深入研究，並與口頭傳播學、說話的技巧等結合。至於消極修辭與積極修辭之區別，前者在求語文通順達意，後者在求語文之靈動巧妙。積極修辭乃建立在消極修辭的基礎上。因此消極修辭之研究，仍不可忽略。至於由消極修辭到積極修辭乃至於文章作法，其間的一貫溝通，作整體的研究，仍然有待學者努力。

第三，修辭學與文學批評：黃慶萱先生在論「怎樣學修辭學」[31]時曾指出：「向邏輯學、心理學、語言學、文學批評、實驗美學、哲學進軍，以求修辭學有更廣更深的理論基礎。」不失為滔滔中的諍言。筆者除了服膺其說，深具同感之外，特別强調修辭學與文學批評之相輔相成。因為修辭方法的分析，乃文學批評中作品形式技巧分析之基礎。只有從修辭方法入手，從事實際批評，才能具體落實而顯現效果；但相對地，若能在分析出修辭方法之後，進而能從文學批評的角度，對作品作整體的評析，才能平理若衡，照辭如鏡，享受更完整豐盈的美感經驗，靈魂在傑作中尋幽訪勝。就學術研究與文學研究的整體架構而言，修辭學為創作理論中之一環，為文學批評之上游。修辭學發達，可促進文學批評的技巧分析更加精細。文學批評可以使修辭學的研究更加有意義，關照面更廣。文學批評與修辭學相輔相成。

總之，「文心雕龍修辭方法探究」雖然完稿，但有待努力之處仍多。且「珍裘以衆腋成溫，廣廈以羣材合構」，有志於此之同道，盍興乎來！

附註

①詳見陳望道「修辭學發凡」五—八篇「積極修辭」。（學生出版社）

②見黃民裕「辭格滙編」。（湖南人民出版社）

③見黃慶萱「修辭學」。黃氏將三十種辭格分爲「表意方法的調整」、「優美形式的設計」兩大類。（三民書局）

④見王夢鷗「文心雕龍質疑」。（故宮圖書季刊一卷一期）

⑤見詹鍈「劉勰與文心雕龍」「文心雕龍的修辭學」「比興篇」。（北京中華書局）

⑥見廖蔚卿「六朝文論」「劉勰的創作論」。（聯經出版公司）

⑦見黃維樑「清通與多姿—中文修辭語法論集」「文學的四大技巧」「比喻」。（香港文化事業公司）

⑧見李裕德「新編實用修辭」第五章「形象修辭法」「象徵式比擬」。（北京出版社）

⑨詳見本書第二章第四節壹「比顯興隱、環譬託諷」。

⑩見李曰剛「文心雕龍斠詮」「比興篇」注釋。（中華叢書）

⑪見王更生「文心雕龍讀本」「比興篇」語譯。（文史哲出版社）

⑫見周振甫「文心雕龍注釋」「比興篇」譯文。（里仁書局）

⑬見陸侃如・牟世金「劉勰和文心雕龍」四「劉勰的創作論。」（上海古籍出版社）

⑭詳見本書第二章第四節「比興之原則」。

⑮陳騤「文則」，見鄭奠·譚全基編「古漢語修辭學資料彙編」。（明文書局）本書第二章第二節比（譬喻）之修辭方法，已有論列。

⑯見黃慶萱「修辭學」。（三民書局）

⑰見夏宇衆「修辭學大綱」「前言」丙「怎樣學修辭學」結論。（原北平師範大學講義，在台由馮長青先生發行）

⑱見黎運漢·張維耿「現代漢語修辭學」第五章「修辭方式」。（商務印書館香港分館）

⑲沈謙「從譬喻論古詩十九首的藝術技巧」，中國古典文學研究會、國立台灣師範大學主辦之「中國古典文學第一屆國際會議」論文（民國七十四年四月），後收入「古典文學」第七集（學生書局）

⑳沈謙「談書的妙喻」，原名「書本就像降落傘—談『書』的妙喻」。（中央日報副刊，七十五年一月廿一日）

㉑沈謙「蓮花—君子的象徵」（中央日報副刊，七十一年十二月十八—十九日），收入「案頭山水之勝境—古文評析」。（尚友出版社）

㉒沈謙「嫦娥奔月的象徵意義」，第十屆全國比較文學會議論文。（民國七十五年五月）（中外文學十五卷三期）

㉓沈謙「從蜀道難論李白的夸飾」，香港浸會學院建校三十周年「唐代文學研討會」論文。（民國七十五年十月）收入「唐代文學研討會論文集」。（文史哲出版社）

㉔沈謙「辭令雖譎，曲折盡情—秦晉殽之戰的外交辭令」。（空大學訊四十七期）

㉕節錄自沈謙「郭有道碑評析」。（明道文藝月刊一六四期）

㉖節錄自沈謙「范仲淹的散文藝術—從技巧、寓意析論『岳陽樓記』」，文建會、台大文學院主辦「紀念范仲淹逝世一千年國際學術研討會」論文。（民國七十八年九月）

㉗復旦大學語言研究室編「陳望道修辭論集」。（安徽教育出版社）

㉘中國修辭學會編「修辭學論文集」第一集、第二集、第三集……。爲該會年會論文集，收錄「總論」「語體風格論析」、「詞句修辭論析」、「篇章修辭論析」、「修辭格式研究」、「文學作品語言研究」等各類論文多篇。（福建人民出版社）

㉙胡永林主編「文學比喻辭典」。（陝西人民出版社）

㉚同註⑯

參考書目舉要

文心雕龍　劉勰著、黃叔琳注、紀昀評　文光出版社

文心雕龍注　范文瀾　明倫書局

文心雕龍札記　黃侃　香港新亞書院

文心雕龍褋記　葉長青　自印本（現藏中央研究院）

文心雕龍校釋　劉永濟　華正書局

文心雕龍新書　王利器　宏業書局

文心雕龍校注　楊明照　世界書局

文心雕龍研究專號　饒宗頤　明倫出版社

文心雕龍與詩品研究　劉綬松等　莊嚴出版社

劉勰論創作　陸侃如·牟世金　香港文昌書局

文心雕龍講義　程兆熊　香港鵝湖出版社

文心雕龍譯註十八篇　郭晋稀　香港建文書局

文心雕龍文學批評研究　李宗慬　師大國文研究所集刊第十號

中國文學論集　徐復觀　學生書局

文心雕龍註訂　張立齋　正中書局

文心雕龍新解　李景濚　翰林出版社

文心雕龍研究　易蘇民編　台北　昌言出版社
文心雕龍研究論文集（初編）　寇效信等　香港滙文閣書店
文心雕龍通識　張嚴　商務印書館
唐寫文心雕龍殘卷合校　潘重規　新亞研究所
文心雕龍釋義　彭慶環　華星出版社
文心雕龍研究論文集　黃錦鋐　淡江文理學院中文研究室
文心雕龍選註　周康燮　香港龍門書局
英譯文心雕龍　施友忠　中華書局
日譯文心雕龍　興膳宏　東京筑摩書房
文心雕龍原道與佛道義疏證　石壘　香港雲在書屋
文心雕龍論文集　鄭蕤　光啓出版社
文心雕龍析論　李中成　大聖書局
文心雕龍文術論詮　張嚴　商務印書館
文心雕龍之創作論　黃春貴　文史哲出版社
劉勰年譜　王金凌　輔仁大學中文研究所碩士論文
文心雕龍批評論發微　沈謙　台北　聯經出版公司
文心雕龍考異　張嚴　商務印書館
文心雕龍論文集　陳新雄・于大成主編　木鐸出版社
文心雕龍術語研究　陳兆秀　文化中文所碩士論文
文學創作與神思　陳慧樺　國家書店

文心雕龍導讀　王更生　華正書局
六朝文論　廖蔚卿　聯經出版公司
劉勰和文心雕龍　陸侃如·牟世金　上海古籍出版社
文心雕龍與詩品研究　劉綬松等　莊嚴出版社
文心雕龍論文集　黃錦鋐編　學海出版社
重修增訂文心雕龍研究　王更生　文史哲出版社
文心雕龍創作論　王元化　上海古籍出版社
劉勰與文心雕龍　詹鍈　北京中華書局
文心雕龍簡論　張文勛·杜東枝　北京人民文學出版社
文心雕龍研究論文選粹　王更生編　育民出版社
古典文學的奧秘——文心雕龍　王夢鷗　時報出版公司
文心雕龍校證　王利器　上海古籍出版社
文心雕龍之文學理論與批評　沈謙　華正書局
文心雕龍文論術語析論　王金凌　華正書局
文心雕龍與詩品之詩論比較　馮吉權　文史哲出版社
文心雕龍散論　馬宏山　新疆人民出版社
劉勰論創作　陸侃如·牟世金　安徽人民出版社
文心雕龍斟詮　李曰剛　中華叢書編審委員會
文心雕龍的風格學　詹鍈　北京人民文學出版社
文心雕龍研究　龔菱　文津出版社

日本研究文心雕龍論文集　王元化選編　齊魯書社

古典文學論探索　王夢鷗　正中書局

文心雕龍讀本　王更生注譯　文史哲出版社

文心雕龍注釋附今譯　周振甫注・周振甫、王文進等譯　里仁書局

文心雕龍通詮　張仁青　明文書局

文心雕龍論稿　畢萬忱・李淼　齊魯書社

台灣文心雕龍研究鳥瞰　牟世金　山東大學出版社

文心雕龍探索　王運熙　上海古籍出版社

文心雕龍通解　王禮卿　黎明文化公司

文心雕龍美學　繆俊杰　文化藝術出版社

劉勰文心雕龍研究論著目錄　王國良　書目季刊廿一卷三期

文心雕龍綜論　中國古典文學研究會編　學生書局

文心雕龍索引　朱迎平　上海古籍出版社

台灣「文心雕龍學」的研究與展望　王更生　孔孟學報五十七期

修辭格　唐鉞　商務印書館（香港大學馮平山圖書館藏）

修辭學發凡　陳望道　上海人民出版社

實用國文修辭學　金兆梓　中華書局

漢文文言修辭學　楊樹達　世界書局

古書修辭例　張文治　中華書局

修辭學大綱　夏宇衆　馮長青發行
國文修辭論叢　新陸書局編輯部編
修辭學講話　陳介白　啟明書局
中國修辭學的變遷　鄭子瑜　日本早稻田大學語學教育研究所叢書
修辭學　傅隸樸　正中書局
修辭學論叢　徐仲玉等著　樂天出版社
字句鍛鍊法　黃永武　洪範書局
修辭學發微　徐芹庭　中華書局
論修辭　Peter Dixon著　孫萬國譯　黎明文化公司
象徵主義　查爾斯·查特微克著，張漢艮譯　黎明文化公司
修辭學　黃慶萱　三民書局
修辭論說與方法　張嚴　商務印書館
古漢語修辭學資料滙編　鄭奠·譚全基　商務印書館
修辭析論　董季棠　益智書局
清通與多姿——中文修辭語法論集　香港文化事業公司
現代英文修辭學　李小岑　美亞書版公司
古漢語修辭簡論　趙克勤　商務印書館
現代漢語修辭知識　華中師範學院中文系現代漢語教研組編　湖北人民出版社
辭格滙編　黃民裕　湖南人民出版社
中國修辭學史稿　鄭子瑜　上海教育出版社

修辭學新編　程希嵐　吉林人民出版社
修辭學研究　中國修辭學會華東分會主編　安徽教育出版社
修辭學論文集一集、二集、三集　中國修辭學會編　福建人民出版社
現代漢語修辭學　宋振華　吉林人民出版社
修辭和修辭教學　中國修辭學會編　上海教育出版社
陳望道修辭論集　復旦大學語言研究室編　安徽教育出版社
新編實用修辭　李裕德　北京出版社
黎運漢·張維耿　現代漢語修辭學　商務印書館香港分館
古詩文修辭例話　路燈照·成九田　商務印書館
比興·物色與情景交融　蔡英俊　大安出版社
詩詞例話　周振甫　南琪書局
文章例話　周振甫　蒲公英出版社
文論漫筆　周振甫　光明日報出版社
古典詩詞藝術探幽　艾治平　樂海書局
史記　司馬遷　藝文印書館
漢書　班固　藝文印書館
後漢書　范曄　藝文印書館
三國志　陳壽　藝文印書館
晋書　房玄齡　藝文印書館

宋書　沈約　藝文印書館
齊書　姚思廉·魏徵　藝文印書館
梁書　姚思廉·魏徵　藝文印書館
南史　李延壽　藝文印書館
詩經通釋　王靜芝　輔仁大學文學院
論語通釋　王熙元　學生書局
論衡　王充　廣文書局
抱朴子　葛洪　中華書局
顏氏家訓　顏之推　中華書局
文章緣起　任昉　廣文書局
詩品　鍾嶸著、汪中注　學生書局
文鏡秘府論　遍照金剛　蘭臺書局
史通　劉知幾　世界書局
詩品　司空圖　清流出版社
文史通義　章學誠　國史研究室
六朝麗指　孫德謙　新興書局
涵芬樓文談　吳曾祺　商務印書館
全上古三代秦漢三國六朝文　嚴可鈞校輯　日本中文出版社
全漢三國晋南北朝詩　丁福保輯　藝文印書館
漢魏六朝一百三家集　張溥編集　新興出版社

昭明文選　蕭統編、李善註　藝文印書館
文論講疏　許文雨　正中書局
中國歷代文論選　郭紹虞主編　香港中華書局
中國文學批評資料彙編　葉慶炳等編　成文出版社
先秦文學史參考資料　北大中國文學史教研室編　泰順書局
兩漢文學史參考資料　北大中國文學史教研室編　泰順書局
魏晉南北朝文學史參考資料　北大中國文學史教研室編　泰順書局
歷代詩話　何文煥　藝文印書館
續歷代詩話　丁福保　藝文印書館
清詩話　丁福保　藝文印書館
案頭山水之勝境—古文評析　沈謙　尚友出版社
神話·愛情·詩—古典詩比較評析　沈謙　尚友出版社
古文鑑賞辭典　吳功正主編　江蘇文藝出版社
中國文學批評史　郭紹虞　明倫出版社
中國文學批評史　羅根澤　學海出版社
中國文學批評史　劉大杰·王運熙等　上海古籍出版社
中國文學批評通論　傅庚生　華正書局
中國文學批評　張健　五南圖書公司
中國文學欣賞舉隅　傅庚生　地平線出版社

中國文學鑑賞擧隅　黃慶萱・許家鸞　東大圖書公司
文學研究法　姚永樸　廣文書局
文學研究法　郭象升　正中書局
文學研究法　丸山學　商務印書館
文學與生活　李辰冬　水牛出版社
文學新論　李辰冬　東大圖書公司
文學欣賞的新途徑　李辰冬　三民書局
文學研究新途徑　李辰冬　啓德出版社
文學概論　涂公遂　華正書局
文學概論　王夢鷗　帕米爾書店
文藝美學　王夢鷗　遠行出版社
高明文輯　高明　黎明文化公司
古文辭通義　王葆心　中華書局
古文通論　馮書耕・金仞千　中華叢書
文藝心理學　朱光潛　開明書局
談美　朱光潛　開明書局
藝術的奧秘　姚一葦　開明書局
美的範疇論　姚一葦　開明書局
現代美學　劉文潭　商務印書館
文學的玄思　顏元叔　驚聲出版社

文體論　薛鳳昌　商務印書館

文體論纂要　蔣伯潛　正中書局

文章學纂要　蔣祖怡　正中書局

文選學　駱鴻凱　中華書局

漢魏六朝專家文研究　劉師培　中華書局

近體詩發凡　張夢機　中華書局

中國詩學　黃永武　巨流圖書公司

中國詩學　劉若愚　幼獅文化公司

中國文學理論　劉若愚　聯經出版公司

文藝批評研究　白沙編著　巨人出版社

期待批評時代的來臨　沈謙　時報出版公司

詩學箋註　亞里斯多德原著・姚一葦譯註　中華書局

美學原論　克羅齊　正中書局

歐洲近代文藝思潮　本間久雄　普天出版社

美國文學批評選　林以亮編　香港今日世界社

英美學人論中國古典文學　香港中文大學

艾略特文學評論集　杜國清譯　田園出版社

文學論　韋勒克・華倫著，王夢鷗・許國衡譯　志文出版社

文學欣賞與批評　威廉漢等著，徐進夫譯　幼獅文化公司

西洋文學批評史　衛姆塞特、布魯克斯著，顏元叔譯　志文出版社